高等职业教育"十三五"规划新形态教材

体育与健康

主　编　杜志锋　郭　娜　姜　雪
副主编　周　辉　张　琳　吴　梦
　　　　姜长学　刘　影　王大炜
　　　　夏星焱

北京理工大学出版社
BEIJING INSTITUTE OF TECHNOLOGY PRESS

版权专有　侵权必究

图书在版编目（CIP）数据

体育与健康／杜志锋，郭娜，姜雪主编．—北京：北京理工大学出版社，2017.9
（2018.10 重印）
ISBN 978-7-5682-4841-9

Ⅰ.①体…　Ⅱ.①杜…②郭…③姜…　Ⅲ.①体育－高等职业教育－教材②健康教育－高等职业教育－教材　Ⅳ.①G807.4②G717.9

中国版本图书馆 CIP 数据核字（2017）第 223299 号

出版发行／北京理工大学出版社有限责任公司
社　　址／北京市海淀区中关村南大街5号
邮　　编／100081
电　　话／（010）68914775（总编室）
　　　　　（010）82562903（教材售后服务热线）
　　　　　（010）68948351（其他图书服务热线）
网　　址／http://www.bitpress.com.cn
经　　销／全国各地新华书店
印　　刷／北京国马印刷厂
开　　本／787毫米×1092毫米　1/16
印　　张／15.75
字　　数／352千字
版　　次／2017年9月第1版　2018年10月第3次印刷
定　　价／33.00元

责任编辑／江　立
文案编辑／张　乔
责任校对／周瑞红
责任印制／施胜娟

图书出现印装质量问题，请拨打售后服务热线，本社负责调换

前　言

随着社会的进步和人民生活水平的提高，体育健身项目已成为人们强身健体的根本。大学阶段是世界观形成的关键时期，在此期间建立了什么样的意识，养成了什么样的习惯，对一个人的人生之路都有着至关重要的意义。学校体育培养出全面发展、身心健康的高素质人才，培养出大批具有"终身体育"思想的现代人是时代赋予的使命，是走向"科学体育"的必由之路。

为了使高职高专体育教材符合体育教学的发展需要，满足学生的学习兴趣，指导学生的体育锻炼实践，发挥其实用性功效，我们组织了具有多年教学经验的高校体育教师编写本书。本教材针对目前我国高职高专体育教学的实际情况，根据高职高专体育教学的需要和学生对体育教材的需求，参考最新的体育教学改革成果和运动项目的流行趋势编写而成，具有很强的指导性、针对性、实用性和可操作性，不仅适用于高职高专的体育教学和学生的自学，对体育工作者、体育爱好者也具有较大的使用价值。

本教材的编写遵循三大原则。

一是理论与实践相结合。本教材的理论基础部分从体系上对体育课程的基础理论进行了梳理归纳，以期从不同的视角出发，对体育形成新的认识与定位。

二是传统体育教学项目与社会流行的新兴项目相结合。不仅介绍了传统的体育教学项目，还介绍了新兴运动项目。在休闲运动章节中重点介绍了当前高校流行的健身运动项目，及时了解社会新兴运动项目及其发展特点翻练习方法。

三是基础知识与课外延伸知识相结合。在介绍基础知识的同时，延伸扩展了当前高校学生普遍关注的健康小常识，增强了教材的可读性和丰富性。

本书由吉林省经济管理干部学院教研室编写，其中杜志锋、郭娜、姜雪任主编，周辉、张琳、吴梦、姜长学、刘影、王大炜、夏星焱任副主编。

本教材在编写过程中参考了大量相关资料，谨向有关作者表示衷心感谢！由于编写时间较为仓促，疏漏和错误之处希望同行、专家和读者不吝赐教。

编　者

目 录

第一章 体育与健康教育 ... 1
- 第一节 体育与健康的概念 ... 1
- 第二节 影响健康的因素 ... 3
- 第三节 亚健康与造成亚健康的原因 ... 5

第二章 体育运动原理与卫生健康 ... 8
- 第一节 现代体育的构成和发展趋势 ... 8
- 第二节 现代体育的功能 ... 9
- 第三节 体育运动卫生 ... 14

第三章 大学生体育锻炼与体质评价 ... 21
- 第一节 体育锻炼的作用和特点 ... 21
- 第二节 体育锻炼的科学安排 ... 21
- 第三节 提高身体运动素质的方法 ... 24
- 第四节 体育锻炼对人体形态和机能的影响 ... 29
- 第五节 体育锻炼常识 ... 30
- 第六节 体育锻炼与营养 ... 35
- 第七节 运动处方 ... 37
- 第八节 体质及影响体质的因素 ... 39
- 第九节 大学生体质健康标准 ... 40

第四章 《国家学生体质健康标准》测试的操作方法 ... 50

第五章 游泳 ... 55
- 第一节 游泳概述 ... 55
- 第二节 游泳的基本技术 ... 57
- 第三节 水上救护知识 ... 71

第六章 篮球 ... 74
- 第一节 篮球运动概述 ... 74
- 第二节 篮球运动的基本技术 ... 75
- 第三节 篮球运动的基本战术 ... 83
- 第四节 篮球竞赛规则简介 ... 90

第七章 排球 ... 93
第一节 排球运动的概述 ... 93
第二节 排球运动的基本技术 ... 94
第三节 排球基本战术 ... 110
第四节 排球比赛规则 ... 114

第八章 羽毛球 ... 117
第一节 羽毛球运动的概述 ... 117
第二节 羽毛球运动的基本技术 ... 118
第三节 羽毛球运动的基本战术 ... 124
第四节 羽毛球竞赛的主要规则 ... 125

第九章 乒乓球 ... 131
第一节 乒乓球运动概述 ... 131
第二节 乒乓球基本技术 ... 132
第三节 乒乓球基本战术 ... 142
第四节 乒乓球竞赛的主要规则 ... 143

第十章 田径健身运动 ... 146
第一节 田径健身运动概述 ... 146
第二节 田径健身运动的内容 ... 147
第三节 田径专项身体素质练习 ... 156
第四节 田径竞赛的主要规则 ... 157

第十一章 形体 ... 163
第一节 形体的概述 ... 163
第二节 形体的基本训练 ... 166

第十二章 健美操 ... 177
第一节 健美操基本技术与动作组合 ... 178
第二节 健美操徒手基本动作 ... 178
第三节 健美操的创编性原则 ... 182

第十三章 散打 ... 185
第一节 散打概述 ... 185
第二节 散打的基本技术 ... 186
第三节 散打的竞赛规则 ... 190
第四节 防身术 ... 193

第十四章　体育舞蹈 …… 196
第一节　体育舞蹈概述 …… 196
第二节　体育舞蹈基本技术动作 …… 198
第三节　体育舞蹈的竞赛规则 …… 202

第十五章　瑜伽 …… 210
第一节　瑜伽概述 …… 210
第二节　瑜伽的基本技巧 …… 213

第十六章　冰上运动 …… 215
第一节　冰上运动的概述 …… 215
第二节　速度滑冰的基本技术 …… 217
第三节　速度滑冰的竞赛规则 …… 227

第十七章　休闲运动 …… 229
第一节　台球 …… 229
第二节　保龄球 …… 233
第三节　毽球 …… 235

第一章

体育与健康教育

第一节 体育与健康的概念

一、体育的概念

（一）体育的定义

给体育下定义是对体育理性认识的开始。在体育界，关于体育的定义多种多样，比较具有代表性的是狭义体育、广义体育两种定义。体育是以身体运动为基本手段促进身心发展的文化活动。可以说这是一种广义理解的体育。体育不应该仅仅局限在竞技和学校体育方面，而应该是家庭体育、学校体育和群众体育的统一体。从体育手段的角度来看，也就是应该在达到体育目的的前提下，各种身体运动、休闲、娱乐活动、舞蹈等都属于体育的范畴。

我国现代体育，基本上由群众体育、竞技体育与学校体育3个方面组成，且三者既不能相互代替，也不容相互混淆。

根据体育概念的内涵和外延可知，体育的本质就是以身体锻炼为基本手段，以增强体质为主要目的。这是体育区别于其他社会活动的本质特点。

（二）体育的组成

1. 学校体育

学校体育是学校教育的重要组成部分，是全民教育的基础，它作为教育和体育的交叉点和结合部，又是国家体育事业发展的战略重点。为了达到教育、教养及发展的总目标，学校体育按不同教育阶段和年龄特征，通过体育课程、课余训练和课外体育活动的基本组织形式，以"增强体质、增进健康、培养'健康第一'意识为'终身体育'奠定基础"为核心，全面实现学校体育的各项任务。由于处在学校教育这个特定环境，体育的实施内容被列入学校总体计划，实施效果又有相应的措施予以保证，从而与其他教育环节共同构成一个完整的教育过程，促使学生德、智、体等各方面得到全面发展。

2. 竞技体育

竞技体育亦称竞技运动，含义原指离开工作进行的游戏和娱乐活动。国际竞技体育协会将其定义为：含有游戏的属性并与他人进行竞争以及向自然障碍进行挑战的运动。长期以来，中国竞技体育界将其解释为：为了最大限度地发挥和提高人体在体能、心理和运动能力等方面的潜力，取得优异运动成绩而进行的科学的、系统的训练和竞赛。两种定义都突出了其竞争性或挑战性的最根本属性。

竞技体育在现代奥林匹克运动的推动下，已有50多种用于国际比赛的运动项目，并设有相应的国际体育组织和单项运动协会。竞技体育被认为是在高水平竞争中,以夺取优胜为目标,对健康人体进行旷日持久的生物学和心理学改造,进而实现最大限度开发人的竞技运动能力的教育过程。由于在组合"对抗"的同时,非常强调"法"的完整和准确,即认为竞技规则在保证运动顺利进行的同时,也在引导运动不断趋向科学化,因此,为应付激烈的赛场竞争,探索人类竞技运动的极限,需要广泛采用先进的科学训练方法和手段。同时,由于竞技体育的表演技艺高超、季节性强,且极易吸引广大观众,因此,它作为一种极富感染力又容易传播的精神力量,在活跃社会文化生活、振奋民族精神、促进各国人民之间的友谊和团结等方面,都有着特殊的教育作用。

3. 社会体育

社会体育亦称群众体育,是指人们自愿参加的,以增进身心健康为主要目的,内容丰富、形式灵活的社会体育活动。它是我国体育事业的重要组成部分,既有别于高水平的竞技体育,也有别于学校体育。作为学校体育的延伸,它可使人们的体育生涯得以继续维持并使人们受益终身。

社会体育以增强人民体质,增进社会健康,延长人的寿命,满足人民群众的健美、消遣、娱乐、休闲、保健、医疗、康复、社交等多方面的需要为目的,并不追求达到高水平的运动成绩。《中华人民共和国宪法》第21条明确规定:"国家发展体育事业,开展群众性体育活动,增强人民体质。"这说明了社会体育在整个体育事业和社会生活中的重要地位。

社会体育开展的广泛性和社会化程度,取决于一个国家经济的繁荣、生活水平的提高、余暇时间的增多和对体育的价值观念及社会环境安定等因素。从世界发展趋势看,社会体育作为现代体育发展的重要标志,其普及程度或开展规模都不亚于竞技体育,它大有跃居为第二股国际体育力量的势头。近几十年世界各国社会体育发展的进程都证明了社会体育具有越来越广泛的群众基础,呈现越来越繁荣的景象。

二、健康新概念

健康是一个综合概念。1948年《世界卫生组织宪章》中对健康所作的定义为:"健康不仅是免于疾病和衰弱,而且是保持体格方面、精神方面和社会方面的完美状态。"1990年《世界卫生组织宪章》是这样阐述健康的定义的:"躯体健康、心理健康、社会适应良好和道德健康才算是完全的健康。"这一概念将人的健康分为生理健康、心理健康、道德健康和社会适应4个方面。

(一) **生理健康**

生理健康是指人体的结构完整和生理功能的正常。人体的生理功能是以结构为基础,以维持人体生命活动为目的,协调一致,复杂而高级的运动方式。

(二) **心理健康**

心理健康是生理健康的发展。评定心理健康的标准主要有:认识能力正常;情绪反应适度;有健康的理想和价值观;个性健全,情绪健康;人际关系融洽;自我评价恰当;对困难和挫折有良好的承受力。

(三) **道德健康**

道德健康可简单解释为做人的道德和应有的品德。道德健康以生理健康、心理健康为基础并高于心理健康和生理健康,是生理健康和心理健康的发展。道德健康是指不能损害他人的利益来满足自己的需要,能按照社会认可的道德行为规范准则约束自己及支配自己的思维和行为,具有辨别真假、好坏、荣辱的是非观念和能力。

(四)社会适应

社会适应主要指人在社会生活中的角色适应,包括职业角色、家庭角色和在工作、家庭、学习、娱乐、社交中的角色转换以及人际关系等方面的适应。社会适应健康,也是健康的最高境界。缺乏角色意识,发生角色错位是社会适应不良的表现。

第二节 影响健康的因素

影响健康的因素很多,归纳起来主要有以下几个方面。

一、行为和生活方式

(一)行为因素

行为是有机体在外界环境刺激下所引起的反应,包括内在的生理和心理变化。人类的行为表现错综复杂,但基本规律是一致的,即它是人类为了维持自身的生存和种族的延续,在适应复杂的、不断变化的环境时所做出的反应。个体的社会性行为是人与周围环境相适应的行为,是通过社会化过程确立的。行为是影响健康的重要因素,几乎所有影响健康的因素都与行为有关。例如,吸烟与肺癌、缺血性心脏病及其他心血管疾病密切相关。酗酒、吸毒、不良性行为等也严重危害人类健康。

(二)生活方式

生活方式是一种特定的行为模式,这种行为模式建立在文化继承、社会关系、个性特征和遗传等综合因素基础上,受个性特征和社会关系制约,是在一定的社会经济条件和环境等多种因素之间的相互作用中所形成的,包括饮食习惯、社会生活习惯等。由于受一些不良的社会和文化因素影响,许多人养成了不良的生活方式,导致了慢性非传染性疾病、性病和艾滋病的迅速增加。近年来,我国恶性肿瘤、心血管疾病和脑血管疾病已占总死亡原因的61%。据美国调查,只要有效地控制行为危险因素(不合理饮食、缺乏运动锻炼、吸烟、酗酒和滥用药物等),就能减少40%~70%的早死、1/3的急性残疾、2/3的慢性疾病。

二、环境

(一)自然环境

自然环境是指影响人类生存和发展的各种天然的和经过人工改造的自然因素的总体。包括大气、水、土地、矿藏、森林、野生生物、各种自然和人工区域(包括自然保护区、风景名胜区、城市和乡村)以及自然和人文遗迹等。这些因素组成了人类的生活环境,它们影响着人类的生存和发展。在自然界中,每一种动植物群体,都需要有一定的生存环境条件,如气候、土壤、地理、生物及人为条件等。这些环境条件与人类的关系是对立统一的。一方面,人类的生存和繁衍依赖于环境;另一方面,当环境作用于人类,服务于人类时,又直接或间接地受人类活动的影响。符合自然和社会发展规律的人类活动,能够改善环境;违反自然和社会发展规律的人类活动,会使环境恶化。

（二）社会环境

社会环境又称文化—社会环境，包括社会制度、法律、法规、经济、文化、民族及职业等。社会制度确定了与健康相关的政策和资源保障；法律、法规确定了对人健康权利的维护；经济决定着与健康密切相关的衣、食、住、行；文化决定着人的健康观及与健康相关的风俗、道德、习惯；民族影响着人们的饮食结构和生活方式；职业决定着人们的劳动强度和方式等。

三、生物学因素

（一）遗传

遗传是先天性因素。种族的差别、父母的健康状况和生存环境等因素都会对下一代的健康带来较大的影响。已知人类的遗传性缺陷和遗传性疾病近3 000种（约占人类各种疾病的1/5）。据调查，目前全国出生婴儿缺陷总发生率为13.7%，其中严重智力低下者每年有200万人。另外，遗传还与高血压、糖尿病、肿瘤等疾病的发生有关。

（二）病原微生物

从古代到20世纪中期，威胁人类健康的主要原因是病原微生物引起的感染性疾病。随着社会、经济的高度发展，人们的劳动方式和生活方式发生了巨大的改变，行为和生活方式逐渐取代病原微生物学因素，成为影响健康的主要因素。

（三）个人的生物学特征

个人的生物学特征包括年龄、性别、形态和健康状况等，不同生物学特征的人处在同样的危险因素下，对健康的影响大不相同。例如，儿童、少年和成年人，男性与女性，体质强壮和体质虚弱的人处在同样的危险因素下，对健康的影响是不相同的。

四、健康服务因素

随着社会经济的发展及人们生活水平的提高，健康服务的任务不仅仅是治病救人，而且要维护及促进人群的健康。因此，医疗保健被列入社会保障，卫生事业的发展是社会发展的重要方面。

世界卫生组织的《渥太华宪章》指出：健康的基本条件和资源是和平、住房、教育、仪器、经济收入、稳定的生态环境、可持续的资源及社会的公平与平等。健康服务必须在这些坚实的基础上建立国家制定政策、以社区服务为中心、多部门协作的健康服务体系，实现人人享有健康服务的宏伟目标。健康服务体系是国家促进国民健康的主要手段之一，是一个国家综合实力的反映。

五、体育运动

由于劳动方式和生活方式的改变，运动缺乏成为威胁人类健康的一个重要因素。同时科学运动的健康价值日益凸显，体育竞技的魅力四射，使人们越来越关注体育在其生活中的地位，体育对人类健康的作用和意义也成为学者们的研究热点。

1978年，联合国教科文组织颁布的《体育运动国际宪章》中明确了体育是一种人权，确认体育是提高生活质量的手段，体育能培养人类的价值观念，说明体育对人类的生存和发展具有重要的影响。从体育的含义中可以知道，体育对健康具有广泛的促进作用，特别是在改善生活方式与提高生活的质量方面，体育展示了其独特的魅力。

六、膳食

合理的营养是保证人体健康的重要因素。营养过多或不足都有损于健康。营养状况包括摄入热量及食物的营养结构。前者是衡量人群摄入的食物是否能维持基本的生命功能，后者则是分析摄入食物中各种营养素比例的合理性。

从生理学角度来看，一个中等强度体力劳动的成年人，要维持其身体的基本需要，每日男性需要摄入的热量为 12 552 kJ（3 000 Kcal），女性需要 11 715 kJ（2 800 Kcal）。儿童每日需要摄入的热量为 8 368 kJ（2 000 Kcal）以上。从世界范围来看，不同国家居民日平均摄入热量与健康状况关系密切。根据食物提供的热量计算，动物蛋白质和植物蛋白质各占 50% 为宜。这种标准既保证了机体对各种营养的需要，又有利于预防常见的慢性病，如心血管疾病等。目前，发达国家居民膳食中，动物蛋白及脂肪含量偏高；而发展中国家及不发达国家居民膳食中蛋白质及脂肪的比例偏低。

第三节 亚健康与造成亚健康的原因

一、亚健康的概念

近年来，"亚健康"一词频频出现在一些医学杂志和健康读物上。那么，什么是亚健康呢？"亚健康"是一个新的医学概念。健康是一种身体、精神和交往上的完美状态，而不只是身体无疾病。根据这一定义，经过严格的统计学统计，现代社会符合健康标准者不过占人群总数的 15% 左右。

有趣的是，人群中已被确诊为患病，属于不健康状态的也占 15% 左右。如果把健康与疾病看做是生命过程的两端的话，那么它就像一个两头尖的橄榄，中间凸出的一大块，正是处于健康与不健康两者之间的过渡状态，世界卫生组织称其为"第三状态"。国内常常称之为"亚健康"状态。处于亚健康状态的人机体虽然无明显疾病，但呈现"一多三少"的表现，即疲劳多，活力减退，反应能力减退，适应力减退。虽没有疾病，但有种种不适的症状，是介于健康与疾病之间的一种生理功能低下的状态，是"既非健康，又非疾病"的潜病状态。

亚健康是个大概念，包含着前后衔接的几个阶段，其中，与健康紧紧相邻的可称作"轻度心身失调"，它常以疲劳、失眠、胃口差、情绪不稳定等为主症，但是这些失调容易恢复，恢复了则与健康人并无不同，占人群的 25%～28%。这种失调若持续发展，可进入"潜临床"状态，此时，已呈现出发展成某些疾病的高危倾向，潜伏着向某疾病发展的高度可能。在人群中，处于这类状态的超过 1/3，他们的表现比较错综复杂，可为慢性疲劳或持续的心身失调，包括前述的各种症状持续 2 个月以上，且常伴有慢性咽痛、反复感冒、精力不支等。有的专家将其错综的表现归纳为 3 种减退：活力减退、反应能力减退和适应能力减退。从临床检测来看，城市里的这类群体比较集中地表现为"三高一低"倾向，即存在着接近临床水平的高血脂、高血糖、高血黏度和免疫功能偏低。另有至少超过 10% 的人介于潜临床与疾病之间的，可称为"前临床"状态，指已经有了病变，但症状还不明显，还没引起足够重视，或未求诊断；或者即便医生做了检查，一时尚未查出。严格地说，最后一类已不属于亚健康，而是有疾病的不健康状态，只是有待于明确诊断而已。因此，扣除这部分人群，有不少研究认为，亚健康者约占总人口的60%。

二、造成亚健康的原因

现代医学研究的结果表明，造成亚健康的原因是多方面的，例如过度疲劳造成的精力、体力透支；人体自然衰老；心脑血管及其他慢性病的前期、恢复期和手术后康复期出现的种种不适；人体生物周期中的低潮时期等。

造成身体出现"第三状态"的原因，主要有以下几个方面。

（一）心理失衡

古人云：万事劳其行，百忧撼其心。高度激烈的竞争，错综复杂的各种关系，使人思虑过度，素不宁心，不仅会引起睡眠不良，甚至还会影响人体的神经体液调节和内分泌调节，进而影响机体各系统的正常生理功能。

（二）营养不全

现代人饮食中往往热量过高，营养素不全，加之食品中人工添加剂过多，人工饲养动物成熟期短、营养成分偏缺，造成很多人体重要营养素的缺乏和肥胖症的增多，机体的代谢功能紊乱。

（三）噪声、郁闷

科技发展、工业进步、车辆增多、人口增多，使很多居住在城市的人感到人群生存空间狭小，备受噪声干扰，对人体的心血管系统和神经系统产生很多不良影响，使人烦躁、心情郁闷。

（四）高楼、空调

高层建筑林立，房间封闭，一年四季使用空调，长期处于这种环境当中，空气中的负氧离子浓度较低，使血液中氧浓度降低，组织细胞对氧的利用降低，影响组织细胞正常的功能。因此，住在高层楼的人们需要经常到地面上走走。使用空调时，要及时换气。

（五）逆时而作

人体在进化过程中形成了固有的生命运动规律（即"生物钟"），维持着生命运动过程气血运行和新陈代谢的规律。逆时而做，就会破坏这种规律，影响人体正常的新陈代谢。

（六）练体无章

生命在于运动，生命也在于静养。人体在生命运动过程中有很多共性，但是也存在着个体差异。因此，练体强身应该是个体性很强的学问。每个人在不同时期，身体的客观情况都处于动态变化之中，练体无章、练体不当，必然会损坏人体的健康。

（七）乱用药品

用药不当不仅会对机体产生一定的副作用，而且还会破坏机体的免疫系统。如稍有感冒，就大量服用抗生素，不仅会破坏人体肠道的正常菌群，还会使机体产生耐药性；稍感疲劳，就大量服用滋养品，本想补充营养，但实际是在抱薪救火。

（八）内劳外伤

外伤劳损、房事过度、琐繁穷思、生活无序最易引起各种疾病。人的精气如油，神如火。火太旺，则油易干；神太用，则精气易衰。只有一张一弛，动静结合，劳逸结合，才能避免内劳外伤引发各种疾患。

(九) 六淫七情

六淫：风、寒、暑、湿、燥、火是四季气候变化中的 6 种表现，简称六气。"六气淫盛"，简称"六淫"。七情：喜、怒、忧、思、悲、恐、惊。过喜伤心，暴怒伤肝，忧思伤脾，过悲伤肺，惊恐伤肾。

因此，预防影响健康的 4 方面因素的不良作用，就必须积极开展健康教育，把健康知识交给每一个人，让每一个人都能懂得和掌握保持健康的技能，不断增强自我保健意识，才能提高健康水平。

第二章 体育运动原理与卫生健康

体育运动原理是体育学的一个重要组成部分。它是运动辩证唯物主义和历史唯物主义的观点,研究体育实践和体育理论发展的一般规律,以及其中的认识和方法论问题的科学。体育原理的研究范畴可确定为:① 体育概念与本质。② 体育的功能与目的。③ 体育的过程与规律。④ 体育途径。⑤ 体育手段与方法。⑥ 体育评价。⑦ 体育科学。⑧ 体育文化。⑨ 体育体制。⑩ 体育发展趋势。要把体育基本理论完全涵盖在体育原理里是很难的,为了让同学对体育这门学科有一个基本了解,形成"健康第一"的观念,将终身体育锻炼的理念付诸实践,在本章将着重对现代体育的构成和功能、运动卫生方面的理论做较深入的讨论。

第一节 现代体育的构成和发展趋势

国际体育界一致公认现代体育发源于 19 世纪的英国。1828 年,英国教育家托马斯·阿诺德第一次把体育列入学校课程,这对现代体育的产生和发展起着决定性的作用。在英国的影响下,1844 年在柏林举行了大学生田径运动会,1857 年成立了田径协会,并在剑桥大学举行了世界第一次大学生锦标赛。这对现代体育产生了深远的影响。

一、现代体育的构成

现代体育是由学校体育、竞技体育和社会体育构成的。

1. 学校体育

学校体育是学校教育的重要组成部分,是全民体育的基础。

现代学校教育既重视增强学生的体质,又注重培养学生的体育意识,讲究体育锻炼的科学性,进行终身体育教育,为学生终身体育打下良好的理论和技能基础。学校体育还将担负着为国家培养和输送体育人才,以适应当代社会和青年对日益增长的精神和文化生活的需要。学校体育是按不同教育阶段和年龄特征,通过体育教学、课外体育活动、业余体育训练这 3 种基本形式,围绕"增强体质"这个中心,使学生在德、智、体、美等方面都得到发展。

2. 竞技体育

竞技体育是为了最大限度地发挥个人或集体的运动能力去争取优异成绩而进行的运动训练和竞赛。由于竞技体育的表演技艺高、竞争性强,极易吸引广大观众,因此它极具感染力和传播力量;在活跃社会文化生活、振奋民族精神、提高国际威望、促进友谊等方面有着重要意义。为探索人类运动的极限,参与日趋激烈的赛场竞争,各国都在采用先进、科学的训练方法和手段，提高运动能力，以使竞赛更加精彩。

3. 社会体育

社会体育也称大众体育，是以健身、健美、娱乐、医疗为目的，开展形式多样、内容丰富的体育活动，休闲体育、娱乐体育、养生体育均可列入此类。现代社会生活、工作节奏加快，只有保持健康的身体和旺盛的精力才能适应这种节奏。现代科技给人类带来舒适、便捷的同时，也带来许多不利因素，如环境和大气污染、生态失去平衡、缺乏身体运动、营养过剩等各种"文明病"。人们已经认识到，只有科学地进行体育锻炼，才能保持和促进身体健康。大众体育是现代社会的一种生活方式，是提高生活质量必不可少的手段。

二、现代体育的发展趋势

1. 学校体育不仅是现代体育的组成部分，而且是现代体育的基础

学校体育、竞技体育、社会体育三者既有共性，也有特性。它们互相依存，互相影响，互相促进，构成现代体育的整体。学校体育是三者发展的基石，只有良好的学校体育基础，才能为竞技体育输送更多的人才，才有蓬勃发展的社会体育。

2. 国际化、社会化趋势

现代体育正成为国际社会的社会现象。无论其社会制度、宗教信仰、民族特点如何，无不重视体育运动的开展。在国际奥林匹克运动会的推动下，竞技体育的规模日益扩大，不仅促进了体育运动本身的发展，而且也推动了人类文化、社会经济的发展。

体育作为社会现象，它是社会发展的产物，又对社会发展起着促进作用，现代体育功能已大大超过了增强体质的范围，已经成为改善人们生活方式、提高生活质量的不可缺少的因素。

3. 高科技已成为现代体育发展的强大动力

现代科学技术的迅速发展，不但使社会结构、经济结构和生产方式发生了巨大的变化，而且极大地促进了体育运动的发展。大量的高科技成果和科学理论广泛地运用到了体育领域中。在学校体育和大众体育中，理论指导、科学锻炼方法的运用以及先进设备的运用，不仅提高了锻炼效果，而且增强了体育运动的魅力。

第二节　现代体育的功能

体育在外部环境的互动中表现出相对特殊的作用与效能，这种作用与效能就是所谓的体育功能。《体育大辞典》中将体育的功能定义为："体育的效能，指体育对人类和社会所起的综合作用，由体育本身的特点和社会的需要所决定，包括生物效能和社会效能两大类。"

一、健身功能

体育主要是以各种身体运动方式进行的，它要求人体直接参与活动，这是体育最本质的特征之一，这个特点决定了体育具有健身功能，体育的健身功能主要表现在以下几个方面。

1. 体育运动能改善和提高中枢神经系统的工作能力

大脑是人体的最高指挥部，人体一切活动的指令都是由大脑发出的。大脑的重量虽然只占人体重量的2%，但它所需要的氧气却要由心脏总流出量的20%来供应，比肌肉工作时所

需血液多15~20倍。然而，脑力劳动者长时间伏案工作，技能活动的特点是呼吸浅，血液循环慢，新陈代谢低下，腹腔器官及下肢血液停滞。长时间进行脑力劳动会使人头昏脑胀，就是由于大脑供血不足、缺氧所致。另外，大脑工作时所需能量来源于血液中的葡萄糖，然而其自身葡萄糖的储存量却很少。如果连续用脑时间过长，就会因血糖浓度降低而使大脑反应迟钝，思维能力下降。

进行体育运动，特别是到大自然中和新鲜空气中进行体育锻炼，可以使大脑得到积极的休息，改善大脑的供血状况。并且，经常参加体育运动，可以提高大脑皮层的兴奋性，使大脑对外刺激的反应更加迅速、准确，整个机体的工作能力得到提高。苏联伟大的生理学家巴甫洛夫经常对学生说："如果不锻炼身体，大脑就不能很好地工作。"他身体力行，到80岁高龄还经常进行体育锻炼。而世界大文豪列夫·托尔斯泰从青年时期就开始坚持体育锻炼，80岁时还每天做操。因此，他一直保持清晰的理智、良好的记忆力和高度的工作能力。

2. 促进有机体的生长发育，提高运动能力

生长乃指细胞繁殖和细胞间质的增强所形成的形体上的变化，它是人体量变的过程。而发育则是有机体各器官、系统的结构逐步完善，机能逐渐成熟的过程。

骨骼是人体的支架，其生长发育不仅对人体形态有重要影响，而且对内脏器官的发育、对人的劳动能力和运动能力都有直接影响。体育运动刺激骺软骨的增生，从而促进骨的增长。科学研究证明，经常从事运动的青少年比一般青少年身高增长要快。同时，经常参加运动还可促使骨骼变粗，骨密质增厚，骨骼抗弯、抗折、抗压能力增强。实验证明，普通人的股骨，承受300 kg的压力就会折断，但运动员的股骨，可承受350 kg的压力。经常从事运动，可以改善肌肉的血液供应状况，增加肌肉内的营养物质，特别是蛋白的含量，使肌纤维变粗，工作能力加强。一般人肌肉重量只占体重的40%，而运动员肌肉重量占体重的45%~50%。同时运动还可以促使肌肉有更多的能量储备，以适应运动和劳动需要。

3. 体育运动能促使人体器官构造的改善和机能的提高

体育运动能使人体内能量消耗增加、代谢产物增多、新陈代谢旺盛、血液循环加速，从而使血液循环系统、呼吸系统、消化系统、排泄系统都得到改善。使主管这些系统工作的器官——心肺等在构造上发生变化，机能提高。如经常运动能使心脏产生运动性肥大，心肌增强，心壁增厚，心腔容积增大。在体能上，心肌的每搏输出量增加，而心搏频率机能低，出现"节省化"现象。肺的功能也会因运动而提高，肺活量增大，呼吸深度加深。

4. 体育运动能调节人的心理，使人生充满活力，并能提高人体的适应能力

从事运动，特别是群体运动能使人心情舒畅、精神愉快，调节人的某些不健康情绪和心理，缓解压力，调整消沉、沮丧的情绪。美国一位心理学家德里斯发现跑步能成功地减轻大学生在考试期间的忧虑情绪。人们还发现有紧张烦躁情绪的人，只要散步15 min后，紧张情绪就会松弛下来。运动能增强人的免疫力，提高对疾病的抵抗能力，提高对外界环境的适应能力。

5. 体育运动可以防病治病，推迟衰老，延年益寿

生物体从胚胎、生长、发育、成熟直到衰老、死亡，这是一个不可改变的客观规律。但一个人体质的好坏，衰老的快慢却是可以控制的。原国际运动医学联合会主席普罗科教授多年研究证明："不锻炼的人，30岁起身体机能就开始下降；到55岁，身体机能只相当于他健康时的2/3；而经常锻炼的人到40、50岁，身体机能还相当稳定；当他60岁的时候，心

血管系统的功能大约相当于20、30岁不锻炼的人。这也就是说,经常锻炼的人比不经常锻炼的人要年轻20、30岁。"现任国际运动医学联合会主席霍尔曼教授指出:每天坚持跑步10分钟的人,心脏可以年轻20岁。

二、愉悦功能

作为有意识、有情感的人,在人生的历程中,总会伴有喜怒哀乐、烦恼和痛苦。人类总是力图通过自己的努力,从人生的痛苦与烦恼中解脱出来。体育以其特有的方式,对于从痛苦与烦恼中解脱出来的人们,获得健康、幸福、快乐的一生具有重要作用。

1. 加强生命的力量,获得能量释放的快感

运动时生命的本质是生命活动的形式。亚里士多德说:"生命便是运动。"体育既可以增进健康、增强生命力量,又可以使人感知自我生命存在的力量,这种健康和生命的力量是快乐的基础。人可以从这种对生命的感知中获得一种快感。德国哲学家叔本华曾说过:"能够促进心情愉快的不是财富,而是健康——唯有健康才能绽放愉快的花朵。有了健康,每件事都是会快乐的,失掉健康也就失掉了快乐。"满足生命力而得到的快乐,是基本快乐,几乎人人都要得到这种快乐,体育是获得这种快乐最积极有效的手段。

人的机体各个器官系统处于不停的运动中,各器官系统的运动必须保持某种程度上的平衡,这种平衡如长时间被破坏,人体就会感到不适。内脏器官的活动永不停息,必然产生大量能量,这些能量得不到释放,人就会感到不快与难受。现代人由于日常生活、工作中体力劳动减少,体内能量骚动与释放出现了不平衡。这种不平衡是现代"文明病"的根源,同时也给人类带来了情绪上的困扰。通过运动可以消除这种不平衡,并从中获得能量释放的快感。有运动经历的人,都体验过运动出汗后的轻松感、快乐感。由于体育能产生强烈的情感体验、调整失去平衡心的心理,所以,体育又可以作为情感宣泄的舞台、媒介,这对于营造和谐稳定的社会关系有着特殊的作用。因此,在西方社会学中,体育又被称为社会的"安全阀"。

2. 获得美的享受、精神上的愉悦

凡是感到美的事物都能引起人精神上的快感。美使人兴奋、使人安宁、使人陶醉、使人忘却一切。体育可以使人感受到人体美、自然美、艺术美,从而获得一种综合美的享受,并从美的感受中体验到快乐。

参加体育锻炼可以使自身的体格健壮、形美,朝气蓬勃,生命力旺盛,这种美不仅可以引起他人的羡慕,而且可以增强自信心、自尊心、自豪感,从而感受到来自自身美的快乐。

现代竞技运动,以其剧烈的竞争性、胜负的不确定性和高度的技艺性,吸引了千千万万的观众,人们已把直接或间接欣赏高水平的竞技比赛作为业余生活的重要内容。竞技中,运动员健美的身体和优美的动作巧妙地结合在一起。人们观赏优美的姿势,轻松有力、富有节奏、韵律的表演,不仅可以感受到人体的动态美,还可以获得一种美的艺术享受。与此同时,人们的情绪也在美的享受中随场上激烈比赛而变化、激动、兴奋、呐喊,身心完全融入比赛之中,完全忘却了自我。

3. 显示人的能力,体验自我实现的快乐

人具有成长、发展、利用潜能的心理需要,美国人本主义心理学家马斯洛将此称为自我实现。马斯洛把这种高级需求解释为:"一种想要变得越来越像人本来的样子,实现人的全

部潜能的欲望。"人的这种高级需求的满足，可以引起人深刻而强烈的幸福感和精神生活的充实感。需要是快乐的源泉，法国大文豪伏尔泰曾说过："没有真正的需要，便不会有真正的快乐。"人可以不断努力，从自我潜能实现中获得快乐。体育运动中人们总是根据自己的能力进行活动。既可以显示人的能力，又可以发展人的能力，在自己的身体运动中感受到能力的提高。通过自我能力的实现而获得的快乐是最大的快乐，且可持续较长时间，每当回忆起来时，仍会兴奋、充实和愉悦。

体育在很大程度上是和困难、艰辛、挑战、征服联系在一起的。运动中，特别是在一些较为剧烈、危险的运动中，有机体总是承受一定的甚至很大的痛苦。正是由于艰辛和来之不易，才能使人强烈地体验到成功、胜利的喜悦。运动中，首先要挑战自我、挑战他人；征服自我、征服他人，这种对自我、对他人、对环境的征服，是一种自我能力的实现。征服挑战的水平越高，获得的快乐就越持久、越强烈。体育以它特有的方式，在人类的休闲娱乐中发挥着日益巨大的作用，它给予人的快乐不论在广度、强度，还是持久性上，是其他活动所难比拟的。现代奥林匹克创始人皮埃尔德·顾拜旦在《体育颂》中高度概括了体育的娱乐功能。他写道："啊！体育，你就是乐趣！想起你，内心充满欢喜，血液循环加剧，思维更加开阔！条理更加清晰！你可以使忧伤的人散心解闷，你可以使快乐的人生活更加甜蜜！"无疑，在经济迅猛增长、科技进步日新月异、社会余暇时间更多的当今，体育成了世人善度余暇、愉悦身心的法宝。

三、经济功能

体育作为一种社会活动，它的发展速度和水平对经济有一定的依赖性。反过来，体育运动又可以反作用经济，促进经济的发展。当今，体育产业已经成为一个新兴的产业部门，具有良好的发展势头，体育的经济功能已开始为世界各国所关注。一些经济发达国家，非常注意发挥体育的经济功能，追求体育的经济效益，甚至把竞技体育作为谋取利润的工具而采用各种方法来增加体育的经济效益。许多国家在体育经费的来源方面已经改变了完全依靠政府支持的局面，甚至通过承办一些大型运动会来为政府赢得可观的收入。体育运动的直接收入归纳起来主要有以下几个途径。

1. 电视转播权

世界大赛的实况转播，已成为最吸引人也是收费最高的节目。许多重大国际比赛中的广告费远远高于在普通电视节目中插播的费用。随着电视在世界上的普及，奥运会电视转播权的价格也逐年递增，到了1984年洛杉矶奥运会，电视转播权价格达到3.6亿美元。2004年雅典奥运会上，电视转播权价格达到14.8亿美元。

2. 赞助与广告

企业以赞助或购买的方式获得赛事冠名权或相关广告机会，是大型体育比赛获取收入的又一重要来源。奥林匹克全球伙伴赞助计划（TOP）是1985年开始实施的，第一期（1985—1988年）赞助金额为1亿美元。从1985年开始到2004年国际奥委会共实施了5个阶段TOP计划。第5期（2001—2004年）赞助金额达到6亿美元。

3. 门票

精彩的体育竞赛是当今最引人关注的社会文化活动之一，组织得好，门票收入可观。1996年亚特兰大奥运会共售出约1 100万张门票，平均票价40美元。2000年悉尼奥运会的门票收入高达 5.51 亿美元。

4. 其他

大型体育比赛中获取收入的方式还有发放纪念币，发售体育彩票、标志产品的特许经营权，接受各种捐赠等。

四、教育功能

所谓个体社会化就是指人的社会化，即由生物的人变成社会的人的过程，人刚出生时只是一个生物人，只具有本能活动。要使他成为一个社会成员，就必须有一个学习和受教育的过程，这个过程叫人的社会化。

人的社会化是一个非常复杂的过程，在人的整个社会化过程中，体育运动有着非常重要的作用。美国社会学家海兰考曾说过："如果把体育运动忽然从世界和人们的意识中消灭（当然这是不可能的），只要人的社会化过程不变，体育运动很快会诞生，也许还会再造出形式与现在一样的体育运动。"体育运动本身就是一个有章可循（有统一制定的规则）的有一定约束力的社会活动。同时，它又是在一定的执法人——裁判员或教师、教练员的直接监督下有组织地进行的，这对培养年轻一代遵守社会生活的各种准则有很好的作用。

体育运动是一个社会互动的场所，在体育运动中，个人之间、集体之间发生着频繁的接触。而一些竞技类项目更是对参赛者在思想品德方面提出严峻的考验。如长跑到了"极点"时，是坚持下去还是半途而废；对方犯规时，是毫不计较，还是"以牙还牙"；比赛失利时，是互相鼓舞还是相互抱怨等，现代体育比赛中，在奥林匹克运动会所倡导的"公平竞赛"原则下，运动员所具有的那种向更高、更快、更强的目标顽强拼搏的精神，同时，也深深地打动着观众的心，这就是一种教育。中国女排、刘翔等奥运会上的出色表现，极大地振奋了民族精神。在升国旗、奏国歌的庄严时刻，极大地振奋国人的心灵，这是极好的爱国主义教育，这是其他形式所不能替代的。

五、政治功能

体育运动本身没有政治性，但如何利用体育为国家服务却有很强的政治性。体育与政治之间有着紧密的联系，并始终受到国际各个方面的关注。从体育的发展历程和趋势来看，体育在产生和萌芽阶段确实与政治无关，但随着社会的发展，国际风云变幻，体育与政治的结合日益密切，体育更被强权政治国家当成一种国际斗争和外交活动的工具。回顾现代奥运会的发展史，这种国际的体育盛会，更成为国家之间政治较量的场合。例如：

1924 年，现代奥运会的倡导者顾拜旦男爵拒绝邀请德国参加在巴黎举行的奥林匹克大会。

1956 年，由于国际奥委会接纳了我国台湾，我国拒绝参加在慕尼黑举行的奥运会。

1980 年，美国、联邦德国、中国等国家抵制在莫斯科举行的第 22 届奥运会，以抗议苏联入侵阿富汗。

1984 年，苏联、民主德国等国家拒绝参加洛杉矶举行的奥运会，以示对前一届奥运会的报复。

从这些事件中可以看出，体育与政治之间表现出结合、服务、冲突、对抗等错综复杂的关系，体育竞技成了一个没有硝烟的、特殊的、礼仪化的"战争"。政治的需要制约着体育的发展，出现了体育为政治服务，严重有悖于奥林匹克"团结、友谊、和平"的精神。

政治干预体育也有积极的一面，在特殊情况下，国际的体育交流有其独特的外交作用。如20世纪70年代初，我国运用"乒乓外交"成功地打开了中美建交的大门，达到了"以小球转动大球"的政治外交目的，堪称中国外交史上的经典。

一个国家、一个民族崇尚的爱国主义、民族精神往往会在国际体育竞赛中以不同的形式体现出来，这就决定了体育在振奋民族精神、进行爱国主义教育、展示国家形象、提高国际地位等方面起重要作用。在我国，体育是国家事业的一部分，历来受到党和国家领导人的重视，党的三代领导核心，毛泽东、邓小平、江泽民为体育工作的题词分别是"发展体育运动，增强人民体质""提高水平，为国争光""发展体育，振兴中华"。3个题词反映了不同时代特征和各个时期的政治要求，有着深刻的政治内涵。随着人类社会的发展，国际政治对立的缓解，体育作为人类共同生活的一种重要需求，奥林匹克运动必将回归到理想化的初衷，走向繁荣。

第三节　体育运动卫生

"生命在于运动"，而运动必须有一定的规律性，只有掌握体育运动的卫生常识，科学地进行体育锻炼，才能做到强身健体、防病治病。

一、体育锻炼前要做好准备活动

体育锻炼前进行充分的准备活动，对于体育锻炼者来说是非常重要的。有些体育爱好者就是由于不重视锻炼前的准备活动而导致各种运动损伤，不仅影响锻炼效果，而且影响锻炼兴趣，对体育活动产生畏惧感。因此，每个体育活动爱好者在每次锻炼前都必须做好充分的准备活动。

（一）准备活动的主要作用

1. 提高肌肉温度，预防运动损伤

体育运动前，进行一定强度的准备活动，可使肌肉的代谢过程加快。肌肉温度的升高，一方面可使肌肉的黏滞性下降，提高肌肉的收缩和舒张速度，增强肌力；另一方面还可以增加肌肉、韧带的弹性和伸展性，减少由于肌肉剧烈收缩造成的运动损伤。

2. 提高内脏器官的机能水平

内脏器官的机能特点之一是生理惰性较大，即当活动开始，肌肉发挥最大功能水平时，内脏器官并不能立即进入"最佳"活动状态。在正式开始体育锻炼前进行适当的准备活动，可以在一定程度上预先动员内脏器官的机能，使内脏器官的活动一开始就达到较高水平。另外，进行适当的准备活动，还可以减轻开始运动时由于内脏器官的不适应所造成的不舒服感。

3. 调节心理状态

体育运动不仅是身体活动，而且也是心理活动，现在越来越多的研究认为心理活动在体育锻炼中起着非常重要的作用。体育运动前的准备活动可以起到心理调节的作用，接通各运动中枢间的神经联系，使大脑皮层处于最佳的兴奋状态并投身于体育锻炼之中。

（二）如何进行准备活动

一般来说，准备活动时主要应考虑准备活动的内容、时间和量。

1. 内容

准备活动可分为一般准备活动和专项准备活动。一般准备活动主要是一些全身性身体练习，主要包括跑步、踢腿、弯腰等，其作用是提高整体的代谢水平和大脑皮层的兴奋状态，减少运动损伤的发生；专项准备活动是指与所要进行的体育项目相适应的运动练习。例如，打篮球前先投篮、运球；跑步前先慢跑等。日常体育锻炼时只需要进行一般性准备活动，即可进行正式的体育活动。

2. 时间和量

准备活动的时间和量随体育锻炼的内容和量而定，由于以健身为目的的体育锻炼量较小，所以准备活动的量也相对较小，时间不宜过长，否则，还未进行体育锻炼身体就疲劳了。半小时的体育锻炼，其准备活动的时间一般为 5 min 左右。气温较低时，准备活动的时间也适当长一些，量可大一些。气温较高时，时间可短一些，量可小一些。

3. 时间间隔

一般人进行准备活动后就可马上从事体育运动，运动员准备活动后适当的休息是为了使身体机能有所恢复，以便在比赛中创造优异成绩。而一般人参加体育活动是为了增强体质，所以准备活动后接着进行体育锻炼即可。

二、体育锻炼时间选择

参加体育锻炼的时间主要根据个人的生活习惯、身体状况或工作性质而定，一般很难统一。但就多数体育锻炼者来说，体育锻炼的时间多安排在清晨、下午和傍晚。不同的锻炼时间有不同的特点，练习者可根据自己的实际情况选择。

（一）清晨锻炼

许多人喜欢在清晨进行体育锻炼，这首先是由于清晨的空气新鲜，晨练有助于体内的二氧化碳排出，吸入较多的氧气，有利于体内的新陈代谢加快，提高锻炼的效果。其次，清晨起床后大脑皮层处于抑制状态，通过一定时间的体育锻炼，可适度提高大脑皮层的兴奋性，从而有利于一天的学习与工作。经常参加体育锻炼的人多有这样的体会，如果清晨不进行体育锻炼，一天都觉得无精打采，提不起精神。再者，晨练时，凉爽的空气刺激呼吸道黏膜，可增强机体的抵抗力，以适应外界环境的变化，不易发生感冒等病症。所以有人说，早晨动一动，少闹一场病。由于清晨锻炼多在空腹情况下进行，所以运动量不要太大，时间不宜太长。否则，长时间的运动会造成低血糖，不仅影响锻炼效果，而且会使身体产生不适应。另外，对工作、学习紧张、习惯于晚起床的人来说，没有必要每天强迫自己进行晨练。

（二）下午锻炼

下午主要适合有一定空余时间的人进行体育锻炼，特别适合大、中、小学的师生。经过一天紧张的工作或学习后，下午进行一定强度的体育锻炼，不仅可以增强体质，而且可使身心得到调整。下午进行体育锻炼时，运动强度可大一些，青年学生可打球、做游戏，老年人可打门球、跑步。对心血管病人来说，下午运动最安全。医学研究表明，心血管的发病率和心肌梗死的发生率在上午 6~12 时最高。所以，为了避免这一"危险"时间，运动医学工作者认为，心血管病人的适宜锻炼时间应在下午。

（三）傍晚锻炼

晚饭后也是体育锻炼的大好时光，特别是对那些清晨和白天工作、学习十分忙的人来说尤为如此。傍晚进行适当的体育锻炼，既可以健身强体，又可以帮助机体消化吸收。傍晚运动的主要形式为散步，傍晚进行体育活动的时间可长可短，但一般不要超过 1 h，运动强度也不可大，心率应控制在 120 次/min 内。强度过大的运动会影响胃肠道的消化吸收，同时，傍晚锻炼结束与睡觉的间隔时间要在 1 h 以上，否则，会影响夜间的休息。

三、运动量的控制

体育锻炼时，合理控制运动量是影响运动效果的重要因素之一。活动量太小，达不到锻炼身体的目的；运动量过大，又会引起过度疲劳，影响身体健康。所以，每位体育爱好者在开始体育锻炼前就应学会检测运动量的方法。体育锻炼中常见的监测运动量的方法有以下几种。

（一）运动时测脉搏

在体育锻炼时或体育锻炼后，立即测 10 s 的脉搏，就一般体育锻炼者来说，运动后即刻的心率最好不要超过 25 次/10 s。脉搏次数过快，主要是发展机体的无氧代谢能力，这对一些专项运动员来说是十分重要的，但对提高身体的健康水平意义不大，而且运动量过大会增加心脏负担，可能会出现一些意外事故。即使是特殊需要，体育锻炼者运动时的心率也不要超过 30 次/10 s。

（二）根据年龄控制运动量

年龄与体育锻炼中的运动量有着密切的关系，随着年龄的增加，人体的运动能力逐渐下降，体育活动量也应随着减小。现在，体育活动中经常用"180－年龄"的值作为体育锻炼者的最高心率数，即 30 岁的人在进行体育锻炼时其心率数不要超过 150 次/min，而 70 岁的人参加体育锻炼时的最高心率不要超过 110 次/min，这一公式已广泛用到以健身为目的的体育锻炼之中。

（三）根据第二天"晨脉"调节运动量

"晨脉"是指每天早晨清醒后（不起床）的脉搏数，一般无特殊情况，每个人的晨脉是相对稳定的。如果体育锻炼后，第二天晨脉不变，说明身体状况良好或运动量合适；如果体育锻炼后，第二天的晨脉较以前增加 5 次/min 以上，说明前一天的活动量偏大，应适当调整运动量；如果长期晨脉增加，则表示近期运动量过大，应该减少运动量，或暂时停止体育锻炼，待晨脉恢复正常后，再进行体育锻炼。

（四）主观感觉

体育锻炼与运动员的运动训练不同，其基本原则为：锻炼时要轻松自如，并有一种满足感，这也是锻炼者进行运动量监测的一项主观指标。如果锻炼后有一种适度的疲劳，而且对运动有浓厚的兴趣，则说明运动量适合机体的机能状况；如果运动时气喘吁吁、呼吸困难，运动后极度疲劳，甚至厌恶运动，则说明运动量过大，应及时调整运动量。

体育锻炼对身体机能是综合刺激，身体机能的反应也是多方面的，锻炼者可根据自身条件对身体机能进行综合评价，必要时，则应在医务工作者的监督下进行。

四、合理的呼吸方法

体育锻炼时掌握了合理的呼吸，可以有效地提高锻炼效果。对于体育爱好者来说，掌握合理的呼吸方法应注意以下几个方面的问题。

（一）采用口鼻呼吸法，减小呼吸道阻力

人体在进行体育锻炼时，氧气的需要量明显增加，所以仅靠鼻实现通气已不能满足机体的需要。因此，人们常常采用口鼻同用的呼吸方法，即用鼻吸气，用口呼气。活动量较大时，可同时用口鼻吸气，口鼻呼气，这样一方面可以减小肺通气阻力，增加通气；另一方面，通过口腔增加体内散热。有研究证实，采用口鼻呼吸方式可使人体的肺通气量较单纯用鼻呼吸增加一倍以上。在严冬进行体育锻炼时，开口不要过大，以免冷空气直接刺激口腔黏膜和呼吸道而产生各种疾病。

（二）加大呼吸深度，提高换气效率

人体在刚开始进行体育活动时往往有这种体会，即运动中虽然呼吸频率很快，但仍有呼不出、吸不足、胸闷、呼吸困难的感觉。这主要是由于呼吸频率过快，造成呼吸深度明显下降，使得肺实际进行气体交换的量减少，肺换气效率下降。所以，体育锻炼时要有意识地控制呼吸频率，呼吸频率最好不要超过每分钟30次，加大呼吸深度，使进入肺内进行有效气体交换的量增加。过快的呼吸频率，还会由于呼吸肌的疲劳造成全身性的疲劳反应，影响锻炼效果。

（三）呼吸方式与特殊运动形式相结合

不同的体育锻炼方式对人体的呼吸形式有不同的要求，人体的呼吸形式可分为胸式呼吸、腹式呼吸和混合呼吸，在运动中呼吸的速率、深度以及节奏等，必须随运动技术动作进行自如的调整，这不仅能保证动作质量，同时还能推迟疲劳的出现。在体育锻炼时，切勿忽视呼吸的作用，掌握合理的呼吸方法，可以有效地提高锻炼效果。

五、出现不舒服感觉时的处理

人体在体育锻炼中有时会出现一些不舒适感觉，这主要是活动安排不当造成的，但在个别情况下也可能是某些疾病引起的。所以，锻炼者要能够及时判断运动中出现的各种状况，以便科学地从事体育锻炼，防止意外事故的发生。体育锻炼中的不舒适感觉及其一般处理有以下几种情况。

（一）呼吸困难、胸闷

运动量过大，机体短时间不能适应突然增大的运动量，而出现呼吸困难、胸闷、动作迟缓、肌肉酸痛等症状，甚至不想继续运动，这种现象在运动生理学中被称为"极点"。极点主要是由于运动时呼吸方式不对（呼吸表浅，呼吸频率过快），或运动强度过大，造成机体缺氧，乳酸等物质在体内堆积，引起呼吸循环系统失调，并造成大脑皮层的兴奋性下降。当出现上述症状后，可适当降低运动强度，一般几分钟后，不适感觉即可消失。

（二）运动中腹痛

运动中腹痛主要有两种情况：一是胃痉挛，这主要是由于饮食不当，食物刺激胃，引起胃痉挛，或是空腹参加剧烈活动，胃酸刺激引起胃痉挛性疼痛。如果运动中出现这种情况，可暂时停止运动，做一些深呼吸运动，严重者，可作热敷，喝少量温开水，以使症状得到缓解。二是肝脏充血，疼痛主要出现在右上腹，这是由于运动量突然加大，造成肝脏充血、肿大、牵拉肝脏薄膜，造成疼痛。出现这种情况，轻者可降低运动强度，再继续锻炼；如果连续几天体育锻炼时均出现右上腹疼痛症状，则应去医院检查。

（三）肌肉疼痛

体育锻炼中肌肉疼痛有以下几种情况。

（1）运动时肌肉突然疼痛，且肌肉僵硬。这是肌肉痉挛，多出现在骤冷天气和天气炎热大量排汗时。肌肉痉挛多发生在小腿肌肉或足底。出现肌肉痉挛后，可缓慢牵拉痉挛的肌肉，即可使症状缓解，轻者继续运动，重者可放弃当天的运动，第二天仍可继续参加锻炼。

（2）肌肉突然疼痛，而且有明显的压痛点。这主要是由于肌肉用力不当造成肌肉拉伤。肌肉拉伤后应立即停止体育锻炼，并进行冷敷、包扎等应急性措施，到附近医院治疗。

（3）肌肉酸疼，一般在刚开始体育锻炼后的几天，连续出现的广泛性肌肉酸疼，无明显的压痛点。这种疼痛是体育锻炼过程中的一个生理反应过程，一般在第一次运动后的第二天出现，2~3天疼痛最明显，一般一周后消失。对于这种情况，一般没有必要停止体育锻炼。

（4）慢性肌肉劳损，长时间出现局部肌肉酸疼，而且连续锻炼不减轻。这主要是由于长期不正确的运动动作所造成的，慢性劳损的主要特征是不活动劳损局部疼痛，而当身体进入活动状态后，疼痛状态减轻或消失。慢性劳损的恢复时间较长，一旦发现，就应彻底改变错误动作，形成正确的动作，以防劳损的发展。同时，还应及时去医院治疗。

（四）运动后肌肉酸疼

刚开始进行体育锻炼的人，运动后的第二天甚至以后几天，常常有肌肉酸疼的感觉。有些经常参加体育锻炼的人，在突然增加运动量时，也会有同样的感觉。有些人担心自己受伤了而不敢继续进行体育锻炼，其实，这种担心是多余的。

1. 肌肉酸疼的原因

运动后出现肌肉酸疼多属于生理现象，是机体对训练的正常反应。目前对运动后的肌肉疼痛有多种解释：一种观点认为体育锻炼后，肌肉出现了肌肉结构的"微"损伤，这种微损伤非常之微小，只有在电子显微镜下才能看到，与平时所讲的肌肉拉伤是不同的，这种损伤导致了肌肉的疼痛。另一种观点认为，人体在进行剧烈运动时，肌肉缺氧，使得肌糖原只能进行无氧代谢功能，以致肌肉中乳酸大量堆积而不能及时排除，乳酸刺激肌肉的感觉神经，使人感到肌肉酸疼。虽然目前有关运动后肌肉疼痛的准确原因尚不清楚，但比较一致的观点认为，这种疼痛不是病理性的，仍可继续进行体育锻炼。

2. 肌肉出现疼痛后可采取的主要措施

（1）运动后可采用积极性恢复手段，如做一些压腿、展体等被动性牵拉活动，以使紧张的肌肉充分伸展、放松，改善肌肉组织的血液循环，以缓解肌肉疼痛，使肌肉尽快恢复。在肌肉疼痛完全消失之前，可重复这些牵拉动作，直到不适感觉完全消失。

（2）出现肌肉疼痛症状后，不要停止体育锻炼，而应当继续坚持锻炼，这样有助于尽快消除肌肉疼痛。只是运动的强度可以小一些，时间可稍微短一些，多做一些伸展性练习，坚持几天，疼痛症状就会消失。否则，如果停止锻炼，即使疼痛消失，再进行锻炼可能还会出现同样的症状，而且恢复的时间也相对较长。

（3）可配合使用按摩、热敷或冲热水澡等恢复手段，加快肌肉不适感的消除。

六、体育锻炼后不要暴饮、暴食

人体在体育活动时，支配内脏器官的交感神经高度兴奋，副交感神经的活动受到抑制。

这可使心脏活动加强，骨骼肌血流量增加，以保证体育锻炼时肌肉工作的需要，而胃肠道的血管收缩，血流量减少，消化能力下降，这要在运动结束后逐渐恢复。如果在运动后立即进食，由于胃肠的血流量减少、蠕动减弱，消化液分泌较少，进入胃内的食物无法及时消化吸收，而且储留在胃中，会牵拉胃黏膜造成胃痉挛。长期不良的饮食习惯还可诱发消化道疾病。因此，在运动后应注意合理、卫生的饮食。

（一）体育锻炼后的进食

体育锻炼后，不要急于进食，要使心肺功能稳定下来，胃肠道机能逐渐恢复后再用餐。这段时间一般为半小时，如果是下午进行较剧烈体育锻炼，间隔的时间应相对更长。

（二）体育锻炼后的补水

体育锻炼后的补水是可行的，在运动后即刻甚至在运动中即可补水。以往人们担心运动中补水会加重心脏负担，现在看来这种担心是多余的。在天气较热的情况下，大量排汗引起体内缺水，不及时补水，可能会造成机体脱水、休克等症状。所以，运动中丢失的水必须及时补充。最近的研究发现，中等强度的体育锻炼后，胃的排空能力有所加强，因此，运动后或运动中的补水是可行的。马拉松比赛途中的饮水站，也说明运动中的补水是非常必要的。

（三）补水要注意科学性，不可暴饮

体育锻炼后的补水原则是少量多饮，可以在运动后每 20～30 min 补水一次，每次饮水量 250 ml 左右，夏季时水温 10°左右，其他季节最好补充温水；饮用不同成分的饮料对人体的影响不同，运动中排汗的同时也伴随着无机盐的流失，因此，运动后最好能补 0.2%～0.3% 的矿泉水，也可选用橙汁、桃汁等原汁稀释饮料，不要饮含糖量过高（大于6%）的饮料，尽可能不饮用汽水。

七、激烈运动后切勿立即坐下休息

人体在进行体育活动时，心血管机能活动加强，骨骼肌等外周毛细血管开放，骨骼肌血流量增加，以适应身体机能的需要，而运动是骨骼的节律性收缩，又可以对血管产生挤压作用，促进静脉血回流。当人体在停止运动后，如果停下来不动，或是坐下来休息，静脉血管失去了骨骼肌的节律性收缩作用，血液会由于受重力作用滞留在下肢静脉血管中，导致回心血量减少，心输出量下降，造成一时性脑缺血，出现头晕，眼前发黑等一系列症状，严重者会造成休克。因此，对于体育锻炼者来说，体育锻炼后应做一些整理活动，这样，可以避免头晕等症状的发生，还可以改善血液循环，尽快消除疲劳，提高锻炼效果。在进行整理活动时应注意以下几方面的问题。

首先，在任何形式运动后都可以做一些放松跑、放松走等形式的下肢运动，促进下肢静脉血的回流，防止体育锻炼后心输出量的过度下降。

其次，通过"转移性活动"，加速疲劳的消除。所谓转移性活动是指在下肢活动后，进行上肢性整理活动，右臂活动后做左臂的整理活动，通过这种积极性休息使身体机能尽快恢复，大量研究已经证实转移性活动确实可起到加速消除疲劳的作用。

再次，整理活动的量不要过大，否则，整理活动又会引起新的疲劳。在进行整理活动时，应当有一种心情舒畅、精神愉快的感觉。如果体育锻炼本身的运动量不大，如散步等，就没有必要进行整理活动。

最后，大强度体育锻炼后，如长距离跑、球类比赛后，应当进行全身性整理活动，必要

时，锻炼者之间可进行相互的整理活动和放松活动。

八、体育锻炼后的营养补充

人体在体育锻炼后，除采用休息和积极性体育手段加速身体机能的恢复外，还可以根据不同形式的体育锻炼特点，补充不同的营养物质，以加速疲劳的消除。以营养因素作为身体机能的恢复手段时，应根据不同的运动形式补充不同的营养物质。

（一）力量性练习后的营养补充

在进行力量性练习时，如举重、健美、俯卧撑等，运动中消耗的主要是蛋白质，而肌纤维的增粗、肌肉力量的增加也需要体内蛋白质的合成。所以，为了尽快消除疲劳，提高力量锻炼的效果，在进行力量练习后，应多补充蛋白质类物质。除要补充猪肉、牛肉、鱼、牛奶等动物性蛋白外，还要补充豆类等植物性蛋白，以保证机体丰富而又多品种的蛋白质供给。

（二）耐力性练习后的营养补充

在耐力性练习过程中，如长跑、游泳、滑雪等，机体主要进行的是糖类物质的有氧代谢，消耗的主要是淀粉类物质，因此，在运动后可适当补充些米、面等淀粉类物质。

（三）较剧烈体育锻炼后的营养补充

在进行较剧烈体育锻炼时，如球类比赛、快速跑、健美操等，机体主要靠糖的无氧代谢提供能量，糖在体内进行无氧代谢时，会产生一种叫做乳酸的酸性物质，这种物质在体内的积累，会造成机体的疲劳，并使恢复时间加长。所以，进行较剧烈的运动，应多补充一些碱性食物，如蔬菜、水果等。而动物性蛋白等肉类物质则偏"酸"，在运动后的当天可适当减少。

（四）运动后维生素类物质的补充

无论机体进行什么形式的运动，运动后都要补充维生素类物质，因为运动时体内的代谢过程加强，各种维生素都不同程度地参与体内的代谢过程，运动时体内的维生素消耗会增加，需要在运动后补充。体育锻炼后应多吃些含维生素丰富的食物，如绿叶蔬菜、水果、豆类及粗粮等。对于体育活动者来说，运动后一般只需要补充天然维生素，没有必要补充维生素制剂。

第三章 大学生体育锻炼与体质评价

第一节 体育锻炼的作用和特点

体育锻炼是增进健康、增强体质最有效的方法。它能促进青少年的正常发育，能使中年人保持旺盛的精力，能使老年人延年益寿。同时，它还可以调剂感情、锻炼意志和愉悦精神，发挥健心的作用。另外，它还可以防止疾病，使身体康复，并有矫正身体畸形、改善肤色等健美作用。体育锻炼还具有组织形式的灵活性、内容方法的多样性、与日常生活紧密的结合性等特点，从而具有广泛的群众基础。

体育锻炼和体力劳动是既有联系又有区别的两种社会活动。尽管体力劳动也有锻炼身体的作用，但由于不少工种的劳动是在某种固定姿势下进行的，易引起局部肌肉疲劳，导致劳损，形成职业病。某些体力劳动者因长期缺少全身性活动，内脏功能下降，使体质变弱。因而，体育锻炼在增进身体健康、增强体质方面的作用是体力劳动所无法代替的。

第二节 体育锻炼的科学安排

一、体育锻炼的一般原则

体育锻炼方法虽然简单易学，但要想科学地安排体育锻炼，提高锻炼效果，避免伤病事故，就必须遵循体育锻炼的基本原则。

1. **循序渐进原则**

在学习体育技能和安排运动量时，要由小到大、由易到难、由简到繁逐渐进行。不少体育爱好者在开始进行体育锻炼时，兴趣很高，活动量也很大，但坚持不了几天，就失去了锻炼热情，出现各种不良反应。产生这种现象的原因主要是：开始活动时量太大，机体无法很快适应，身体疲劳反应也大，甚至造成运动损伤，锻炼者受不了"苦"而放弃锻炼；对体育锻炼的期望值过高，认为只要进行体育锻炼就会立竿见影，结果锻炼几天后，未见身体机能明显变化，因而对体育锻炼大失所望而放弃锻炼。

2. **全面发展原则**

对大多数体育锻炼者来说，进行体育锻炼并不是单纯发展某一运动能力或身体某一器官的生理机能，而是通过体育锻炼使整体机能全面、协调发展。所以，在进行体育锻炼时，一是锻炼项目要丰富多样，避免单一的体育锻炼造成身体的畸形发展，因为不同项目对身体机能的影响不同；二是如果由于体育锻炼兴趣和条件的限制，不可能选择较多的运动项目，那么，在确定体育活动内容时，就应选择一种能使较多器官或部位得到锻炼的运动形式，以保证对整体机能产生全面影响。

3. 区别对待原则

进行体育锻炼时，要根据每个锻炼者的年龄、性别、爱好、身体条件、职业特点、锻炼基础等不同情况做到区别对待，使体育锻炼更具有针对性。

4. 经常性原则

经常参加体育活动，锻炼的效果才明显、持久，所以，体育锻炼要经常化。虽然短时间的锻炼也能对身体机能产生一定的影响，但一旦停止锻炼后，这种良好的影响会很快消失。所以，要想保持旺盛的体力和精力，就必须坚持参加体育锻炼。以提高人体免疫力和减肥为目的的体育锻炼，更应经常进行。

5. 安全性原则

从事任何形式的体育活动都要注意安全，如果体育锻炼安排得不合理，违背科学规律，就会出现伤害事故。所以，在锻炼前要做好充分的准备活动；锻炼过程中要全身心地投入；进行跑步锻炼时，最好不在沥青马路和水泥地面上进行，以防出现各种劳损症状；特殊人群参加体育锻炼更应注意量和强度的合理安排及医务监督，以免出现意外事故。

二、长期体育锻炼的科学安排

体育锻炼只有持之以恒，才能取得理想的健身效果。因此，锻炼者在体育锻炼前应根据自身的条件、健身目的，制订出一个长期稳定而又切合实际的锻炼计划。在制订长期锻炼计划时，至少应考虑锻炼者的健身目的、年龄和季节等多方面的因素。

1. 根据健身目的科学地安排体育锻炼

在进行体育锻炼前，每个人都要有较明确的健身目的，这是人们科学安排体育锻炼的重要依据。如果是为了增强体质，提高健康水平，那么，安排体育锻炼的内容和时间就灵活一些；如果是为了提高肌肉力量，发展肌肉，就应以力量练习为主；如果以减肥为主要目的，就应以有氧运动为主，运动时间相应要长。

2. 根据季节科学地安排体育锻炼

不同季节的气候条件对体育锻炼也有影响，要根据季节气候的变化规律安排体育锻炼，并注意季节交替时体育锻炼的内容衔接。

（1）春季锻炼。

在春季进行体育锻炼时，要做好准备活动，充分伸展僵硬的韧带，以减少运动损伤。同时，要注意脱衣服、穿衣服，防止感冒。

（2）夏季锻炼。

夏季天气炎热，最好是在清晨或傍晚进行锻炼，锻炼后要注意水分的补充，以防身体脱水和中暑。夏季最理想的运动是游泳，但并不是所有的人都有条件或适合进行游泳运动，那么，可供选择的其他较合适的项目还有慢跑、散步、太极拳、羽毛球等。

（3）秋季锻炼。

秋季天气变化无常，早晚气温较低，要注意增减衣服。另外，秋季天气干燥，锻炼前后要注意补充水，以保持黏膜的正常分泌和呼吸道的湿润。

（4）冬季锻炼。

冬季参加体育锻炼，不仅可以提高身体的健康水平，更重要的是可以提高身体的抗寒能力，预防各种疾病的发生。冬季锻炼时身体生理机能惰性较大，肌肉组织易受伤，所以要做好准备活动。运动最好采用口鼻呼吸方式，吸气时口不要张得太大，防止冷空气直接刺激口腔黏膜。

3. 根据年龄科学地安排运动量

体育锻炼时，运动量是影响锻炼效果的重要因素。运动量过小，锻炼效果不明显；运动量过大，会对机体产生不利的影响。并且，不同年龄的人身体状况不同，体育锻炼的运动量也不同。

三、一次体育锻炼的科学安排

体育锻炼参加者应学会科学地安排每次锻炼，以获得理想的健身效果。

1. 充分的准备活动

准备活动不仅可以提高锻炼效果，还可以减少损伤。通过准备活动不仅可以使身体机能进入最佳状态，而且可以使心理活动达到最佳水平。在进行准备活动的过程中，应保证全身心地投入。

2. 运动强度逐渐增加

在进行每次锻炼时，不要一开始就强度很大，这样会使身体出现一系列不适反应。这是因为人的各器官都有一定的惰性，通过准备活动肌肉已经能够进行大强度的活动，但内脏器官的活动并不能立即进入最佳状态，从而造成内脏器官与运动器官的不协调，出现各种不适症状。因此，活动开始后，运动强度要逐渐增加。

3. 足够的锻炼时间

以健身为目的的体育锻炼，应以有氧运动为主，因此，运动强度不要过大，但要保证足够的锻炼时间。为了保证锻炼效果，每天的锻炼时间至少要在半小时以上。在运动强度与时间发生矛盾时，应首先考虑运动时间，如果每天锻炼不能保证半小时的话，即使增加强度，健身效果也不明显。锻炼时间可以采取化整为零的办法，尤其是对于那些刚开始锻炼不能坚持到半小时或工作、学习繁忙的人。当然，并不是锻炼时间越长越好，身体机能好的人锻炼时间可长一些，但即使是散步这种强度小的锻炼，时间也不要超过2小时。

4. 身体疲劳与恢复

锻炼一段时间后，必然会产生疲劳。疲劳是一种生理现象，人体只有通过体育锻炼产生疲劳，才会出现身体机能的超量恢复。但是，疲劳的不断积累也可能造成身体的疲劳过度，从而对机体产生不利影响。了解锻炼时疲劳产生的原因，掌握诊断和消除疲劳的方法，对提高锻炼效果具有重要的意义。

1）疲劳产生的原因

运动性疲劳是一个复杂的问题，由于体育锻炼的形式不同，产生疲劳的原因也不同。疲劳产生的原因主要有以下几种。

（1）能源物质大量消耗：能量的大量消耗，使体内能源物质供应不足，从而造成身体机能下降。

（2）代谢产物堆积：体育锻炼过程中随着能量物质的大量消耗，体内代谢产物也急剧增加，代谢产物的堆积可造成体内代谢紊乱。在所有代谢产物中乳酸是造成身体疲劳的主要物质，它是糖原在缺氧状态下的分解产物，它的堆积可使肌肉 pH 值下降，引起脑和肌肉工作能力下降。此外，脂肪代谢产生的酮、蛋白质代谢产生的氨类物质在体内的堆积也会使身体疲劳。

（3）水盐代谢紊乱：大量排汗，不注意补水或者补水不科学，都可造成体内水盐代谢紊乱，使渗透压改变，引起细胞内外水平衡失调，造成身体机能下降。

2）疲劳的判断

及时判断疲劳的出现是防止过度疲劳、提高锻炼效果的重要保障。下面介绍几种判断疲劳的方法。

（1）简易的生理指标测定法：肌力是常用的生理指标之一，体育锻炼后肌肉力量不增加，反而下降，说明机体产生疲劳。心脾是判断疲劳的最简单的生理指标，体育锻炼后心率恢复时间延长，或第二天清晨安静心率较以前明显增加，表示机体产生疲劳。

（2）主观感觉：如果锻炼后感到头昏、恶心、胸闷、食欲减退，身体明显疲劳，甚至厌恶体育锻炼，说明身体疲劳程度较重，应及时调整活动量。

第三节　提高身体运动素质的方法

一、身体运动素质的概念

身体运动素质是指人的运动能力，指人体在运动中所表现出来的力量、速度、耐力、灵敏及柔韧性等机能，也是衡量一个人体质水平的重要标志之一。对于大学生来说，身体运动素质主要表现为竞技运动能力，它包括力量素质、速度素质、耐力素质、灵敏素质和柔韧素质等。

大学时代，重视身体运动素质锻炼，将对人一生的行动能力产生决定性的作用。人与人之间身体运动素质的水平存在很大的差别。即使同一个人，在不同的年龄阶段和不同的条件下也会发生变化。变化的形式主要有自然增长、自然减退和训练增长。儿童、少年正处在生长发育的旺盛时期，随其生长发育，人体各个器官系统的结构与机能日趋完善与成熟，各项身体运动素质也相应得到增长。这种随年龄而增长的现象称为身体素质的自然增长。相反，当身体生长发育完全成熟之后，随着年龄的增长，人体各个器官系统机能逐渐降低，从而引起各项身体运动素质的减退。然而，通过对各种肌肉群进行不同形式的练习，能有效地提高身体运动素质或在一定程度上延缓身体运动素质自然减退的速度。例如，根据儿童、少年时期不同的身体素质的增长规律及特点进行合理有效的身体训练，可使身体运动素质得到快速的发展；根据成年人生理、心理特点及个体差异进行科学的身体训练，则能使良好的身体运动素质得到保持并延缓减退的速度。

二、发展力量素质的练习方法

1. 力量素质概念

人体的活动离不开肌肉收缩力量，它维持着人体的基础生活能力。人体从事体育运动时，则需要特殊的肌肉力量。它是掌握运动技能、技巧，提高运动成绩的最重要的基础。

力量素质是指人的机体或机体的某一部分肌肉工作（收缩和舒张）时克服内外阻力的

能力。外部阻力是指物体的重量、支撑反作用力、摩擦力及空气或水的阻力等。外部阻力往往是发展力量素质的手段。

2. 力量练习的方法

1）发展上肢力量的练习方法

（1）肘部弯举：手持杠铃或哑铃屈伸肘关节。此练习以发达上臂、屈肌为主要目的，练习时应注意勿使两肘的位置移动。

（2）仰卧推举：仰卧于凳上，将杠铃持于胸部并上举，此练习可以增强上臂伸肌力量。

（3）颈后向上推举。

（4）仰卧直臂拉起。

（5）俯卧撑，引体向上，爬绳。

2）发展肩、胸肌力量的练习方法

（1）提铃或推举：将置于地上的杠铃用两手迅速提举至锁骨高度的动作叫提铃；从这个位置进一步将杠铃缓慢地向头上推起的动作叫推举；两者连续起来做就成为提铃和推举。练习时要求边提铃边吸气，提起以后呼气，然后再边推举边吸气。此练习是使用全身力量的运动，特别能使肩部肌肉发达。

（2）两手持哑铃交替上举：两手各持一只哑铃保持于肩上，两臂反复交替向上推。此练习可使肩部肌肉发达。

（3）仰卧臂拉起：仰卧位，将置于头后方地面上的杠铃，边呼气边拉到胸部上方，然后边吸气再次还原。由于能够在运动的同时进行深呼吸，因而可安排在深蹲动作之后进行。因为做深蹲等动作强度大，会使呼吸失调，接着做仰卧臂拉起练习，能使呼吸得到调整。不可用太重的杠铃，此练习有助于发达肩和胸部肌肉。

（4）直立提铃：手持杠铃于身体前方，并将其垂直提拉到与肩部平行，此练习用于锻炼肩部肌肉。

（5）侧举哑铃：两手各持一哑铃，身体采取立位或前倾位，从侧面划半圆，同时举到肩部高度，有助于发达肩部肌肉。另外，也可采取仰卧位，由侧方向上方同时举起哑铃，特别能使胸大肌得到锻炼。

（6）直臂前平举：立位或前倾位，从前方划半圆将哑铃或杠铃缓慢向上方举起。

（7）引体向上：正握或反握单杠，握距同肩宽，两臂发力把身体向上拉到头过杠面，然后身体慢慢垂下成原来姿势。多次重复该动作能发展胸大肌、背阔肌以及肘关节屈群力量等。

3）发展背肌和腹肌力量的练习方法

（1）仰卧起坐：仰卧，使身体处于水平位置，腿伸直，两手抱头，然后向上抬上体至垂直部位，再慢慢后倒成原来姿势，多次重复该动作，能发展腹肌、腰肌的力量。

（2）收腹举腿：仰卧，身体伸直处于水平位置上，两臂伸直自然置于体侧，然后收腹向上举起双腿至垂直位置上，再慢慢放下成原来姿势，多次重复能有效地发展腹肌和髋关节屈肌群力量。

（3）硬拉：两腿直立，上体前屈，手握杠铃。原地缓慢伸上体成直立姿势，然后再连续做体前屈动作，但不要使杠铃接触地面。也可以负杠铃于肩上，两足开立，先使上体前倾，然后伸上体。

（4）体后屈伸：俯卧垫子上，髋部支撑，脚固定，两臂前举连续做体后屈伸动作。发展伸髋肌和脊柱伸肌的力量。

4）发展下肢力量的练习方法

（1）深蹲：深蹲动作如图3-1所示。肩负杠铃或哑铃进行屈、伸膝运动，用于下肢特别是大腿伸肌的力量发展。踝关节柔韧性差的人，深蹲点时伴有提踵动作，可在脚后跟下放置约3 cm厚的地板。另外，还可以减轻负荷做伸膝向上方跳起的运动。

（2）小腿后屈：小腿负重向后屈的运动，发展大腿屈膝肌群。

（3）负重提踵：负重提踵动作如图3-2所示，肩负杠铃进行提踵练习，用于增强小腿伸（使足底弯曲）肌群力量。

（4）持壶铃蹲跳：持壶铃蹲跳动作如图3-3所示。

图3-1　深蹲　　　　　　图3-2　负重提踵　　　　图3-3　持壶铃蹲跳

3. 力量练习时应注意的事项

（1）注意力量练习的负荷与速度：只有超负荷训练，力量才能逐渐增大。

（2）全面、协调地发展身体各肌肉群的力量：上下肢、腰腹肌、踝膝关节、大腿前后部位力量的均衡发展，大肌群与小肌群、屈肌和伸肌要全面发展，尤其不能忽视踝关节小肌群和躯干肌群等薄弱环节力量的发展。

（3）放松活动：力量练习后，要特别注意做些伸展性练习和放松活动，这样既可加快恢复过程，又可保持肌肉的弹性。

（4）力量练习要经常保持：力量练习可使肌肉克服阻力的能力得到较快增长，然而一旦停止练习，消退也较快。所以力量练习要经常进行，并使其慢慢地稳步增长，这样既可防止伤害事故的发生，又可减慢力量消退的速度。一般每周3次为宜，即隔日一次。经学者研究，隔日一次比每天练习最大力量增长的效果更好。

（5）要逐渐增加负荷量。

（6）掌握正确的呼吸：尽量少憋气。

三、发展速度素质的练习方法

1. 速度素质的概念

速度素质是指人体或人体某部位快速运动的能力，也是人体或人体某一部位快速做出反应、快速完成动作、快速移动的能力。它不仅在田径的短跑和跳跃等项目中对运动成绩起决定性作用，而且也是短时间耐力项目和大多数球类运动项目的主要素质基础。

2. 速度素质的种类

（1）反应速度：个体对各种外界刺激（声、光、触等）快速应变的能力。

（2）动作速度：个体快速完成某一动作的能力，如铁饼、链球投掷的旋转动作时间。

（3）动作频率：在单位时间内，个体完成同一动作的次数。

通常所说的移动速度是指在单位时间内个体通过一定距离的能力，它是上述3种速度素质总和表现出的一种快速运动能力。

3. 发展速度素质的主要练习方法

发展速度素质的方法多种多样，以下根据教学训练的体会，提供一些发展速度素质的方法，供教学训练时参考。

1）反应速度

反应速度的练习方法主要以听到信号后的迅速反应练习为主，例如在进行原地或行进间听到信号后起跑、变速跑、加速跑、转身跑等，反复练习。

2）动作速度

动作速度的练习方法主要有以下几种。

（1）臂的动作：听口令、击掌或节拍进行摆臂，根据口令或击掌的节奏，做快速摆臂练习20 s左右，节奏由慢至快，快慢结合，重复2~3组，组间休息3~5 min。

（2）腿的动作：原地高抬腿或支撑高抬腿、站立或前倾支撑肋木或墙壁等，听到信号后做高抬腿10~30 s，重复4~6次，间歇3~5 min。快速后蹬跑，完成距离30~50 m。快速单足跳，左右脚互相换，完成距离20~30 m。

3）位移速度

位移速度的练习方法主要有以下几种。

（1）小步跑转加速跑：行进间快频率小步跑，听到信号后转加速跑20~30 m，每组2~3次，重复2~3组，组间休息3~5 min。

（2）高抬腿跑转加速跑：行进间快频率高抬腿跑，听信号后转加速跑，频率逐渐加快，加速跑时频率不变，每组2~3次，重复2~3组，组间歇3~5 min。

（3）快速后蹬跑：慢跑5~7步后，做行进间快速后蹬跑20~30 m，每组练习3~4次，重复2~3组，组间歇3~5 min。

（4）后蹬跑变加速跑：行进间后蹬跑20 m，听信号后变加速跑20~30 m，加速跑速度越快越好。重复2~3次为一组，重复2~3组，组间歇3~5 min。

（5）站立式起跑、蹲踞式起跑：跑20 m、30 m、50 m、60 m，起动及加速跑速度要快，达到最高速度，每组2~3次，重复2~3组，组间歇3~5 min。

四、发展耐力素质的练习方法

1. 耐力素质的概念

耐力素质是指人体在长时间进行工作或运动中克服疲劳的能力。

2. 耐力素质的练习方法

耐力素质的练习方法较多，而且各种方法都有其各自的特点。在练习强度、持续时间、间歇时间与方式、重复次数等因素的组合与变化上，常用的方法主要有很多种，图3-4所示耐力素质练习的一般方法。

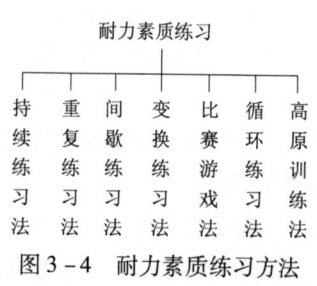

图3-4 耐力素质练习方法

常用的发展耐力素质的具体方法如下。

1）立卧撑

由直立姿势开始，下蹲两手撑地，伸直腿成俯卧撑，然后收腿成蹲撑，再还原成直立。每次做 1 min，4~6 组，间歇 5 min，强度为 50%~55%。

2）跑台阶

在高 20 cm 的楼梯或高 50 cm 的台阶上，连续跑 30~50 步，如跑 20 cm 高的楼梯，每步跑 2 级，重复 2~3 次，每次间歇 5 min，强度 55%~60%。

3）高抬腿跑

原地或前支撑做高抬腿跑练习。每组 80~100 次，2~3 组，每组间歇 2~4 min，强度为 55%~60%，动作要不间断地完成。

4）多级跳

在跑道上做多级跳，每组跳 40~50 m，3~5 组，组间歇 3~5 min，强度为 50%~60%。

5）换腿跳平台

平台高度 30~45 cm，单脚放在平台上，另一脚在地上支撑，两脚交替跳上平台各 30~50 次，重复 3~5 组，组间歇 3 min，强度为 55%~65%。

五、发展柔韧素质的练习方法

1. 柔韧素质的概念

柔韧素质是指人体关节活动幅度的大小以及跨过关节的韧带、肌腱、肌肉、皮肤及其他组织的弹性和伸展能力。

2. 柔韧素质的练习种类

柔韧素质的练习方法主要有两种，即主动性练习和被动性练习。

主动性练习是通过与某关节有关联的肌肉的收缩来增加关节灵活性的方法；被动性练习是依靠外力的作用促使关节灵活性增大的方法。这两种柔韧性练习方法主要采用加大动作幅度，即拉长肌肉、韧带等。

1）主动性动力性练习

根据完成动作的特点，主动性动力性练习可分为：单一的和多次的，摆动的和固定的，负重的和不负重的等练习形式。

2）主动性静力性练习

主动性静力性练习指在最大幅度动作的情况下依靠自身肌肉力量保持静止姿势。

3）被动的动力性练习

被动的动力性练习需依靠同伴的帮助来拉长肌肉、韧带的练习。

4）被动的静力性练习

被动的静力性练习主要由外力来保持固定的姿势。

被动性练习对于发展主动的柔韧性来说，其效果比主动性练习差一些，但它却可以达到更大的被动柔韧性指标。而被动柔韧性的最大指标又决定了主动柔韧性的指标，因此在训练过程中两者必须兼而有之。

3. 柔韧素质练习的基本要求

要控制好柔韧性的发展水平，兼顾各个相互联系的部位，持之以恒，注意练习时的外界温度。随着柔韧性水平的提高，练习应逐步加大幅度，但不能急于求成。

4. 发展柔韧素质的具体方法

1）手指、手腕柔韧性练习

握拳、伸展反复练习，手腕屈伸。

2）肩关节柔韧性练习

压肩；手扶一定高度体前屈压肩；双人手扶对方肩，体前屈；直臂压肩。

3）腰腹部柔韧性练习

弓箭步转腰压腿；分腿体前屈，双手从腿中向后伸；向后甩腰练习；后桥练习。

4）胸部柔韧性练习

俯卧背屈伸；虎伸腰。

5）下肢柔韧性练习

前后劈腿，左右劈腿；踢腿、摆腿；弓箭步压腿。

6）踝关节和足部柔韧性练习

手扶肋木，用前脚掌站在下边的木杠上，利用体重上下压动，然后在踝关节弯曲角度最大时，停留片刻以拉长肌肉和韧带；做前脚掌着地的各种跳绳练习。

第四节 体育锻炼对人体形态和机能的影响

人体是由神经系统、循环系统、呼吸系统、运动系统、消化系统、排泄系统、生殖系统、内分泌和感觉器官等组成。体育活动亦是人体各器官系统协调配合所完成的，同时，体育锻炼又可以对各器官系统产生良好的影响。

1. 体育锻炼对运动系统的影响

1）体育锻炼对骨骼的良好影响

体育锻炼能改善骨的血液循环，加强骨的新陈代谢，使骨径增粗，骨质增厚，从而使骨的形态结构发生良好的变化，骨的抗折、抗弯、抗压缩等方面的能力有较大提高。人体从事锻炼的项目不同，对各部分骨骼的影响也不同（如上、下肢）。当停止锻炼后，对骨骼的影响作用也会逐渐消失，因此，必须要经常锻炼。同时，锻炼项目要多样化，以免造成骨骼的畸形发展。

2）体育锻炼对关节的影响

科学、系统的体育锻炼，既可以提高关节的稳定性，又可以增加关节的灵活性和运动幅度。

2. 体育锻炼对肌肉的良好影响

通过体育锻炼可以使肌肉力量、弹性和体积增加。这样可以避免在日常生活和体育锻炼中由于肌肉的突然或过大用力以及剧烈收缩而造成各种运动损伤。

3. 体育锻炼时心血管系统的良好影响

体育锻炼，特别是强度较小的有氧运动，可以使血管弹性、心室容积和心脏收缩力量增加，从而使每搏输出量增加、心率减慢，使心脏有更长时间的休息期，以减少心肌疲劳。

4. 体育锻炼对血液的良好影响

体育锻炼对血液的良好影响主要表现在以下几个方面。

1) 对红细胞数量的影响

体育锻炼可使红细胞偏低的人红细胞含量增加。研究证实，经常参加体育锻炼的人安静时红细胞的数量比不参加体育锻炼的人略高。但红细胞的数量并不是越多越好，红细胞数量过多，会增加血液的黏滞性，加重心脏负担，对机体不利。而体育锻炼可使红细胞含量较少的人有所回升，但不会使数量过多，从而提高血液的带（输）氧能力。

2) 对白细胞数量和免疫机能的影响

合理的体育锻炼可以提高白细胞的数量和功能，特别是淋巴细胞和免疫球蛋白数量和水平的提高，可以提高机体的防病、抗病能力。

5. 体育锻炼对呼吸系统的良好影响

体育锻炼可以增加肺活量、肺通气量和氧的利用能力。一般人在运动时肺通气量能增加到 60 L/min，氧的利用率也只有其最大吸氧量的 60% 左右，而经常参加体育锻炼的人，肺通气量可达 100 L/min，氧的利用率也大大提高，从而使机体在运动时不至于过分缺氧。

第五节　体育锻炼常识

生命在于运动，而运动必须有一定的规律性，人们在运动前遇到的问题是不知道怎样进行锻炼。对于一般人来说，在开始锻炼前，除进行必要的体检和咨询外，还要做一些准备、了解一些常识。

一、培养锻炼兴趣

对体育锻炼感兴趣，是长期参加体育锻炼的前提。培养锻炼兴趣的方式很多，如观看体育比赛，与亲朋好友一起参加体育活等。有了浓厚的兴趣，就能自觉地投入到体育锻炼中，从而取得理想的锻炼效果。

二、选择活动项目

除根据自己的兴趣外，还要考虑锻炼者的自身条件。青少年活泼好动，可以选择一些强度大、带有游戏性的活动项目。中老年人要根据自身特点选择项目。另外，还要根据季节、气候来确定体育项目。运动项目可多样化，但所选择的运动项目要能对整体机能产生良好的影响。

三、确定运动强度

为增强体质而进行的体育锻炼主要是为了提高人体的健康水平，而不是为了创造成绩，所以强度不宜过大，特别是中老年人更应如此。控制体育锻炼强度最简单的办法就是测定锻炼时的脉搏，对于一般人来说，控制在 140 次/min 左右较合适。

四、锻炼前要做好准备活动

准备活动的主要作用是提高肌肉温度和内脏器官的机能水平，调节心理状态，预防受伤。准备活动可分为一般准备活动和专项准备活动，时间和量的控制要根据季节、气候和自

身的感觉来调解。

五、女子大学生的体育锻炼

女子一生分为6个时期：新生儿期、幼女期、青春期、生育期、更年期及老年期，其中青春期保健的意义最重大。

大学生时期是女子一生中的青春发育和性成熟期，此阶段卵巢发育明显，生殖器官发育较快，约从18岁开始，性腺及性器官发育成熟，卵巢周期性排卵，产生雌性激素。乳房和生殖器官也都有周期性变化。在身体形态结构与生理机能方面各表现出不同特点。

1. 生理特点

1）身体发育特点

在10岁以前，男女儿童的身体功能情况和运动能力基本相同。在进入青春发育期后，由于内分泌系统和生殖系统的迅速发育，女孩身体各方面都出现急剧的变化，男孩、女孩在身体形态上、生理功能和心理特征方面都出现较大差异。

女孩身体发育特点是青春发育期的生长加速期要早于男孩，这时期从生长发育水平看，平均身高男孩增长35.5 cm，占成人的20%；女孩增长23.8 cm，占成人身高的14.9%；体重男孩增加31.2 kg，占成人52.7%；女孩增加24.1 kg，占成人的46.4%（选自中国青少年体质研究组）。

2）运动器官特点

（1）骨骼：女子骨骼较轻，抗变能力差，但韧性大。脊柱的椎间软骨较厚，韧性弹性好，因此做桥和劈叉比男子容易。

（2）体形：女子脊椎骨较长，四肢骨较短细，尤其是小腿较短，形成上身长、下身短的特点。青春期后，女子肩窄、骨盆宽大，下肢围度增长较快，出现大腿和腰粗等体型特征。由于女子这时期的体型特征和特点，使身体重心低、稳定性好，有利于完成平衡动作，但不利于跳高和跳远，下肢短的特点也会影响跑动中的步幅和速度。同时由于骨骼轻，因而负重能力差。

（3）肌肉：女子肌肉占体重的32%～35%，仅占男子肌肉重量的80%～89%，因此，女子肌肉重量轻，肌力也相对比男子要弱，且容易疲劳，女子肩带和前臂肌肉力量较差，加上肩部较窄，所以做悬垂、支撑、负重等动作较为困难。

（4）身体脂肪：女子体脂占体重的28%～30%，大量的脂肪沉积在皮下，尤其是胸、腿部，由于脂肪层厚，因而有很好的保温作用。在参加游泳、冰雪运动时对保温有利，还有助于保护骨骼肌肉少受损伤，同时体脂也可储备能量，以供人体需要时用。

3）运动能力的特点

（1）力量：女子的肌肉力量仅为男子的2/3左右。据统计，女子在18～25岁间背力为73.9 kg，握力23.4 kg，屈臂悬垂为18.8 s，仰卧起坐26.1次，立定跳远160.5 cm，动力性力量18.5 kg，静力性力量16 kg。尽管女子肌力，特别是上肢肌力比男子差，但通过稳定训练，其肌力增长情况与男子相似，女子进行适当负重训练，不仅可提高成绩，还有利于预防运动损伤。

（2）速度：60 m跑女子11.3 s，女子为男子的79.65%，400 m跑为114.8 s。

（3）耐力：虽然女子力量和爆发力较差，但在耐力、利用氧的能力、抗热的应激功能、利用体内储存的脂肪转化为能量的功能以及身体的可训练性等方面较强。

（4）柔韧性：女子在柔韧性方面的优势较明显，女子的关节韧带、肌肉弹性好，动作幅度大而稳定，优美性强，适合参与体操、艺术体操、技巧等运动项目。从医学角度来看，男女之间的差异是客观存在的，但又要充分估计女子"可训练性"的潜力。无论采用什么样的训练方法和手段，重要的原则是因人而异、因材施教、个别对待，科学安排运动量的节奏。

4）血液循环特点

在心血管系统方面，女子表现为心脏体积较男子小18%左右，心缩力较好，心脏重量较男子轻10%~15%，心脏容积为455~500 mL，男子为600~700 mL，女子比男子小150~200 mL，因此每搏心输出量较男子少10%左右，为30~50 mL。血量占体重的7%，红细胞及血红蛋白的含量分别为420万/L和130 g/L左右。因此，女子血液运输氧和二氧化碳的能力都不及男子。

5）呼吸机能特点

女子呼吸系统的特点是胸廓和肺脏的容积较小，通常男子肺总容量为3.61~9.41 L，而女子仅为2.81~6.81 L，同时呼吸肌力量较小，胸围及呼吸差也较小，且多为胸式呼吸。安静时，女子呼吸频率较快，每分钟较男子快4~6次，肺活量为男子的70%。四项肺活量指数（肺活量、身高指数、肺活量/体重指数、肺活量/胸围指数、肺活量/体表面积指数）随年龄的增长而差异逐渐加大，特别是肺活量/体重指数差非常显著，女子约比男子差20%。女子最大吸氧量较男子小500~1 000 mL，肌肉活动时，肺通常也较男子小，加上心脏功能较男子差。这些都限制了女子在运动中供血供氧能力，从而使她们运动能力和耐力不及男子。

6）生殖系统特点

女子子宫位于骨盆正中，呈前倾位，其正常位置的维持，是依靠子宫韧带及腹壁、盆底肌肉张力的协同作用。通常这种维持肌力相对较弱。通过体育锻炼可使女子腹肌与盆底肌变得强有力，可以维持和承担足够的腹压，这对维持子宫及其他生殖器官的正常位置是很重要的。腹肌与盆底肌力量简单而有效的锻炼方法有仰卧举腿、仰卧起坐、直立前踢腿、摆腿以及大腿绕环等。

2. 经期体育锻炼与卫生

月经周期是成年女子的正常生理现象，是生殖器官的周期性变化，是在内分泌腺作用下子宫周期性出血的现象。月经期是在这种正常生理现象中的一个特殊反应，有轻度不舒服的感觉，如下腹部发胀、腰酸、乳房发胀都属于正常反应，有人会出现全身性反应，如食欲不好、疲倦、嗜睡、情绪激动或感到头痛；也有人容易感冒，面部长痤疮，出现腹泻症状，这些反应都属于正常现象。

在正常情况下，月经期适当参加体育锻炼是有益无害的，参加体育锻炼能改善人体的机能状态，改善盆腔的血液循环，改善盆腔内生殖器官的血液供应，减轻盆腔的充血现象。运动时腹肌与骨盆盆底肌肉的收缩与放松活动对子宫有柔和的按摩作用，还有助于经血的排出。丰富多彩的体育活动还可以调节大脑皮层的兴奋与抑制过程，从而减轻全身的不适反应，对身体会产生良好作用。调查表明，从事一些体操运动，对月经失调的女子能起到一定

的治疗作用，有人也曾对我国业余体校 99 名女运动员进行调查表明，有 66% 的人月经期运动对运动成绩无影响，有 22% 的人比平时成绩有提高，只有 9% 的人运动成绩下降。因此，女大学生循序渐进地养成在月经期参加运动的习惯是非常有益的。

大学阶段少女月经周期还未完全稳定，容易受干扰，所以月经来潮时，应适当减少体育锻炼的时间，合理安排活动内容，不可过于激烈。一般在月经期运动时负荷量不宜过大，负荷强度也不宜过强，要循序渐进，逐渐提高强度。经期不宜安排剧烈活动，如跳跃、速度跑和腹压加大的练习，因生殖器充血绵软，韧带松弛，易使子宫位置改变和经血过多。调查表明，有的人在月经期运动时的经血量与在月经期不运动时的月经量相比变化不大，多数人经期运动时月经量增多，少数月经量减少，也有个别人经期从事训练出现月经失调、经量过多、痛经、闭经、月经周期紊乱等现象。对于月经量过多、过少、周期紊乱及痛经的女生，经期前半段可稍加体育锻炼，在经期后半期可根据不同体质和不同人的特点酌情参加适量的体育锻炼。

从事专业运动的女子出现痛经、闭经或月经推迟较多见，痛经常伴有易激动、腰痛、下腹痉挛、头痛、恶心、呕吐等症状。月经期参加比赛或大强度的训练，只有专业运动员和平时月经期训练有素的人才可以，一般不提倡大学生月经期参加比赛和大强度训练，如果有严重的痛经、经血量过多、子宫功能性出血、生殖器官炎症等，则不宜参加体育锻炼。

月经是女性正常的生理现象，身体健康、月经正常者，一般不出现明显的生理机能变化，在经期可参加适量的体育活动，这不仅可以改善盆腔血液循环，减少盆腔充血，而且由于运动还可以调整大脑皮质的兴奋和抑制过程，有利于人体机能的正常运行。在运动时应注意下述几点。

1) 运动量要适当减少

活动时间不宜过长，一般不参加比赛，因为比赛时运动强度大，精神十分紧张，对体力和神经系统都会带来负担，以致不能适应，易造成经血过多和月经紊乱。

2) 避免做剧烈运动

剧烈运动包括：大强度或震动大的跑跳动作，如疾跑、跨跳、腾跃等；以及推铅球、后倒成桥、收腹、倒立、俯卧撑等动作。

3) 不要游泳

因为出血、子宫内膜脱落后，子宫内形成较大的创面，子宫颈口有所肿大，宫腔与阴道口位置对直，此时，身体对病菌侵袭的抵抗力下降，容易引起炎症。

4) 区别对待

对月经紊乱，经量过多、过少或经期不准以及痛经和患有内生殖器炎症的女生，月经期应暂停体育锻炼。

5) 注意习惯

对于身体健康、月经正常，并且有一定训练水平的学生，可根据个人习惯进行活动。如经期第 1~2 天可进行轻微的体育活动，如广播操、垫排球等；第 3~4 天可逐渐加大运动量，如慢跑和进行球类活动；第 5~6 天便可正常参加锻炼。

为了及时了解和掌握女性月经情况，可建立"月经卡"（如表 3-1 所示）制度，以便合理安排运动量。

表 3-1　月经登记卡（月经卡）

行经日期	年　月　日至　年　月　日共　天										
经期身体反应											
月经日程	第一天	第二天	第三天	第四天	第五天	第六天	第七天	第八天	第九天	第十天	第十一天
月经量											
月经期参加体育活动情况											
备注											

注：1. 经期活动情况分：全休、减量活动、见习、轻微活动。
　　2. 月经量：量少填"＋"，中等填"＋＋"，量多填"＋＋＋"。
　　3. 经期活动中情况反应分：差、一般、良好。

3. 女大学生体育锻炼中的注意事项

1）要循序渐进

根据机体对外界环境刺激的适应规律及运动条件反射的建立和巩固规律，锻炼要由慢到快，掌握运动技术要由易到难，运动量要由小到大。

2）要有系统性

体育锻炼要保持经常性和有规律性，合理安排锻炼与学习和休息时间，不要"三天打鱼，两天晒网"，要持之以恒，并有计划安排，确定体育锻炼是晨练还是睡前活动。

3）要有全面性

体育锻炼应使身体形态、各器官系统的功能得到良好发展，不要仅仅提高身体对外界环境变化的适应能力、对疾病的抵抗力，而且在身体运动素质方面也要提高，如速度、力量、耐力、灵活性、柔韧等方面，还要培养女生良好的意志力。

4）要区别对待

每人有各自的特点，要根据自己的具体情况，如健康状况身体条件、爱好采取不同的体育锻炼方式，如游泳、打球等。

5）考虑青春发育期女子的心理特点

在体育锻炼开始时要选择一些比较感兴趣的项目，逐步养成自觉参加体育锻炼的习惯。

6）饮食要有合理性

经常参加体育活动，既可保持健美体型，对健康也有极大好处。在营养要求方面，根据女子生理特点，在一些物质要求上有其特殊性。运动量越大，身体需要补给的能量要求越多。研究表明，一般成年女子，每日能量消耗为 9 200 千焦（2 200 kcal）左右，目前国内外专家又提出，这一推荐值过高，女子锻炼运动量较大时，每日对蛋白质的需要量平均为 94 g，约占总耗能量的 35%，对糖的需要量平均为 300 g，约占总耗能量的 49.4%。女性在参加体育锻炼时，除了要注意能量摄入的合理性之外，还应注意铁、钙、维生素等营养素的补充。女子青春期对铁的要求量比男子多，主要是由于月经期失血造成。经常参加体育锻炼的女子每日铁的需要量为 10~20.8 mg，平均为 14.5 mg，含铁质丰富的食物有豆类，包括豌豆、蚕豆、大豆、扁豆等；新鲜的水果、谷类、家畜的血和肝等动物类食品含有的铁，人体较易吸收，吸收率可达25%。同时，它也不受其他食物干扰，而植物性食品中所含的铁不易被人吸收利用，吸收率仅3%，而且还受食物中其他成分的影响，但是如果同时吃富含维生素C的食物，将有助于机体对铁的吸收，如饭后吃一个含丰富维生素C的水果，铁的吸收即可提高3～5倍。

经常参加体育锻炼的女子还应注意补钙，补钙的同时应注意补镁，镁是细胞中重要的阳离子，它可激活多种酶系，参加体内蛋白质的合成和肌肉的收缩，直接影响运动能力。因此，应多吃些奶制品、虾米、虾皮、鱼贝类水产品、豆类、粗粮、水果等含钙和镁丰富的食品。国外专家证明，运动女子也应该补充维生素B_2，它在人体的蛋白质、脂肪和糖的代谢中起着重要作用，女子在锻炼中想消耗多余脂肪和练就强壮肌肉，就需要补充额外的维生素B_2，每天的补充量约为5～50 mg，应多吃动物的肝、肾、蛋黄、黄鳝和干豆类等食品。同时，也要注意维生素B复合物、维生素C及维生素E的补充，锻炼后要注意放松运动。

7）要保持运动服装清洁

体育锻炼时穿的运动服装要适合天气变化，符合运动项目的特点与要求。

第六节　体育锻炼与营养

一、营养与健康

1. 营养的含义

生命的存在，机体的生长发育，各种生命活动及体育活动的进行，都依赖于体内的物质代谢过程，从而机体必须不断地从外界摄取新的构成细胞的物质、能源和其他活性物质，而且主要是从食物中摄取。这一获得与利用食物的过程，称为营养。营养是保证机体生命存在和延续的重要条件。

2. 营养膳食的合理性

营养膳食的合理性原则就是要求膳食中必须含有机体所需的营养素，而且含量适当，种类互补，全面满足身体的一般需求和特殊需求。此外，营养的合理性还要求食物易消化吸收，不含对机体有害成分。膳食的合理性应注意以下3个问题。

1）要做到食物营养成分的互补

所吃的任何一种食物，营养成分都不十分全面。在富含一种或数种营养成分的同时，可能缺少另一种成分。如：粮食主要提供糖类，肉禽蛋主要提供蛋白质和脂肪，蔬菜和水果是维生素、无机盐的主要来源。只有各种食物合理搭配，才能实现营养的互补，满足机体的需要。

2）要进行不同年龄阶段营养成分的选择

人类各个时期对营养的需求，无论从种类上还是数量上，都有明显的不同。儿童和青少年时期处于生长发育的高峰，对各类营养物质的摄取，在种类和数量上要有充分的保障，做到高蛋白、高热量、高维生素、适量脂肪，全面均衡；而中老年人的营养也有其特点。

二、营养素与健康

营养素是指能在体内消化吸收，供给热能，构成机体组成部分，调节生理机能，为机体进行正常物质代谢提供所需的物质。包括蛋白质、脂肪、糖类、维生素、矿物质和水6大类。营养素与健康有着密切的联系。

1. 蛋白质

蛋白质是生命活动的第一重要物质，它的主要生理功能是：构成机体组织、促进生长发育；构成酶和激素的成分，调节酸碱平衡；增强机体免疫力；供热等。机体一旦缺乏蛋白质，首先影响生长发育，使肌肉萎缩甚至贫血，并出现抗病能力下降，内分泌紊乱，易疲劳，伤口不愈合等现象。

日常膳食中的肉、蛋、奶是动物蛋白，而豆类是植物蛋白的主要来源。米面谷物含蛋白较低，只有10%左右。一般认为动物性和植物性蛋白在食物中应各占50%。我国成人蛋白质摄入量为每日每千克体重1.0～1.9 g，青少年可达3.0 g，参加体育锻炼的人，应适当增加。

2. 脂肪

脂肪构成细胞膜和一些重要组织，参加代谢、供热、保护内脏、保持体温、促进脂溶性维生素吸收等。

动物性脂肪来源于肉、蛋黄、奶等，植物性脂肪来源于植物油和各种植物性食物。就我国目前生活水平来看，普通膳食一般即可满足每天脂肪的需要量。食物中的糖类，在体内也很容易转变成脂肪供机体利用或贮存起来。

3. 糖类

糖类的首要作用是供热，人体所需能量的60%是由糖类供应的。其次糖类还构成组织并参与物质代谢，对中枢神经系统有特殊的营养作用。除此之外，糖类还有解毒的作用，起到保护肝脏的功能。

机体缺糖使血糖下降，首先影响中枢神经系统大脑的机能，兴奋性下降，反应迟钝，四肢无力，动作协调性下降，甚至晕厥，食物中的米、面、谷物约80%属于糖类。也可直接摄取糖果和含糖饮料，提高肝糖元、肌糖元含量储备。日常膳食即可满足，不必大量补充。

4. 维生素

维生素是维持人体生命和调节正常机能不可缺少的一类营养素，它们在体内的贮存量很少，必须经常从食物中获得。维生素的种类很多，按性质分为脂溶性和水溶性两大类。前者有维生素A、D、E、K四种，后者包括维生素B_1、B_2、C等。维生素在体内不构成组织原料，也不提供能量，它们的机能是调节物质能量代谢，保证生理机能。

维生素A的主要功能是维持正常视力，主要来源于动物的肝脏、鱼卵、乳品、蛋黄及胡萝卜、菠菜等黄绿色蔬菜中。

维生素D对机体的钙磷代谢和骨骼生长发育极为重要，能促进钙的吸收。维生素D主要来源于鱼肝油、蛋黄、奶品。

维生素E可增强机体对缺氧的耐受力、扩张血管、改善循环、增加肌肉力量和耐力。如与维生素C结合使用，能缓解和预防动脉硬化。维生素E主要来源于动物性食品、玉米和绿叶菜中。

维生素C能加强体内氧化还原过程，从而提高耐力，减缓疲劳，促进体力恢复；促进造血机能，参与解毒过程，增强抗病能力。维生素C主要来源于蔬菜和水果中。

5. 矿物质（无机盐）

体内矿物质元素种类很多，约占体重的5%，是构成机体组织的成分，调节生理机能的重要物质。矿物质较多的有钙、镁、钾、磷等，其他的如铁、锌等称微量元素。人体代谢过程中有一定量的矿物质排出，因此必须从食物中得到补充。正常膳食一般能满足机体需要，最易缺乏的是钙和铁。

6. 水

水是构成机体主要成分，参与所有物质代谢，完成机体的物质运输，调节体温，保证腺体正常分泌。

体内水分必须保持恒定，大量出汗后要合理地补充水分（加适量的盐，以补充电解质），以保证正常的生理机能。

三、体育锻炼与合理营养

合理的营养与体育锻炼是维持和促进健康的两个重要条件。以科学合理的营养为基础，以体育锻炼为手段，用锻炼消耗过程换取锻炼后的超量恢复过程，使体内积聚更多的能源物质，提高各器官系统机能。此时获得的健康，较之单纯以营养获取的健康上升了一个高度。不同运动项目，不同年龄阶段有不同的营养特点。

第七节 运 动 处 方

一、运动处方的含义、内容与制定方法

体育锻炼可以达到防病、治病、健身的目的。不同的身体状况应采取不同的锻炼方法，否则使人体受到伤害，尤其是那些身患疾病的人必须严格按照运动处方进行体育医疗。

1. 运动处方的概念

所谓运动处方，即教练或医师用处方的形式规定治疗病人或健身运动参加者锻炼的内容、运动量和运动强度。它是指导人们有目的、有计划进行科学锻炼的一种形式。

2. 运动处方的种类

运动处方可分为治疗性运动处方和预防性运动处方两种。

治疗性运动处方是用于某些疾病或伤的治疗和康复，它使医疗体育更加定量化和个别对待化。例如：某人超重10 kg，他需每天爬山1 h，约16周的时间就可以使其体重降到标准范围，这就是治疗性运动处方。

预防性运动处方主要用于健身防病。

3. 运动处方的内容

1）运动项目

根据体育运动参加者的目的有针对性的选择运动项目。例如：为了增加力量，宜选择力量性项目；为了改善心肺功能，宜选择有氧代谢为主的慢跑、游泳、自行车等项目。

2）运动强度

运动强度为在单位时间内完成的运动量。可用最大吸氧量、心率、速度等表示。由于运动强度对锻炼者机体影响最大，因此，它的安排恰当与否是影响运动处方效果的关键。

3）运动频度

运动频度即每周运动的次数。运动间隔时间过长或过短都会影响运动处方的效果。

4．运动处方的制定方法

制定运动处方需按一定的程序。首先汇总参加者的个人资料；第二步对每个人进行医学检查以便全面了解参加者的身体状况；然后进行负荷实验和体力测定，为制定运动处方的强度提供依据。在处方中还必须指出禁止参加的项目、锻炼的自我监督指标及出现异常情况下停止运动的准则等。在制定和执行运动处方时，都必须严格遵守循序渐进、个别对待的原则，加强医务监督，充分考虑安全。

二、运动处方的诊断检查与运动安排

1．运动处方的诊断检查

运动处方中的诊断检查包括两方面，一方面是对参加体育锻炼的慢性病患者进行健康诊断；另一方面是进行负荷实验。诊断和实验的指标包括身高、体重、血压、心电图、心肺功能、摄氧量、血液和尿的化验等。诊断和实验是为运动安排提供科学依据。

1）健康诊断

健康诊断即医学检查。其目的是掌握被检查者的身体健康状况，评定其等级，排除运动禁忌症，为运动负荷实验提供有效的安全系数。

2）运动负荷实验

运动负荷实验主要是测定有氧工作能力，诊断冠心病并对心脏病病情进行分类，测定运动中最高心率及确定运动时的安全性。实验中的运动负荷有两种，最大负荷和次最大负荷。最大负荷实验更合乎要求，但其危险性较大，尤其是对于老年人。制定运动处方必须做运动实验，它是最重要的检查方法之一。为了确保运动负荷实验的安全性和运动处方的有效性，平时采用多次最大负荷实验。另外，对那些年老有病的人，必须准备相应的对策。

2．运动安排

根据上述诊断和实验的结果，合理安排运动量。

1）运动强度的确定

（1）用耗氧量确定强度：健康人、青年人用运动负荷实验中所得的最大吸氧量的百分比控制运动强度。如：80%的最大吸氧量的强度为较大强度；50%~60%为中等强度；40%以下为较小强度。如果为了减肥就必须用中等强度。若为了提高机体功能，80%的最大吸氧量强度，小强度无效。

（2）用最高心率确定强度：因病或年老体弱不能测定最大吸氧量时，只好用最大心率确定强度。最高心率的测定也要通过运动负荷实验，只能用目标心率。例如：一位60岁的老人，安静时的心率为70次/min，按公式计算目标 = 0.9×(160－70)＋70 = 151（次/min）。在运动负荷实验中，心率达到151次/min，否则就不会获得锻炼效果。此人在运动中的心率必须控制在133~151次/min的范围。在无条件进行运动负荷实验时，只能用170或180减年龄这个公式去估计适宜强度。

2）运动时间

每次运动的持续时间一般要求达到有效强度后，至少持续15 min以上才能见效。但运动时间的长短与运动强度成反比。最短时间限度是5 min，最长为1 h。

3) 运动频度的确定

运动频度是每周的运动次数,一般来说每周 3~4 次或隔日 1 次。因为,每周运动 2 次以下,不足以使最大吸氧量得到足够的提高,偶尔参加几次运动也只能增加软组织操作的可能性。另外,还要考虑体力的好坏、运动能力的强弱。体力好、运动能力强的人运动次数可以多一些,否则反之。

第八节 体质及影响体质的因素

一、体质的概念和基本要素

体质即人体的质量。它是在先天遗传和后天获得的基础上,表现出来的人体形态结构、生理机能和心理因素综合的、相对稳定的特征。

体质是人的生命活动、劳动(工作)能力、运动能力的物质基础。构成体质的基本要素如表 3-2 所示。

表 3-2 体质的基本要素

身体形态结构状况			生理机能			身体素质、运动能力		心理发育发展水平		适应能力
体形	身体姿势	生长发育	脉搏	血压	肺活量	身体素质	运动能力	本体感知能力	对外界刺激的适应能力	对外界环境的适应力、应激力	对疾病的抵抗力、免疫力

二、影响体质的基本因素

一个人的体质,在其发育和发展过程中,既受制于先天条件,又不可忽视环境、体育锻炼等后天因素所起的作用。

1. 遗传对体质的影响

1) 遗传对身体形态的影响

身体形态具体反映为人的体形,遗传对体形有决定性的影响。据有关资料显示,身高的遗传力,男子为 79%,女子为 92%;腿长的遗传力,男子为 77%,女子为 92%。肥胖也有一定的遗传力,但可通过后天因素加以控制。

2) 遗传对身体素质的影响

遗传因素对速度、力量、耐力等身体素质都有不同程度的影响。据有关专家研究表明:反应速度的遗传力为 75%,动作速度的遗传力为 50%;肌肉绝对力量的遗传力为 35%、相对力量为 64.3%;最大吸氧量的遗传力为 70%~75%,而无氧耐力可达 70%~99%。

3) 遗传对性格的影响

遗传对性格的影响也很大,比如:害羞、胆小以及温和、忠实、不合群等。这些虽然通过后天的锻炼能够改变,但遗传也在固执地起着作用,甚至影响一生。

4)遗传对健康和寿命的影响

对健康的影响主要是指一些疾病的遗传,而对寿命的影响大家已公认,除去非正常死亡因素,一般人都能活到父母所活年龄的和除以二。

2. 后天环境对体质的影响

遗传对体质的影响只是提供了可能,而体质强弱的形成,主要依赖于后天环境条件。

1)生态环境因素对体质的影响

生态环境因素是指人类生态系统中的自然因素,如空气、水、气候以及自然界的生态平衡等。随着工业化水平的提高,这方面的矛盾就越来越突出。在寒冷地带生活的人寿命比在热带生活的人长,就充分说明了这一点。

2)社会因素对体质的影响

社会因素包括医疗水平、物质条件、社会文明程度等。另外,还要注意适当参加一些体力劳动和文娱活动,以调节生活,减少精神压力,提高对社会的适应能力。

3)体育锻炼对体质的影响

通过体育锻炼可以提高人体各器官系统的功能,愉悦心理,消除精神疲劳等,从而提高人的体质。

第九节　大学生体质健康标准

大学生体质健康评价是高等学校体育工作的重要环节,也是整个学校教育评价体系的重要组成部分。建立全面、科学的学生体质健康的评价体系,可以使学生及时了解自己的体质健康状况,调整学习和锻炼的目标。同时,做好的体育宣传和教育的过程,也是一次自身健康意识提高的过程。

一、《国家学生体质健康标准》

为了全面贯彻《中共中央国务院关于深化教育改革全面推进素质教育的决定》,树立"健康第一"的指导思想,促进学生积极参加体育锻炼,养成经常锻炼身体的习惯,提高自我保健能力和体质健康水平,教育部和国家体育总局于2007年4月正式颁布了《国家学生体质健康标准》(以下简称《标准》)及其实施办法。

1.《标准》的测试项目

测试项目共6项,其中身高、体重、肺活量为必测项目,选测项目有3项:男生、女生均须从50 m跑、立定跳远中选测一项;男生从台阶试验、1 000 m跑中选测一项,女生从台阶试验、800 m跑中选测一项;男生从坐位体前屈、握力中选测一项,女生从坐位体前屈、仰卧起坐和握力中选测一项。

2. 等级评定与登记

各个测试项目的得分之和为《标准》的最后得分,根据最后得分评定等级:86分以上为优秀,76~85分为良好,60~75分为及格,59分及以下为不及格。每学年评定一次成绩并记入"学生体质健康标准登记卡片",小学按照组别两年评定一次,其他年级每学年评定一次。毕业生年级的等级评定,按毕业当年的成绩和其他学年平均成绩(各占50%)之和评定。

3. 测试成绩要求

学生达到《标准》良好等级及以上者,方可评为三好学生、获奖学金(高等学校);达到优秀成绩者,方可获奖学分(高等学校或实验新高中课程标准的学校)。对《标准》测试成绩不及格者,在本学年度准予补考一次,补考仍不及格者,则学年评定成绩不及格。学生毕业时《标准》成绩达到 60 分为及格,准予毕业;《标准》成绩不合格者,高等学校按肄业处理。

4. 奖励与降低分数的办法

(1)属下列情况之一者,奖励 5 分,不同项可累计加分。

早操、课间操和课外体育锻炼出勤率达到 98% 以上,并认真锻炼者;获等级运动员称号者;参加校运动会及以上体育比赛获名次者;学生体育干部在组织各项体育活动中,工作认真负责者。

(2)对体育课、早操、课间操、课外体育锻炼无故缺勤,一年累计超过应出勤次数 1/10 者;或因病、事假缺勤,一学年累计超过 1/3 者,其《标准》成绩应记为不及格,该学年按《标准》成绩最高记为 59 分。

5. 因病或残疾学生

可向学校提交免予执行《标准》的申请,经医生证明,体育教研室核准后,可以免予执行《标准》,所填表格存入学生档案。

6. 上报

各地教育、体育行政部门对本地各级各类学校实施《标准》的情况,要认真检查监督,定期抽查,并进行通报;对弄虚作假、徇私舞弊者,给予批评教育;情节严重者,给予行政处分。

二、大学生体质健康标准的评价指标和得分

大学生体质健康标准的评价指标和得分如表 3-3 所示。

表 3-3 大学生体质健康标准的评价指标和得分

评价指标	得分
身高标准体重	15
台阶试验、1 000 m 跑(男)、800 m 跑(女)	20
肺活量体重指数	15
50 m 跑、立定跳远	30
坐位体前屈、仰卧起坐(女)、握力体重指数	20

三、身体形态的测试与评价

反映身体形态发育的指标主要有身高、坐高、体重、胸围、肩宽、骨盆宽、四肢的围度和径长等。在《学生体质健康标准》中,身高和体重是必测的项目,而且身高标准体重是身体形态和营养状况的评价指标。

1. 身高

身高是指人站立时头顶正中线上最高点到地面的最大垂直距离,它是反映人体骨骼发育状况和人体纵向发育水平的重要指标。

2. 体重

体重是人体横向发育指标,它反映人体骨骼、肌肉、脂肪及内脏重量的综合情况和身体的发育程度。体重受到年龄、性别、身高、季节、生活条件、营养状态、工作环境等因素的影响。

3. 身高标准体重

采用身高标准体重,可以评定学生的身体匀称度,生长发育水平和营养状况;可以间接反映学生的身体成分、肥胖状况;可以引导学生关注自己的身体形态和健康状况,如表3-4、表3-5所示。

表3-4 大学男生身高标准体重

身高/cm	营养不良/kg 7分	较低体重/kg 9分	正常体重/kg 15分	超重/kg 9分	肥胖/kg 7分
140.0~140.9	<32.1	32.1~40.3	40.4~46.3	46.4~48.3	≥48.4
141.0~141.9	<32.4	32.4~40.7	40.8~47.0	47.1~49.1	≥49.2
142.0~142.9	<32.8	32.8~41.2	41.3~47.7	47.8~49.8	≥49.9
143.0~143.9	<33.3	33.3~41.7	41.8~48.2	48.3~50.3	≥50.4
144.0~144.9	<33.6	33.6~42.2	42.3~48.8	48.9~51.0	≥51.1
145.0~145.9	<34.0	34.0~42.7	42.8~49.5	49.6~51.7	≥51.8
146.0~146.9	<34.4	34.4~43.3	43.4~50.1	50.2~52.3	≥52.4
147.0~147.9	<35.0	35.0~43.9	44.0~50.8	50.9~53.1	≥53.2
148.0~148.9	<35.6	35.6~44.5	44.6~51.4	51.5~53.7	≥53.8
149.0~149.9	<36.2	36.2~45.1	45.2~52.2	52.3~54.5	≥54.6
150.0~150.9	<36.7	36.7~45.7	45.8~52.8	52.9~55.1	≥55.2
151.0~151.9	<37.3	37.3~46.2	46.3~53.4	53.5~55.8	≥55.9
152.0~152.9	<37.7	37.7~46.8	46.9~54.0	54.1~56.4	≥56.5
153.0~153.9	<38.2	38.2~47.4	47.5~54.6	54.7~57.0	≥57.1
154.0~154.9	<38.9	38.9~48.1	48.2~55.3	55.4~57.7	≥57.8
155.0~155.9	<39.6	39.6~48.8	48.9~56.0	56.1~58.4	≥58.5
156.0~156.9	<40.4	40.4~49.6	49.7~57.0	57.1~59.4	≥59.5
157.0~157.9	<41.0	41.0~50.3	50.4~57.7	57.8~60.1	≥60.2
158.0~158.9	<41.7	41.7~51.0	51.1~58.5	58.6~61.0	≥61.1
159.0~159.9	<42.4	42.4~51.7	51.8~59.2	59.3~61.7	≥61.8

续表

身高/cm	营养不良/kg 7分	较低体重/kg 9分	正常体重/kg 15分	超重/kg 9分	肥胖/kg 7分
160.0~160.9	<43.1	43.1~52.5	52.6~60.0	60.1~62.5	≥62.6
161.0~161.9	<43.8	43.8~53.3	53.4~60.8	60.9~63.3	≥63.4
162.0~162.9	<44.5	44.5~54.0	54.1~61.5	61.6~64.0	≥64.1
163.0~163.9	<45.3	45.3~54.8	54.9~62.5	62.6~65.0	≥65.1
164.0~164.9	<45.9	45.9~55.5	55.6~63.2	63.3~65.7	≥65.8
165.0~165.9	<46.5	46.5~56.3	56.4~64.0	64.1~66.5	≥66.6
166.0~166.9	<47.1	47.1~57.0	57.1~64.7	64.8~67.2	≥67.3
167.0~167.9	<48.0	48.0~57.8	57.9~65.6	65.7~68.2	≥68.3
168.0~168.9	<48.7	48.7~58.5	58.6~66.3	66.4~68.9	≥69.0
169.0~169.9	<49.3	49.3~59.2	59.3~67.0	67.1~69.6	≥69.7
170.0~170.9	<50.1	50.1~60.0	60.1~67.8	67.9~70.4	≥70.5
171.0~171.9	<50.7	50.7~60.6	60.7~68.8	68.9~71.2	≥71.3
172.0~172.9	<51.4	51.4~61.5	61.6~69.5	69.6~72.1	≥72.2
173.0~173.9	<52.1	52.1~62.2	62.3~70.3	70.4~73.0	≥73.1
174.0~174.9	<52.9	52.9~63.0	63.1~71.3	71.4~74.0	≥74.1
175.0~175.9	<53.7	53.7~63.8	63.9~72.2	72.3~75.0	≥75.1
176.0~176.9	<54.4	54.4~64.5	64.6~73.1	73.2~75.9	≥76.0
177.0~177.9	<55.2	55.2~65.2	65.3~73.9	74.0~76.8	≥76.9
178.0~178.9	<55.7	55.7~66.0	66.1~74.9	75.0~77.8	≥77.9
179.0~179.9	<56.4	56.4~66.7	66.8~75.7	75.8~78.7	≥78.8
180.0~180.9	<57.1	57.1~67.4	67.5~76.4	76.5~79.4	≥79.5
181.0~181.9	<57.7	57.7~68.1	68.2~77.4	77.5~80.6	≥80.7
182.0~182.9	<58.5	58.5~68.9	69.0~78.5	78.6~81.7	≥81.8
183.0~183.9	<59.2	59.2~69.6	69.7~79.4	79.5~82.6	≥82.7
184.0~184.9	<60.0	60.0~70.4	70.5~80.3	80.4~83.6	≥83.7
185.0~185.9	<60.8	60.8~71.2	71.3~81.3	81.4~84.6	≥84.7
186.0~186.9	<61.5	61.5~72.0	72.1~82.2	82.3~85.6	≥85.7
187.0~187.9	<62.3	62.3~72.9	73.0~83.3	83.4~86.7	≥86.8

续表

身高/cm	营养不良/kg 7分	较低体重/kg 9分	正常体重/kg 15分	超重/kg 9分	肥胖/kg 7分
188.0~188.9	<63.0	63.0~73.7	73.8~84.2	84.3~87.7	≥87.8
189.0~189.9	<63.9	63.9~74.5	74.6~85.0	85.1~88.5	≥88.6
190.0~190.9	<64.6	64.6~75.4	75.5~86.2	86.3~89.8	≥89.9

表3-5 大学女生身高标准体重

身高/cm	营养不良/kg 7分	较低体重/kg 9分	正常体重/kg 15分	超重/kg 9分	肥胖/kg 7分
140.0~140.9	<36.5	36.5~42.4	42.5~50.6	50.7~53.3	≥53.4
141.0~141.9	<36.6	36.6~42.9	43.0~51.3	51.4~54.1	≥54.2
142.0~142.9	<36.8	36.8~43.2	43.3~51.9	52.0~54.7	≥54.8
143.0~143.9	<37.0	37.0~43.5	43.6~52.3	52.4~55.2	≥55.3
144.0~144.9	<37.2	37.2~43.7	43.8~52.7	52.8~55.6	≥55.7
145.0~145.9	<37.5	37.5~44.0	44.1~53.1	53.2~56.1	≥56.2
146.0~146.9	<37.9	37.9~44.4	44.5~53.7	53.8~56.7	≥56.8
147.0~147.9	<38.5	38.5~45.0	45.1~54.3	54.4~57.3	≥57.4
148.0~148.9	<39.1	39.1~45.7	45.8~55.0	55.1~58.0	≥58.1
149.0~149.9	<39.5	39.5~46.2	46.3~55.6	55.7~58.7	≥58.8
150.0~150.9	<39.9	39.9~46.6	46.7~56.2	56.3~59.3	≥59.4
151.0~151.9	<40.3	40.3~47.1	47.2~56.7	56.8~59.8	≥59.9
152.0~152.9	<40.8	40.8~47.6	47.7~57.4	57.5~60.5	≥60.6
153.0~153.9	<41.4	41.4~48.2	48.3~57.9	58.0~61.1	≥61.2
154.0~154.9	<41.9	41.9~48.8	48.9~58.6	58.7~61.9	≥62.0
155.0~155.9	<42.3	42.3~49.1	49.2~59.1	59.2~62.4	≥62.5
156.0~156.9	<42.9	42.9~49.7	49.8~59.7	59.8~63.0	≥63.1
157.0~157.9	<43.5	43.5~50.3	50.4~60.4	60.5~63.6	≥63.7
158.0~158.9	<44.0	44.0~50.8	50.9~61.2	61.3~64.5	≥64.6
159.0~159.9	<44.5	44.5~51.4	51.5~61.7	61.8~65.1	≥65.2
160.0~160.9	<45.0	45.0~52.1	52.2~62.3	62.4~65.6	≥65.7
161.0~161.9	<45.4	45.4~52.5	52.6~62.8	62.9~66.2	≥66.3
162.0~162.9	<45.9	45.9~53.1	53.2~63.4	63.5~66.8	≥66.9
163.0~163.9	<46.4	46.4~53.6	53.7~63.9	64.0~67.3	≥67.4

续表

身高/cm	营养不良/kg 7分	较低体重/kg 9分	正常体重/kg 15分	超重/kg 9分	肥胖/kg 7分
164.0~164.9	<46.8	46.8~54.2	54.3~64.5	64.6~67.9	≥68.0
165.0~165.9	<47.4	47.4~54.8	54.9~65.0	65.1~68.3	≥68.4
166.0~166.9	<48.0	48.0~55.4	55.5~65.5	65.6~68.9	≥69.0
167.0~167.9	<48.5	48.5~56.0	56.1~66.2	66.3~69.5	≥69.6
168.0~168.9	<49.0	49.0~56.4	56.5~66.7	66.8~70.1	≥70.2
169.0~169.9	<49.4	49.4~56.8	56.9~67.3	67.4~70.7	≥70.8
170.0~170.9	<49.9	49.9~57.3	57.4~67.9	68.0~71.4	≥71.5
171.0~171.9	<50.2	50.2~57.8	57.9~68.5	68.9~72.1	≥72.2
172.0~172.9	<50.7	50.7~58.4	58.5~69.1	69.2~72.7	≥72.8
173.0~173.9	<51.0	51.0~58.8	58.9~69.6	69.7~73.1	≥73.2
174.0~174.9	<51.3	51.3~59.3	59.4~70.2	70.3~73.6	≥73.7
175.0~175.9	<51.9	51.9~59.9	60.0~70.8	70.9~74.4	≥74.5
176.0~176.9	<52.4	52.4~60.4	60.5~71.5	71.6~75.1	≥75.2
177.0~177.9	<52.8	52.8~61.0	61.1~72.1	72.2~75.7	≥75.8
178.0~178.9	<53.2	53.2~61.5	61.6~72.6	72.7~76.2	≥76.3
179.0~179.9	<53.6	53.6~62.0	62.1~73.2	73.3~76.7	≥76.8
180.0~180.9	<54.1	54.1~62.5	62.6~73.7	73.8~77.0	≥77.1
181.0~181.9	<54.5	54.5~63.1	63.2~74.3	74.4~77.8	≥77.9
182.0~182.9	<55.1	55.1~63.8	63.9~75.0	75.1~79.4	≥79.5
183.0~183.9	<55.6	55.6~64.5	64.6~75.7	75.8~80.4	≥80.5
184.0~184.9	<56.1	56.1~65.3	65.4~76.6	76.7~81.2	≥81.3
185.0~185.9	<56.8	56.8~66.1	66.2~77.5	77.6~82.4	≥82.5
186.0~186.9	<57.3	57.3~66.9	67.0~78.6	78.7~83.3	≥83.4

注：身高低于表中所列出的最低身高段的下限值时，身高每低1 cm，实测体重需加上0.5 kg，实测身高需加上1 cm，再查表确定分值。身高高于表中所列出的最高身高段时，身高每高1 cm，其实测体重需减去0.9 kg，实测身高需减去1 cm，再查表确定分值。

四、身体机能的测定与评价

身体机能是指机体新陈代谢的水平和各器官系统的工作能力。主要指标有脉搏、血压和肺活量，可以从静态和动态两个方面进行评定。

1. 脉搏

脉搏是心脏节奏性收缩和舒张，由大动脉内的压力变化而引起四肢血管壁扩张和收缩的一种搏动现象,故也称为心率。它主要反映心脏和动脉的机能状态,如表3-6所示。

2. 血压

血压是指血液在血管内流动时对动脉血管壁产生的侧压力,也称动脉血压。血压与心脏搏动的力量、动脉血管的弹性、末梢血管的抵抗力和血液粘性有密切关系,它反映了心脏、血管的功能状况,如表3-6所示。

表3-6 脉搏和血压的上限和下限值(16~25岁)

性别	年龄/岁	脉搏/次·min		收压缩/mmHg		舒张压/mmHg	
		上限	下限	上限	下限	上限	下限
男	16	99	—	140	95	90	—
	17	98	—	140	95	90	—
	18~25	96	—	140	95	90	—
女	16	100	—	134	88	89	—
	17	99	—	134	88	90	—
	18~25	97	—	130	86	86	—

3. 肺活量

肺活量是指一个人全力吸气后,呼出的最大气体量。肺活量是一种常用的反映呼吸机能的指标,它和身高、体重、胸围成正相关,如表3-7所示。

表3-7 学生肺活量评价指标

性别	年龄/岁	评价等级/ml				
		下等	中下等	中等	中上等	上等
男	16	2 950以下	2 960~3 290	3 300~4 100	4 110~4 480	4 490以上
	17	3 190以下	3 200~3 490	3 500~4 300	4 310~4 700	4 710以上
	18	3 290以下	3 300~3 610	3 620~4 400	4 410~4 800	4 810以上
	19	3 490以下	3 500~3 790	3 800~4 600	4 610~5 000	5 010以上
女	16	2 190以下	2 200~2 430	2 440~3 000	3 010~3 300	3 310以上
	17	2 270以下	2 280~2 490	2 500~3 100	3 110~3 360	3 370以上
	18	2 290以下	2 300~2 530	2 540~3 100	3 110~3 400	3 410以上
	19	2 410以下	2 420~2 650	2 660~3 200	3 210~3 500	3 510以上

4. 肺活量体重指数

$$肺活量体重指数 = 肺活量 \div 体重$$

5. 台阶试验指数

台阶测验是一项定量负荷机能试验,主要用于测定心血管系统的功能也可以间接推断机体的耐力。受试者以每分钟30次的速度上下台阶,必须按节拍器的节律完成试验,用2 s上下一次的速度连续做3 min。做完后,立刻坐在椅子上测量运动结束后1~1.5 min、

2~2.5 min、3~3.5 min 的 3 次脉搏数。测完后用下列公式求得评定指数，取整评分。然后，根据评定指数，查台阶试验的评分标准表。

评定指数＝［踏台阶上、下运动持续时间（秒）×100］÷［2×（3 次测定脉搏的和）］

五、身体素质的测试与评价

身体素质是指人体在运动、工作和生活中所表现出来的力量、速度、耐力、灵敏性、平衡性、柔韧性等素质和走、跑、跳、投、攀登、爬越等身体基本活动能力的总称，是人的体能状态的反映，如表 3-8 和表 3-9 所示。

表 3-8 大学男生身体机能与身体素质评分标准

分值	项目	台阶测验	1 000 m 跑/(分·s)	肺活量体重指数	50 m 跑/s	立定跳远/cm	坐位体前屈/cm	握力体重指数
优秀	成绩	59 以上	3.39 以下	75 以上	6.8 以下	255 以上	18.1	75 以上
	分值	20 分	20 分	15 分	30 分	30 分	20 分	20 分
	成绩	58~54	3.40~3.46	74~70	6.9~7.0	254~250	18.0~16.0	74~70
	分值	17 分	17 分	13 分	26 分	26 分	17 分	17 分
良好	成绩	53~50	3.47~4.00	69~64	7.1~7.3	249~239	15.9~12.3	69~63
	分值	16 分	16 分	12 分	25 分	25 分	16 分	16 分
	成绩	49~46	4.01~4.18	63~57	7.4~7.7	238~227	12.2~8.9	62~56
	分值	15 分	15 分	11 分	23 分	23 分	15 分	15 分
及格	成绩	45~43	4.19~4.29	56~54	7.8~8.0	226~220	8.8~6.7	55~51
	分值	13 分	13 分	10 分	20 分	20 分	13 分	13 分
	成绩	42~40	4.30~5.04	53~44	8.1~8.4	219~195	6.6~0.1	50~41
	分值	12 分	12 分	9 分	18 分	18 分	12 分	12 分
不及格	成绩	39 以下	5.05 以下	43 以下	8.5 以上	194 以下	0.0 以下	40 以下
	分值	10 分	10 分	8 分	15 分	15 分	10 分	10 分

表 3-9 大学女生身体机能与身体素质评分标准

分值	项目	台阶测验	800 m 跑/(分·s)	肺活量体重指数	50 m 跑/s	立定跳远/cm	坐位体前屈/cm	握力体重指数	仰卧起坐/(次/min)
优秀	成绩	56 以上	3.27 以下	61 以上	8.3 以下	196 以上	18.1 以上	57 以上	44 以上
	分值	20 分	20 分	15 分	30 分	30 分	20 分	20 分	20 分
	成绩	55~52	3.38~3.45	60~57	8.4~8.7	195~187	18.0~16.2	56~52	43~41
	分值	17 分	17 分	13 分	26 分	26 分	17 分	17 分	17 分
良好	成绩	51~48	3.46~4.00	56~51	8.8~9.1	186~178	16.1~13.0	51~46	40~35
	分值	16 分	16 分	12 分	25 分	25 分	16 分	16 分	16 分
	成绩	47~44	4.01~4.19	50~46	9.2~9.6	177~166	12.9~9.0	45~40	34~28
	分值	15 分	15 分	11 分	23 分	23 分	15 分	15 分	15 分

续表

分值	项目	台阶测验	800 m 跑/(分·s)	肺活量体重指数	50 m 跑/s	立定跳远/cm	坐位体前屈/cm	握力体重指数	仰卧起坐/(次/min)
及格	成绩	43~42	4.20~4.30	45~42	9.7~9.8	165~161	8.9~7.8	39~36	27~24
	分值	13分	13分	10分	20分	20分	13分	13分	13分
	成绩	41~25	4.31~5.03	41~32	9.9~11.0	160~139	7.7~3.0	35~29	23~20
	分值	12分	12分	9分	18分	18分	12分	12分	12分
不及格	成绩	24以下	5.04以上	31以下	11.1以上	138以下	2.9以下	28以下	19以下
	分值	10分	10分	8分	15分	15分	10分	10分	10分

1）50 m 跑

50 m 跑是通过较短距离的高强度跑测试速度素质。它可以反映人体中枢神经系统的机能状态和神经与肌肉的调节能力，也可以综合地反映人体的爆发力、灵敏、反应、柔韧等素质。同时，50 m 跑还可以反映人体无氧代谢的能力和水平。

2）1 000 m 跑（男）、800 m 跑（女）

1 000 m 跑（男）和 800 m 跑（女）是测试人体持续工作能力即耐力水平的项目，测试耐力水平对于评价学生体质健康状况有非常重要的意义。

3）立定跳远

立定跳远是测试爆发力的项目。爆发力是指人体在最短时间内发挥最大力量的能力，爆发力的大小不仅取决于力量，而且取决于力量和速度的结合。

4）握力和握力体重指数

握力是反映被测者上肢肌肉力量的素质。因为握力的大小与人的体重有关，所以采用了握力体重指数进行评价。

$$握力体重指数 = 握力(kg) \div 体重(kg) \times 100$$

测握力要求受试者成直立姿势，两臂自然下垂。一手持握力计，要全力紧握，不能让握力计接触衣服和身体。要用有力手握两次，取最大值，以 kg 为单位。

5）仰卧起坐（女）

仰卧起坐是反映被测试者腹肌耐力的一个项目。要求受测试者全身仰卧于垫上，两腿稍分开，屈膝呈 90°角左右。两手指交叉贴于脑后，另一同伴压住其踝关节，以固定下肢，受试者起坐时，两肘必须触及或超过两膝才为完成一次。仰卧时，两肩胛必须触垫子。测试人员记录 1 min 内完成的次数，精确到个位。

6）坐位体前屈

坐位体前屈是测量人体在静止状态下的躯干、腰、髋等关节可能达到的活动幅度，主要反映这些关节、韧带和肌肉的伸展性和弹性，反映身体柔韧素质的发展水平。

测试时，受试者两腿伸直，两脚平蹬测试板，坐在平地上，两脚分开约 10~15 cm，上体前屈，两臂伸直向前，用两手中指尖逐渐向前推动游标，直到不能推动为止。测试两次，取最好成绩。

思考题

1. 体育锻炼的作用是什么?
2. 体力劳动能代替体育锻炼吗?为什么?
3. 如何理解体育锻炼的经常性原则?
4. 简述长期进行体育锻炼的科学安排。
5. 简述一次体育锻炼的科学安排。
6. 简述体育锻炼对心血管和呼吸系统的影响。
7. 如何培养体育锻炼的兴趣、选择活动项目和确定运动强度?
8. 简述体育锻炼时合理的呼吸方法。
9. 青春发育期女子主要生理特征有哪些?
10. 根据大学时期女生生理特点,请你说说她们适合参加哪些运动项目?为什么?
11. 月经期间参加体育锻炼应注意哪些问题?
12. 女大学生参加体育锻炼时,应注意的事项有哪些?
13. 你喜欢参加体育锻炼吗?如喜欢,你是如何将学习、休息、锻炼三者协调、统一的?
14. 营养素有几大类?其主要作用分别是什么?简述其与健康的关系。
15. 运动处方有几种?其内容包括什么?
16. 如何进行运动处方的诊断和安排?
17. 影响体质的基本因素是什么?

第四章

《国家学生体质健康标准》测试的操作方法

一、身高

1. 测试方法

受试者赤足，立正姿势站在调整好的身高计的底板上，上肢自然下垂，足跟并拢，足尖分开约成60°，足跟、骶骨部及两肩胛区与立柱相接触，躯干自然挺直，头部正直，两眼平视，耳屏上缘与两眼眶下缘最低点呈水平位。测试人员站在受试者右侧，将水平压板轻轻沿立柱下滑，轻压于受试者头顶。测试人员读数时双眼应与压板水平面等高进行读数。读数以cm为单位，精确到小数点后一位。测试误差不得超过0.5 cm。

2. 注意事项

（1）严格掌握"三点靠立柱""两点呈水平"的测量姿势要求，测试人员读数时两眼一定与压板登高。

（2）水平压板与头部接触时，松紧要适度。

（3）测试身高前，受试者不应进行体育活动和体力劳动。

二、体重

1. 测试方法

受试时，将杠杆秤放在平坦的地面上，调整至刻度尺水平位。受试者赤足，男性受试者身着短裤，女性受试者身着短裤、短袖衫（或背心），站于秤台中央，测试人员放置适当砝码并移动游标刻度尺至平衡。读数以kg为单位，精确到小数点后一位；电子体重计数显示数值即可。测试误差不超过0.1 kg。

2. 注意事项

（1）测量体重前，受试者不得进行剧烈体育活动和体力劳动。

（2）受试者站在秤台中央，上杠杆秤、下杠杆秤时动作要轻。

（3）每次使用杠杆时均需校正。测试人员每次读数前都应校对砝码重量，避免出现差错。

三、台阶试验

1. 测试方法

受试者站在台阶前方，按节拍器的节律做上下台阶（频率30次/min）运动。即从预备姿势开始，听到第一响声时，一只脚踏在台阶上；第二响时，踏台腿伸直，另一脚跟上台并立；第三响声时，先踏台的脚下地；第四响声时，另一只脚也下地还原成预备姿势。用每两秒上下一次的速度（按节拍器的节律来做）连续做 3 min。做完后，立刻坐在椅子上测量运动结束的 1~1.5 min、2~2.5 min、3~3.5 min 的 3 次脉搏数，填入相应的表格内。如果受试者在运动中坚持不下去或跟不上上下台阶的频率达 3 次，要立即停止运动，并以秒为单位记录运动持续的时间。同样测试 3 次脉搏数，也填入相应的方格内。

2. 注意事项

（1）受试者在测试前不得从事任何剧烈活动。患有心脏病的不能测试。

（2）受试者必须严格按照节拍器的节奏，即每 2 s 完成上下一次台阶运动。当受试者跟不上节奏时应及时提醒，如果 3 次跟不上节奏应停止测试，以免发生伤害事故。

（3）受试者在每次登上台阶时，姿势要正确，腿必须伸直，膝、髋关节不得弯曲。

（4）对测试中不能坚持完成或明显跟不上频率的受试者，应终止其运动。以实际上下台阶的持续时间进行计算。

评定指数 = 踏台上、下运动的持续评定表/2 × (3 次测定脉搏的和)

四、肺活量

1. 测试方法

各种肺活量计在每次使用前都必须进行测试检验，仪器误差不得超过 3%。使用电子肺活量计时，首先将肺活量计接上电源，按电源开关，肺活量计通电并进入工作状态。测试时先将口嘴装在叉式管的进气端，受试者手握叉式管，保持导压软管在叉式管上方位置（以免口水或杂物堵住气道），面对肺活量计站立，头部略后仰，尽力深吸气，直至不能再吸气为止；然后将嘴对准口嘴，以中等速度和力度深呼气直到不能呼出为止。此时液晶显示器上显示的数值即为肺活量毫升值。测试两次，选取最大值作为测试结果。记录以 mL 为单位，不保留小数。

2. 注意事项

（1）测试前受试者应了解测试方法和工作要领，可做必要的练习。

（2）受试者吸气和呼气均应充分，呼气不可过猛，并防止嘴与口嘴接触部位漏气，防止用鼻呼气。呼气时允许弯腰，但呼气开始后不得再吸气。测试人员应注意观察，防止因呼吸不充分、漏气或再吸气影响测试结果。

五、50 m 跑

1. 测试方法

受试者至少两人一组测试。站立起跑，受试者听到"跑"的口令后开始起跑，发令员在发出口令时要摆动发令旗，计时员视旗动开表计时，受试者躯干到达终点线的垂直面停表，记录以秒为单位。

2. 注意事项

（1）受试者测试时最好穿运动鞋或平底布鞋，赤足亦可，但不得穿钉鞋、皮鞋和塑料鞋。

（2）发现有抢跑着，要当即召回重跑。

(3) 如遇风时一律顺风跑。

六、立定跳远

1. 测试方法

受试者两脚自然分开站立于起跳线后，脚尖不得踩线，然后两脚原地同时起跳，不得有垫步或连跳动作。丈量起跳线后缘至最近着地点后缘的垂直距离。每人试跳 3 次，记录其中最好一次成绩。读数以 cm 为单位，不计小数。

2. 注意事项

(1) 发现犯规时，此次成绩无效，3 次试跳均无成绩者，再跳至取得成绩为止。

(2) 可以赤足，但不得穿钉鞋、皮鞋和塑料鞋测试。

七、坐位体前屈

1. 测试方法

受试者上体垂直坐，两腿并拢伸直，两脚平蹬测试纵板，两脚尖分开 10～15 cm，上体前屈，两臂伸直向前，用两手指尖轻轻地向前推动游标，直到不能前推为止，保持这一姿势 3 s。测量 3 次，取最大值，以 cm 单位，数值精确到小数点后一位。

2. 注意事项

(1) 测试前应做短时间的热身运动。

(2) 测试中动作要缓慢，以避免受伤。

(3) 身体前屈，两臂向前推游标时，两臂用力要均匀，两腿不能弯曲。

八、握力

1. 测试方法

将握力计指针调至零位，受试者两脚自然分开，身体直立，两臂自然下垂。用有力的手持握力计，以最大力量握紧。记下握力计指针的刻度（或握力器所显示的数字）。测试两次，取最大值，不计小数。

2. 注意事项

(1) 保持手臂自然下垂姿势，持握力计要手心向内。

(2) 用力时禁止摆臂或接触衣服和身体。

(3) 受试者如果分不出有力手，可两手各测两次，取最大值。

九、1 000 m 跑（男）、800 m 跑（女）

1. 测试方法

受试者至少两人一组进行测试，站立式起跑。当听到"跑"的口令后起跑。计时员看到旗动开表计时，当受试者的躯干到达终点线垂直面时停表。记录以 s 为单位。如4′10″11读成 4′10″，并记录下来。

2. 注意事项

(1) 受试者测试时最好穿运动鞋，赤足亦可，但不得穿钉鞋、皮鞋和塑料鞋。

(2) 发现有抢跑者，要当即召回重跑。

(3) 如遇风时一律顺风跑。

十、仰卧起坐

1. 测试方法

受试者全身仰卧于垫上,两腿稍分开,屈膝呈 90°左右,两手指交叉贴于脑后。另一同伴压住其踝关节,固定下肢。受试者起坐时,两肘触及或超过双膝为完成一次。仰卧时两肩胛必须触垫。测试人员发出"开始"口令的同时开表计时,记录 1 分钟内完成次数。1 分钟到时,受试者虽已坐起但肘关节未达到双膝者不计该次数,精确到个位。

2. 注意事项

(1) 如发现受测者借用肘部撑垫或臀部起落的力量起坐时,该次不计数。
(2) 测试过程中,观测人员应向受测者报数。
(3) 受测者双脚必须放于垫上。

十一、篮球运球

1. 场地设置

测试场地长 20 m,宽 7 m,设标志杆 10 根(杆高 1.2 m 以上)。

2. 测试方法

口令发出后开始计时,运球依次过杆返回到起(终)点线时计时结束。每次过杆时需换手运球。运球过程中球脱手应自行捡回,并在脱手处继续运球,计时不停止。每人可测试两次,以最好的一次记录成绩。

3. 注意事项

出现以下行为测试成绩无效:抢跑,双手同时运球,膝盖以下身体部位触球,漏绕标志杆,人或球出测试场地,未按要求路线完成。

十二、足球运球

1. 场地设置

长度 40 m 以上平整场地。测试距离 30 m,起点至第一杆距为 5 m,各杆间距 5 m,共设 5 根标志杆(杆高 1.2 m 以上)。

2. 测试方法

口令发出后计时,运球依次以 S 形绕 5 根标志杆达到终点线时计时结束。每人可测试两次,以最好的一次记录成绩。

3. 注意事项

出现以下行为测试成绩无效:抢跑,漏绕标志杆,碰倒标志杆,人或球出测试区域,未按要求路线完成。

十三、排球垫球

1. 场地设置

测试区域为 3 m×3 m。垫球高度:大学男生为 2.43 m,大学女生为 2.24 m。

2. 测试方法

在测试区域内连续正面双手垫球，达到规定高度，每触击球一次，计数一次，球落地为结束。非正面双手垫球方式触球、垫球高度不足等视为调整，不计次数。每人可测试两次，以计数最多一次记录成绩。

了解《国家学生体质健康标准》测试的操作方法。

第五章 游泳

第一节 游泳概述

一、游泳的起源

游泳的起源很早。远古时代，人类在布满江、河、湖、海的地球上生活，不可避免地要和水发生关系。在生产劳动和同大自然作斗争的过程中，就学会了游泳，并不断创造和发展了游泳的多种技能和方法。

二、游泳的分类

（一）蛙泳

蛙泳是一种古老的泳姿，据有关资料记载，早在 2 000 到 4 000 年前的中国、罗马、古埃及就有类似这种泳姿，例如埃及人曾在草纸上描绘过游泳的人像。从人像的动作结构来看，这是蛙泳的技术动作。蛙泳速度慢，所以在比赛中游蛙泳的人越来越少了。直到 1904 年第 3 届奥运会才把蛙泳和其他泳姿分开，增设了男子 400 m 蛙泳项目。1924—1933 年期间，蛙泳最大的革新是戈 II 水结束后两臂由水中前移改为由空中前移，但仍采用蛙泳的蹬夹动作，出现了蛙泳的变形——蝶泳。1936 年国际游联对蛙泳规则作了补充，允许在蛙泳比赛中采用蝶泳技术，于是蝶泳取代了蛙泳。

（二）蝶泳

蝶泳在 4 种竞技游泳姿势（蛙泳、仰泳、蝶泳、自由泳）中是最年轻的项目。蝶泳出现在 1933 年，美国人亨利·米尔斯在布鲁克林青年总会比赛中，首先采用两臂从空中移向前方，脚做蛙泳蹬水动作。当时并没有单独的蝶泳比赛项目，而是在蛙泳比赛中出现的。蝶泳与蛙泳分开后，蝶泳技术得到了迅速的发展。1953 年 5 月 31 日匈牙利运动员乔治·董贝克首先创造了蝶泳世界纪录，他的技术动作是一个周期内打 3 次腿。到了 20 世纪 60 年代蝶泳形成了 3 种技术类型：一是两臂宽划水，打一次腿，拖一次腿；二是窄划臂，第一次打腿重，第二次打腿轻；三是高肘划水，臂划水路线成钥匙洞形，二次打腿均较重，有效划水路线长，目前许多优秀运动员都采用这种技术。

（三）仰泳

仰泳是在蛙泳之后产生的。在长距离游泳中有人发现只要把身体仰卧在水中，手臂和腿稍加动作就可以自然地漂浮在水面并向前前进，可以借此在水中休息。1794 年就出现了原始的仰泳技术。以后在很长的时间里仰泳均采用两臂同时在体侧向后划水，两腿做蛙泳的蹬水动作,所以当时也叫做反蛙式仰泳。1902年爬泳的技术被引用到仰泳中去,1912年第五届奥运会上,美国运动员赫布涅尔采用两臂轮流划水,两腿上下打水,并以1分21秒的成绩获100 m冠军,证实了爬式仰泳技术的优越性。1936年第十一届奥运会上,美国选手克菲尔以1分5秒9的成绩获得100 m冠军,他的技术动作比较完善合理,奠定了现代仰泳的基础。目前仰泳技术是两次划臂,腿打水6次或4次,一次呼吸的配合技术。

(四)自由泳

目前世界上短距离运动员多数采用6次打腿技术,长距离运动员多数采用2次打腿技术。据现有的记载,较早采用两臂轮流划水的是一个英国人丁·杜鲁穗金。以后又相继出现了配合两腿的上下打水动作,两次打腿和拖腿的自由泳技术。1900年举行的第二届奥运会上,匈牙利人哈尔曼就是采用两臂轮流划水、拖腿的方法获得了200米的铜牌、400米比赛的金牌。进入20世纪70年代,不少优秀运动员采用两次打腿两臂中后交叉的配合技术,在长短距离自由泳项目中均取得了出色的成绩,于是这项技术开始发展起来。

三、游泳比赛规则

(一)自由泳

(1)自由泳比赛中可采用任何泳式。

(2)转身和到达终点时,可用身体任何部分触池壁。

(二)仰泳

(1)运动员面对出发端,两端抓住握手器,两脚(包括脚趾)应处于水面下,禁止蹬在水槽内、水槽上或用脚趾钩住水槽边。

(2)出发和转身后,运动员应蹬离池壁,并在整个游泳过程中呈仰卧姿势。除在做转身动作外,运动员必须始终仰卧。仰卧姿势允许身体做转动动作,但必须保持与水平面小于90°的仰卧姿势,头部位置不受此限制。

(3)在整个游进过程中,运动员身体的某部分必须露出水面。在转身过程中,允许运动员完全潜入水中。但在出发和每次转身后,运动员潜泳距离不得超过15 m,在15 m前运动员的头必须露出水面。

(4)在转身过程中,当运动员肩的转动超过垂直面后,可进行一次连续单臂划水或双臂同时划水动作,并在该动作结束前开始滚翻。一旦改变仰卧姿势,就不允许做与连续转身动作无关的打水或划水动作。运动员必须呈仰卧姿势蹬离池壁,转身时运动员身体的某部分必须触壁。

(5)运动员在到达终点时,必须以仰姿势触壁。

(三)蛙泳

(1)出发和每次转身后,从第一次手臂动作开始,身体应保持俯卧姿势,两肩应与水面平行。

(2)两臂和两腿的所有动作都应同时、在同一水面上进行,不得有交替动作。

(3)两手应同时在水面、水下或水上由胸前伸出,并在水面或水下向后划水。除最后一个动作外,在手臂的完整动作中,两肘不得露出水面。除出发和每次转身后的第一次划水动作外,两手向后划水不得超过臂线。

(4)在蹬腿过程中,两脚必须做外翻动作,不允许做剪夹、上下交替打水或向下的海豚式打水动作。只要不做向下的海豚式打腿动作，允许两脚露出水面。

（5）在每次转身和到达终点时，两手应在水面、水上或水下同时触壁，触壁前两肩应与水面平行。在触壁前的最后一次向后划水动作结束后，头可以潜入水中，但在触壁前的一个完整或不完整的配合动作中，头应部分地露出水面。

（6）在每个以一次划臂和一次蹬腿顺序完成的完整动作周期内，运动员头的某一部分应露出水面。只有在出发和每次转身后，运动员可在全身没入水中时，做一次手臂充分的向后划至腿部的动作和一次蹬腿动作。但在第二次划臂至最宽点并在两手向内划水前，头必须露出水面。

（四）蝶泳

（1）除在做转身动作时身体必须始终俯卧外，从出发和每次转身后的第一次手臂动作开始，至下一个转身或到达终点止，两臂均应与水面平行，任何时候都不允许转成仰卧姿势。

（2）两臂必须在水面上同时向前摆动，并同时在水下向下划水。

（3）两脚的动作必须同时进行，允许两腿和两脚在垂直面上同时做上下打水动作。两腿或两脚可不在同一水平面上，但不允许有交替动作。

（4）在每次转身和到达终点时，两手应在水面、水上或水下同时触壁，触壁前两肩应与水面平行。

（5）在出发和每次转身后，允许运动员在水下做一次或多次打水动作和一次划水动作，这次划水动作必须使身体升到水面。

（五）混合泳

（1）个人混合泳须按照下列顺序进行比赛：蝶泳，仰泳，蛙泳，自由泳（仰泳、蛙泳及蝶泳以外的任何泳式）。

（2）混合泳接力须按照下列顺序进行比赛：仰泳，蛙泳，蝶泳，自由泳（仰泳、蛙泳及蝶泳以外的任何泳式）。

（3）在个人混合泳和混合泳接力项目的仰泳转蛙泳过程中，运动员转肩动作超过垂直面之前必须呈仰泳姿势触及池壁。

第二节　游泳的基本技术

一、自由泳

自由泳是竞技游泳中速度最快的一种泳式。自由泳规则要求：身体俯卧在水中，手臂和腿轮流交替划水和打水，上下肢协调配合产生向前的推进力，速度均匀，其中臂腿用力比例为7:3。由于它的技术动作接近人的自然动作规律，初学不难，所以它又是学好其他泳式的一种基础泳式。

（一）自由泳技术

（1）手臂入水时靠近中线，要形成一个良好的入水角度。

（2）臂入水后积极向前下方伸展，先屈腕，再屈肘，外旋内转形成高肘抱水。

（3）注意每次动作幅度和划水的实效。

(4) 短距离多采用强有力的 6 次打腿，即两臂各划一次，两腿各打水三次，简称 2∶6，随距离加长可为 2∶4、2∶2。

(5) 吸气时侧转头，眼视侧上方。

(二) **自由泳的技术分析**

1. 身体姿势

游自由泳时，身体应伸直成流线型，几乎俯卧在水面。稍收腹，脸部和前额浸入水中，臀部接近水面，身体纵轴与水面构成 3°～5°角。头部发际位于水面，眼睛视斜前方。身体可围绕纵轴有节奏地转动，这种转动一般在 35°～45°角，如图 5-1 所示。

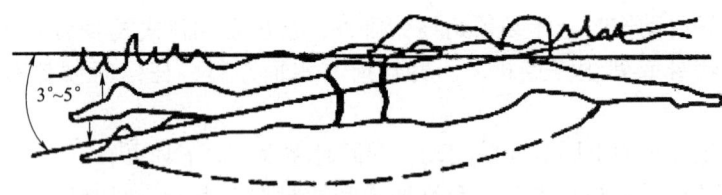

图 5-1 自由泳姿势

2. 自由泳臂的技术

游自由泳时，划臂是推动身体前进的主要力量，臂的技术是由入水、划水、出水、空中移臂 4 个部分组成。

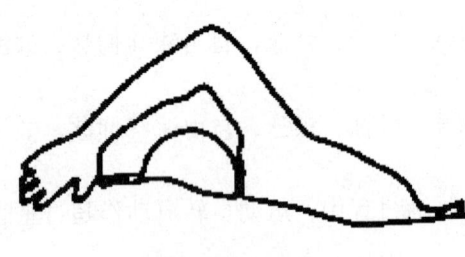

图 5-2 入水

(1) 入水点在身体纵轴与肩延长线之间，距离一般靠前。手入水时，肘稍屈并高于肩。掌心转向外侧与水平面约成 45°角，以拇指、小臂、大臂依次斜插入水，如图 5-2 所示。

(2) 划水由抓水、抱水、推水 3 个环节组成。手臂入水后，要积极地前伸转肩，屈肘抓水，如图 5-3 所示。臂保持高肘，沿着身体纵轴划水至与肩轴垂直，如图 5-4 所示，这时肘屈的最大限度为 90°～105°角。这个动作就好像伸出臂去抱住一个"圆桶"，把自己身体拉向前进，如图 5-5（a）所示。抱水后，积极沿体侧伸肘加速向后推水，臂划至大腿旁结束划水动作，如图 5-5（a）～图 5-5（f）所示。整个划水路线类似弯曲的 S 形。如图 5-6 所示。

图 5-3 抓水

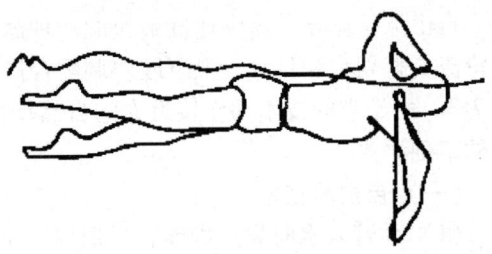

图 5-4 抓水

(3) 出水和移臂 划水结束后，臂借助惯性向上抬并向前摆臂。出水好像从裤子口袋抽出手来一样，如图5-5（g）~图5-5（i）所示。向前移臂时，肩要靠近耳侧；等高于肩和手，臂自然弯曲，借助出水时的惯性向前摆动入水，如图5-5（j）~图5-5（l）所示。

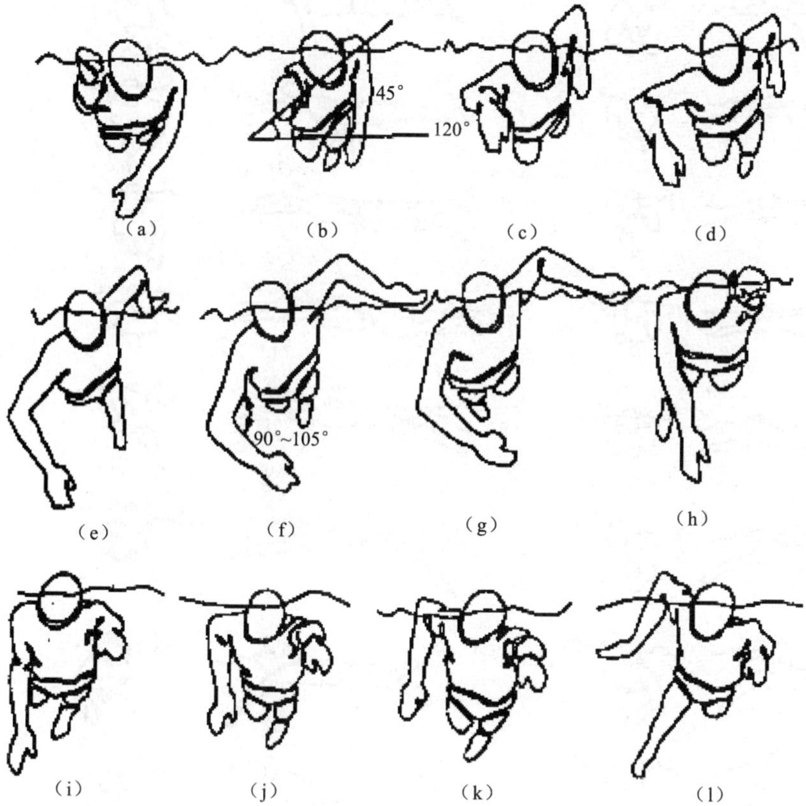

图 5-5 划水

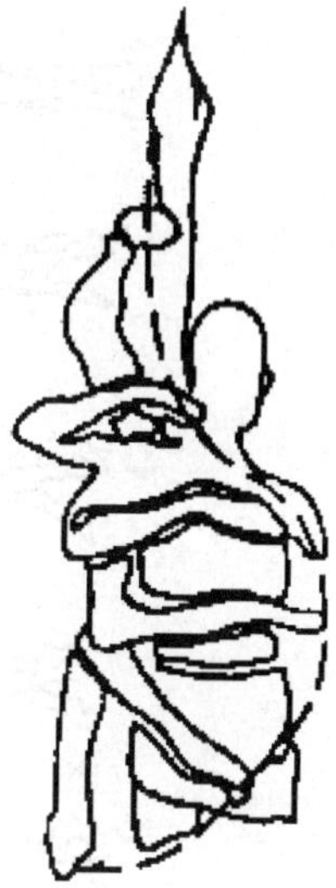

图 5-6 S形手划水路线

3. 自由泳腿的技术

自由泳腿的动作，主要是起维持身体平衡作用，使下肢抬高，保持身体成流线型。打腿产生一定的推动力，并促进手臂划水的协同用力。自由泳打腿很像一根鞭子上下抽打，髋、膝、踝3个关节伸直，并要适度放松。从髋开始大腿发力依次带动小腿和脚掌向下鞭打。向下打腿时膝稍屈约160°角，最后膝关节完全伸直，大腿幅度以两脚跟的垂直距离30~40 cm为宜，如图5-7（a）所示。

4. 自由泳呼吸技术

自由泳呼吸，一般是随着手臂划水和两肩自然滚动而转头吸气。推水时转肩转头吸气，同时水中的手臂前伸，臂前移至肩前时吸气结束。在水中口鼻要平稳匀速地向外呼气，但在嘴将露出水面吸气前的瞬间，要加速呼气。待嘴一露出水面，气流会立即自然地被吸入口中，吸气后应有短暂的憋气，这有助于另一侧的手臂用力划水，如图5-7（l）~图5-7（p）和图5-8所示。

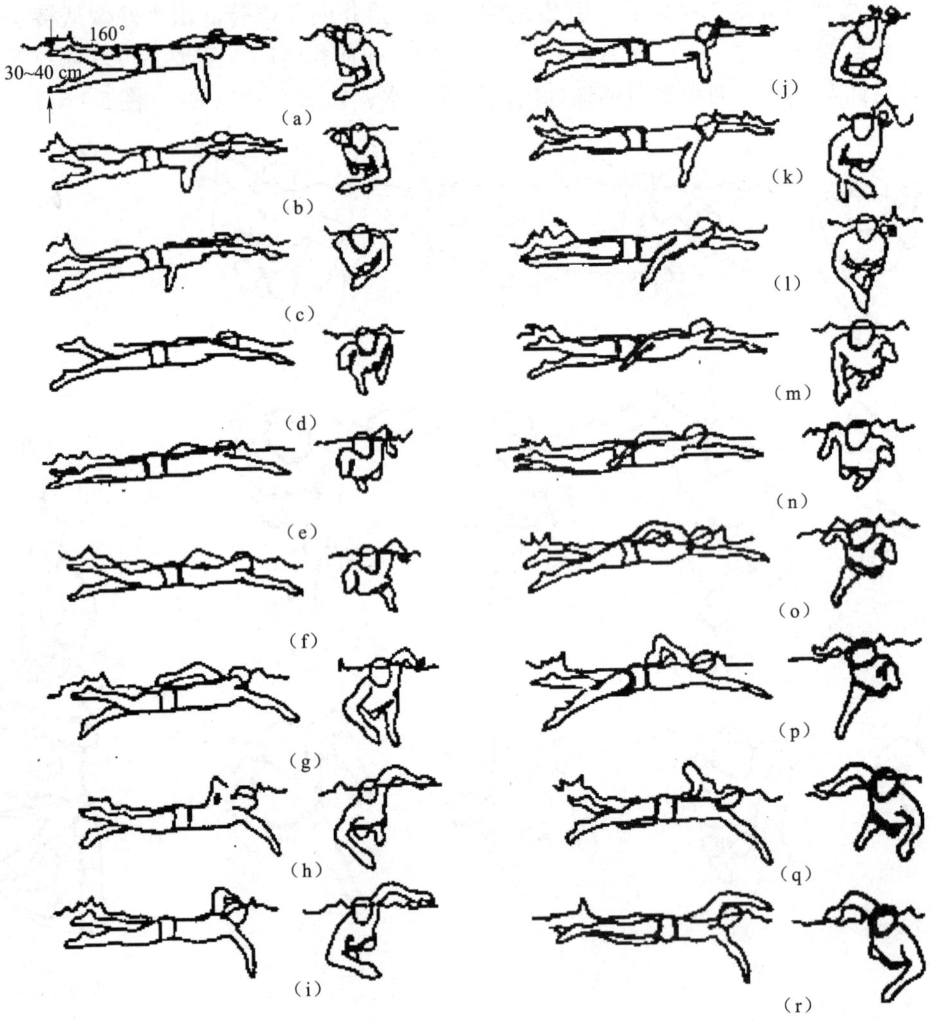

图5-7 自由泳配合技术

5. 自由泳配合技术

自由泳配合大多数是采用2∶6（两手各划一次水，两腿共打6次水）中前交叉和中交叉的配合动作积极有力，幅度大，讲究划水实效，大腿用力积极配合手臂的动作。前交叉和中交叉配合，如图5-7所示。

图5-8 自由泳呼吸技术

（三）自由泳练习方法

1. 腿部练习

（1）陆上坐撑，眼看自由泳时稍内旋的两腿打水练习。俯卧式，体会大腿带动小腿的打水动作练习，如图5-9所示。

（2）两拇指相交，两臂前伸并拢，徒手打水至发际，抬头吸气，体会身体的流线型动作，如图5-10所示。

（3）一臂前伸贴耳，另一臂贴大腿侧打水，转头呼吸，左右交替，体会打水和呼吸，

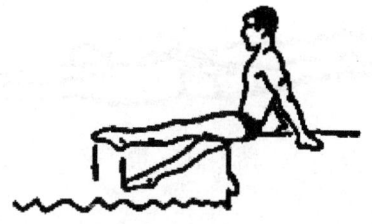

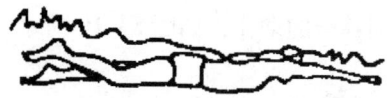

图 5-9　陆上打水练习

注意保持身位，如图 5-11 所示。

（4）两臂同贴体侧打水，抬头呼吸或向左、向右转头呼吸，注意保持身位，如图 5-12 所示。

（5）两臂前伸并拢或置于体侧，潜泳打水，体会脚面对水的感觉，如图 5-13 所示。

图 5-10　流线型泳姿

（6）两手扶板快打水，两手扶板的中部，上身不要趴在板上，两肩要前伸，如图 5-14 所示。

图 5-11　臂与呼吸关系　　　　　　　图 5-12　双臂贴体侧打水

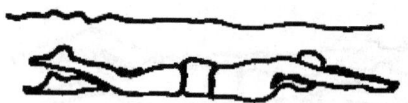

图 5-13　潜泳打水　　　　　　　　图 5-14　两手扶扳打腿

2. 臂部练习

（1）陆上上体前倾，配合呼吸体会划臂练习，如图 5-15 所示。

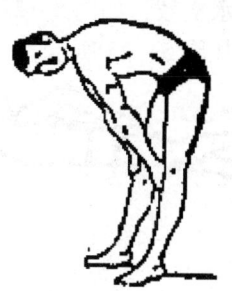

图 5-15　臂部练习

（2）单臂"连接"游，即一臂前伸一臂用力划水（前交叉），体会抱水和加速划水的动作，如图 5-16 所示。

（3）滑行游，强调长划水，注意从入水到推水结束的路线要尽量超过正常技术的划水长度，提高划水质量，如图 5-17 所示。

图 5-16 连接游

图 5-17 滑行游

（4）一臂前伸另一臂于体侧，做后交叉的分解配合游，要求尽力加大动作的幅度，提高划水的实效，以增强对动作的控制配合能力，如图 5-18 所示。

（5）划水结束后，拇指擦大腿侧后，再擦体侧肋部，经耳边至肩延长线处入水，体会高肘移臂的动作，如图 5-19 所示。

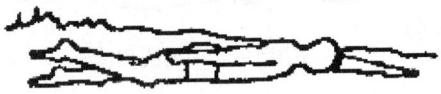

图 5-18 后交叉游

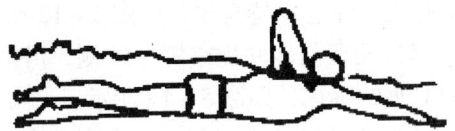

图 5-19 高肘移臂

（6）靠近池壁游，迫使高肘移臂，如图 5-20 所示。

3. 配合练习

（1）两臂"前交叉"配合游，体会划水实效，如图 5-21 所示。

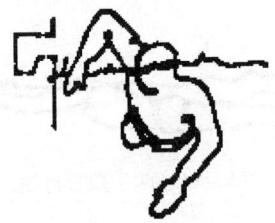

图 5-20 靠近池壁游

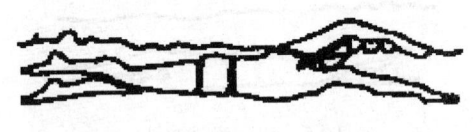

图 5-21 前交叉游

（2）减频提质游，每 25 米频率减少 1~3 次，体会划水实效，如图 5-22 所示。

（3）注意技术，全神贯注地体会最舒服的技术感觉，如图 5-23 所示。

图 5-22 减频提质游

图 5-23 体会自由泳

二、蛙泳

（一）概述

游泳规则要求采用蛙泳姿势时，身体呈俯卧姿势。蛙泳要求两肩须与水面平行，两腿要同时在同一水面上弯曲，向外翻脚并且必须做蹬腿动作，两手应在水面或水面下收回，并须从胸前伸出，除了出发和转身后允许做一次潜泳动作外，在整个动作中不得出现潜泳动作。

（二）技术分析

1. 身体姿势

滑行时，身体俯卧于水中，两臂前伸并拢，头略微抬起，水齐发际，稍挺胸，腹部和下肢尽量成水平姿势，身体纵轴与前进方向成5°～10°。在游进时，身体随划臂和呼吸动作，有一定幅度的上下起伏，如图5-24所示。

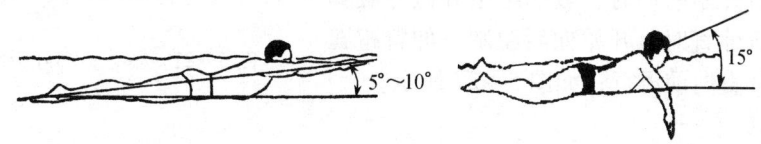

图5-24 蛙泳身体姿势

2. 腿部动作

蛙泳腿部动作，是游进中产生主要推进力的动作之一。技术分为收腿、外翻和蹬夹滑行3个不可分割的动作阶段。

（1）收腿和翻脚：在两腿完全伸直并稍下沉时，屈髋和屈膝，同时两小腿向大腿后折叠与臀部靠拢，边分边收，两膝距离与肩同宽，与躯干之间成130°～140°角，大腿与小腿之间成40°～50°角。翻脚对蛙泳收腿的效果起着重要的作用。但翻脚并不是一个独立的动作阶段，而是在收腿没有完全结束时就开始了。通过向外翻脚，使脚尖朝外，对水面积增大，并使脚和小腿内侧对准蹬水的方向。同时翻脚结束时，两脚之间的距离要大于两膝之间的距离，如图5-25所示。

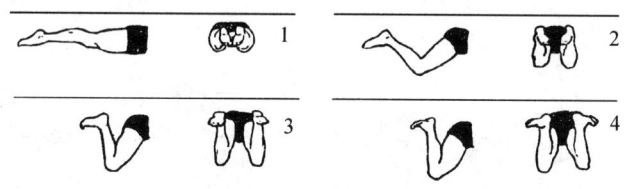

图5-25 收腿和翻脚

（2）外翻和蹬夹：也称"鞭状蹬水"。先伸展髋关节，从大腿发力向后蹬水，小腿和脚掌做向下和向后的鞭水。腿在向后蹬的同时向中间夹紧，蹬腿结束时两腿应并拢伸直，踝关节伸直，如图5-26所示。

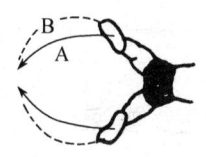

图5-26 外翻和蹬夹

3. 臂部技术

（1）划水与抓水：开始时，手臂前伸内旋，掌心转向外斜下方，两手分开向斜下方抓水。当手感到有压力时，便开始向侧、下、后、内呈椭圆曲线划水。要求划水以肩为轴，动作连贯，肘部保持比手高的位置。

（2）收手与伸臂：划水结束，臂由内向前收，两手相对，最后掌心向下并臂前伸。当两手收至下巴前下方时，借收手弧形惯性向前伸肘，两手靠近，掌心向下。

4. 呼吸

呼吸要和臂的动作协调配合，划水结束时，抬头用鼻和口呼气，手臂划水时用口吸气，收手低头闭气，伸臂时缓缓呼气。

5. 腿、臂与呼吸配合技术

蛙泳在一个动作周期中，一般采用一次呼吸，一次划水，一次收腿的配合。臂开始划水时，腿伸直不动，划水将结束，两腿自然放松，并在收手时开始收腿。手臂开始前伸时，收腿结束并做好翻脚动作，手臂接近伸直时，开始向后蹬腿。伸臂蹬腿结束后，身体伸直向前滑行，如图5-27所示。

图5-27　腿、臂与呼吸配合技术

6. 动作练习

可采用一人或两人式，身体平站在平面上，做蹬腿练习，如图5-28所示，稍成熟后可在水中练习，如图5-29所示，同时可尝试闭气练习，如图5-30所示。手部滑水动作可以经常练习。

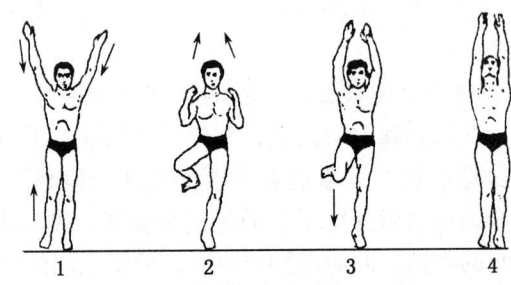

图5-28　蹬腿练习

 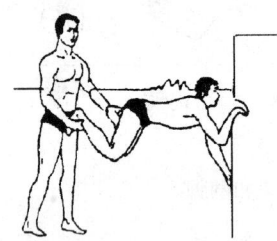  

图5-29　水中蹬腿练习　　　　　　　　图5-30　闭气练习

三、蝶泳

蝶泳对练习者身体素质要求较高，在4项技术中也最难掌握。蝶泳是4种泳式中最晚成为正式比赛项目的泳式，1952年以前它一直都以蛙泳技术为名出现在游泳比赛中。可以说，蝶泳是人们在蛙泳比赛中为了创造更快更合理的技术而产生的。

1. 身体位置

蝶泳的身体位置在游进时身体随波浪上下起伏，没有固定的位置。

2. 躯干和腿部动作

蝶泳腿部动作基本与自由泳相同，只是双腿同时进行，由躯干发力动作幅度更大。将蝶泳腿部动作也分为两部分：向下打水和向上打水。

(1) 向下打水。向下打水时,由躯干发力由髋关节带动大腿向下打水;当下压至躯干与大腿成150°左右夹角时,开始展膝,小腿和脚加速向下做"鞭状"打水动作;小腿和脚的打水动作尚未结束,大腿已再次开始向上打水。

(2) 向上打水。腿部在向上打水时,向下打水的小腿仍继续伸展,同时髋关节也在打开,一系列动作使大腿位置上升。向上打水时,应伸直腿,踝关节充分放松,当大腿上升一定位置腰腹部下沉,大腿跟随下压使小腿位置上升,屈膝直至水下适宜位置开始向下打水。在进行蝶泳打水时两膝间有适当间距,双脚呈向内的"八"字。向下打水和向上打水应紧凑连贯,有波浪感和"鞭状"打水动作,如图5-31所示。

图5-31　正确和错误的蝶泳打水动作对比
（○表示正确，×表示错误）

助记口令（蝶泳腿部技术）：身体俯卧呈流线，躯干发力鞭状打；直腿上打踝放松，加速下打效果好。

3. 臂部动作

蝶泳手臂动作是产生推进力的主要部分,动作与自由泳相似,完整技术分为入水、划水、出水和空中移臂4个部分。于水下仰视,蝶泳手臂动作的划水轨迹类似两个对称的S型。

(1) 入水。入水以拇指为先,带动手臂插入水中。入水点在两肩的延长线远端。

(2) 划水。手臂划水是推进力产生的主要阶段。手臂入水后,应积极高肘（保持高于手的肘关节位置）屈臂向后上方"抱水",并沿身体中线以约120°肘关节角度向后划水。划至腹部后,掌心过渡至向上、向后上方划水,最后划至手臂伸直时动作结束。整个划水动作应加速完成。目前,有两种蝶泳划水技术并行于国际泳坛:玻璃杯形和钥匙洞形,如图5-32所示。

(3) 出水。划水结束后,手臂应同自由泳推水动作一致立即变换手掌夹角,利用加速推水动作的惯性快速地由肘、肩带动臂部出水。

(4) 空中移臂。手臂出水后,就进入

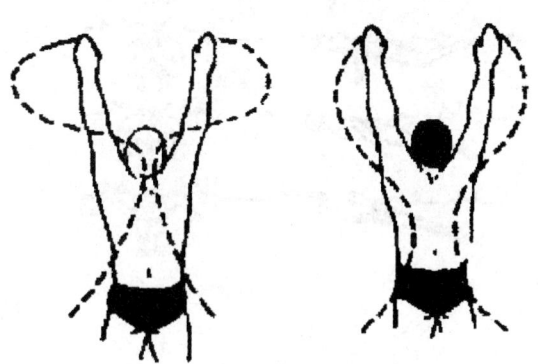

图5-32　玻璃杯形划水轨迹和
钥匙洞形划水轨迹

了空中移臂阶段。由肩部带动手臂,移臂过程手臂要放松,拇指向下,双臂在体侧对称前移。移臂至接近入水点位置微屈肘,拇指插入水中开始下一个动作周期。

助记口令（蝶泳手臂技术）：拇指肩前插入水，屈臂高肘向后滑；推水阶段要加速，提肘双臂向前移。

4. 完整配合

（1）手臂与呼吸的配合。蝶泳的吸气动作可以两侧进行，也可正前抬头进行。吸气时，头部应借助划水阶段后期的加速推水动作出水，同时积极向前伸颈（主动向上抬头会带来背部肌肉紧张使腿部下沉）带动、配合双臂的移臂动作。手臂与呼吸的配合没有固定的模式，通常为1∶1、2∶1或更多手臂动作配合一次呼吸。选择不同的手臂与呼吸配合模式同完成的距离有关，通常运动员选择多次臂部动作配合一次呼吸是为追求动作周期之间的完整衔接以此保证均匀的、更快的游进速度。

（2）完整配合。通常蝶泳的完整配合模式是2∶1∶1，即两次打腿一次划水一次吸气，如图5-33所示。

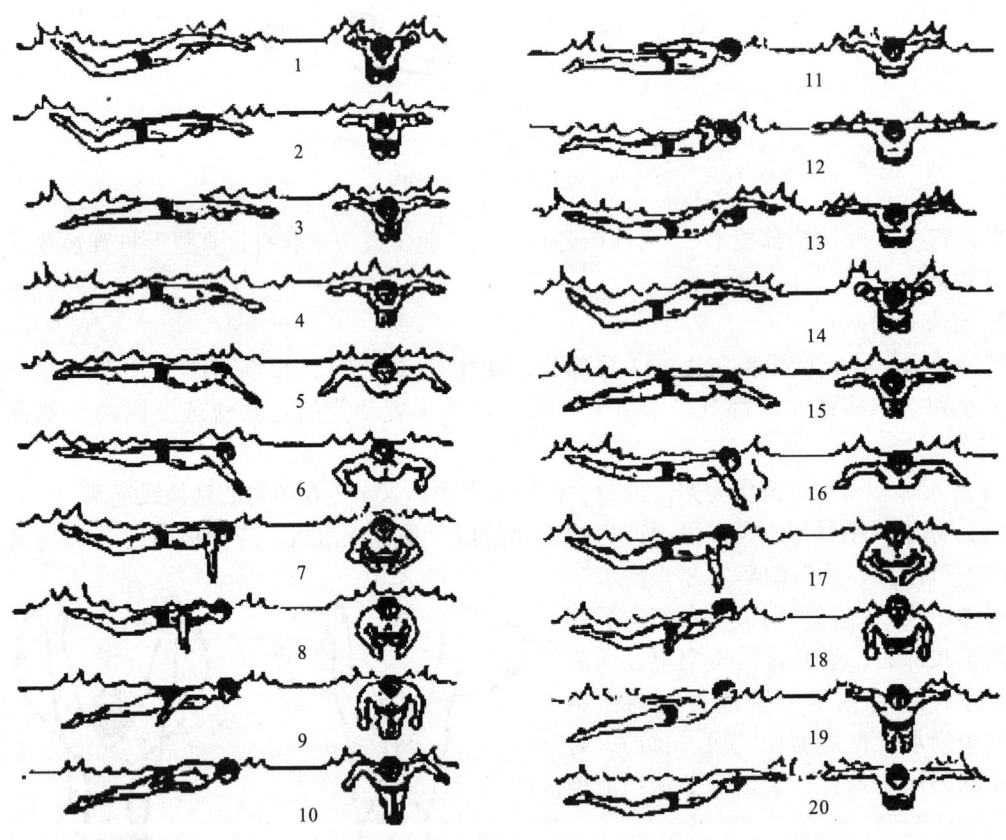

图5-33 完整蝶泳配合

助记口令（蝶泳配合技术）：肩前低头来入水，屈腕屈肘对准水；高肘划水要加速，推水伸颈深深吸。

四、仰泳

仰泳是人体呈仰卧姿势在水中进行游泳的一种姿势。仰泳的实用性强，适宜在水中拖运物体，救护溺水者。

仰泳包括反蛙泳和爬式仰泳（简称反爬泳）。反蛙泳是最早出现的一种仰泳，动作近似蛙泳，而身体姿势与蛙泳相反。爬式仰泳的动作与自由泳的动作大致相同，即面朝上两臂轮流划水，两腿上下交替打水。

反蛙泳与爬式仰泳相比，游动时相对费力，而且游动速度较慢，因此在游泳比赛中，仰泳项目均采用爬式仰泳泳姿。

1. 爬式仰泳技术

（1）身体姿势。身体自然伸展，仰卧呈流线型，头和肩部稍高，腰腹和腿部保持水平，身体纵轴与水平面成 5°~7°。

由于头部在游泳过程中起到掌握方向的作用，所以要求头部稳定，始终保持正直姿势，躯干以身体纵轴为基准，随着两臂的轮流划水动作而自然转动。仰泳动作的分解示意图如图 5-34 所示。

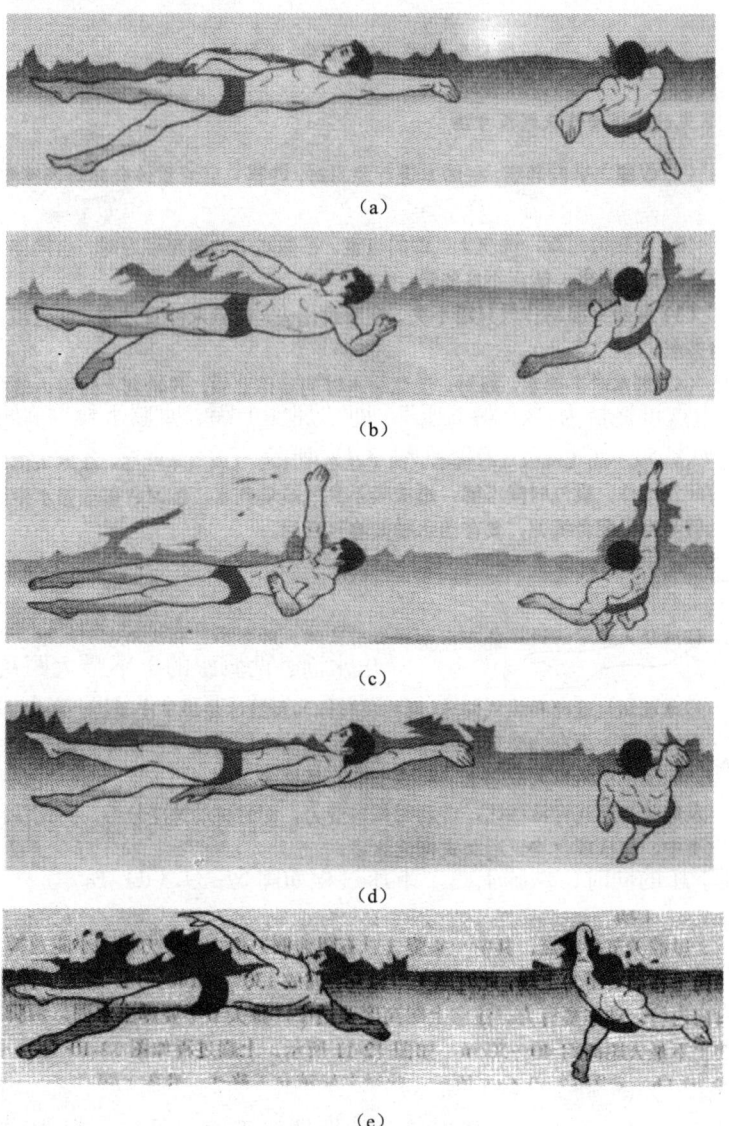

图 5-34 仰泳动作

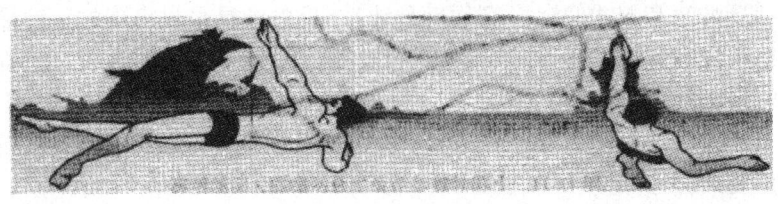

（f）

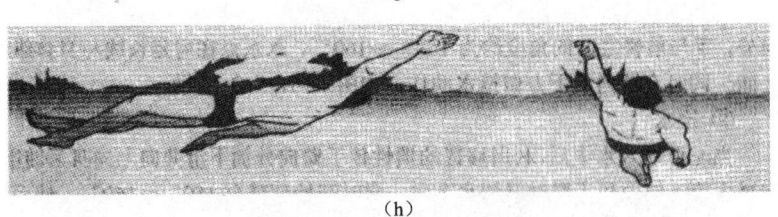

（g）

(h)

图5-34 仰泳动作（续）

（2）腿部动作。腿部动作是保持身体高平仰姿、控制身体摇摆和产生推力的决定因素。仰泳腿部动作的重点可概括为"上踢下压"，即"屈腿上踢、直腿下压"的鞭打动作。腿部动作分解示意图如图5-34（a）~图5-34（d）所示。

① 上踢。以髋关节为支点，其中一条腿（以右腿为例）由大腿发力带动小腿及脚，稍向下移动后用力上踢，此时膝关节微屈，约成130°~140°角，踝关节伸展，脚向内转，动作要有力。注意上踢高度要适中，膝关节不要露出水面，两脚跟的上下最大距离约40~50 cm，如图5-35所示。上踢过程如图5-34（a）~图5-34（c）所示。此时左腿稍向下移动，准备上踢。

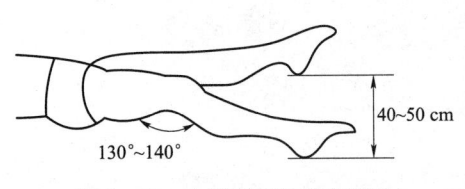

图5-35 上踢时膝关节角度及两脚跟之间的距离

② 下压。向下打水时，右腿膝关节自然伸直，用力下压，此时脚尖稍向内旋，以加大踢水面积。右腿下压的同时，左腿上踢。下压过程如图5-34（d）所示。

（3）臂部动作。臂部动作要双手配合运动，可分为入水、抱水、划水、推水、出水和空中移臂6个阶段，这几个阶段是连贯进行的。

① 入水。左臂入水时保持伸直状态，肩关节外旋，手的小指朝下，拇指朝上，掌心向外，手与前臂之间的角度约为150°~160°，入水点在肩延长线与身体纵轴之间。同时右臂向后下方做推水动作，如图5-34（a）所示。

② 抱水。当左臂切入水中后，利用移臂的惯性使手臂向外侧下滑并向上向身后转腕，肩臂内旋，使手和小臂对好划水方向，同时开始屈臂至150°~160°，使手掌和前臂增大划水

面,配合上体转动成抱水姿势。同时,右臂提出水面,如图5-34(b)所示。

③ 划水。当左臂下滑至与身体纵轴成40°~50°角时开始屈臂划水,如图5-36所示,手后划的速度要快于肘。划水至肩侧时,手距水面约15 cm,屈臂角度大约为90°。这时手、前臂、上臂同时向脚的方向做推水动作,如图5-34(c)所示。

④ 推水。肘关节将靠近体侧时,然后向后下方自然下压,肩关节向上提,同时内旋,以肩为轴按由下至上再向下的S形划水路线划动,如图5-37所示。左臂靠近大腿旁时结束划水。同时,右臂在空中沿肩线上方做圆周运动,当左臂结束划水时,右臂正好入水。

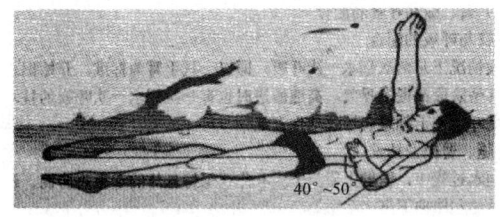

图5-36 划水

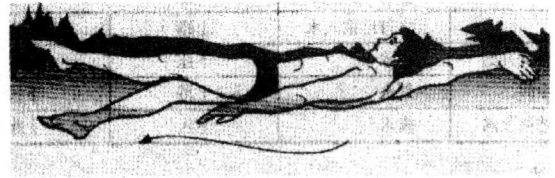

图5-37 S形划水路线(仰泳)

⑤ 出水。划水结束后,借助手掌下压的反作用力,手背朝上,以肩带动上臂和前臂,将左臂立即提出水面。同时,右臂入水后,做抱水动作,如图5-34(e)所示。

⑥ 空中移臂。左臂出水后沿肩线上方做圆周运动,移动过程中保持手臂伸直。右臂做划水运动,左臂入水时,右臂出水,如图5-34(f)、图5-34(g)和图5-34(h)所示。

(4) 双臂配合。一般情况下,当一臂出水时,另一臂刚好入水;当一臂处于划水中段时,另一臂在空中移臂至一半。在整套臂部动作中,两臂几乎都处在完全相反的位置上,这样的配合能保证动作的连贯性和速度的均匀性。

(5) 臂、腿和呼吸的配合。

① 臂与呼吸的配合。一般情况下是两次划水一次呼吸,即以一只手臂为标准,开始出水移臂时吸气,其他阶段在慢慢呼气。高速游进时也有一次划水一次呼吸的技术。需要注意的是呼吸过于频繁会导致动作紊乱。

② 腿、臂配合技术。在划水过程中,腿的上踢和下压动作要保持身体的平衡与协调,避免身体的过分转动和臀部下沉。

现代仰泳技术采用6次打腿,2次划臂的配合,也有少数人采用4次打腿,2次划臂的配合。仰泳6次打腿2次划臂的动作配合如表5-1所示。

表5-1 仰泳6次打腿2次划臂的动作配合表

臂部动作		腿部动作	
右臂	左臂	右腿	左腿
抱水	出水移臂开始	上踢	下压
划水	移臂中间	下压	上踢
推水	移臂结束入水	上踢	下压

续表

臂部动作		腿部动作	
右臂	左臂	右腿	左腿
出水移臂开始	抱水	下压	上踢
移臂中间	划水	上踢	下压
移臂结束入水	推水	下压	上踢

2. 练习方法

仰泳练习的顺序是先练腿部动作，后练手臂动作和呼吸方法，再练臂腿配合和完整动作配合。

（1）腿部动作练习。在岸上单脚支撑站立，另一条腿向后伸并以大脚趾着地。以大腿带动小腿屈腿踢出，注意膝盖弯曲角度。然后大腿带动小腿直腿后压，双腿交替练习。然后坐在池边做腿部的模仿练习。熟悉打水的感觉并掌握动作要领，逐渐加快打水频率，如图5－38所示。

在水中做腿部练习时，可以双手反抓池槽，身体仰浮于水中，按照动作要领，做腿部打水动作。也可以保持身体纵轴与分道线成平行状态，一只手抱住分道线，还可以抱住浮板仰卧滑行，平稳之后，练习腿部动作，如图5－39所示。

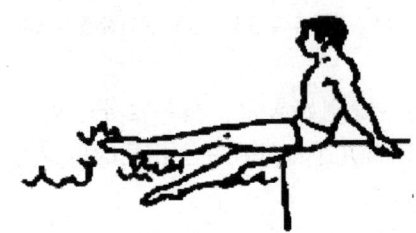

图5－38 坐在池边做腿部练习

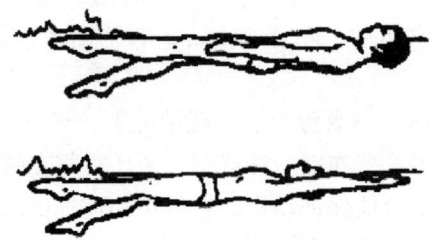

图5－39 在水中仰卧做腿部练习

（2）臂部动作练习。仰卧在长凳上，先做单臂的要领练习，熟练之后做双臂配合呼吸的练习，如图5－40所示。之后在水中由同伴抱住大腿或大腿夹住浮板做臂部与呼吸的配合练习，如图5－41所示。

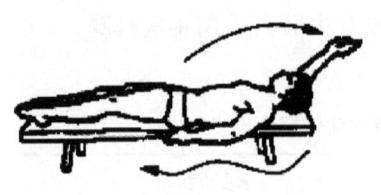

图5－40 仰卧长凳练习手臂动作

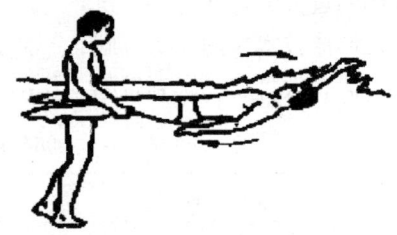

图5－41 由同伴帮助在水中练习手臂动作

（3）完整动作配合练习。在岸上保持站立姿势，将腿部和臂部的动作协调起来，如图5－42所示，熟悉其运动规律。熟练后再配合呼吸进行练习。之后在水中仰浮滑行，一臂放体侧，另一臂做臂部练习，如图 5-43 所示。熟练后做双臂的配合练习，最后配合呼吸，做完整动作练习。注意做臂部练习的同时，两腿要不停地打水。

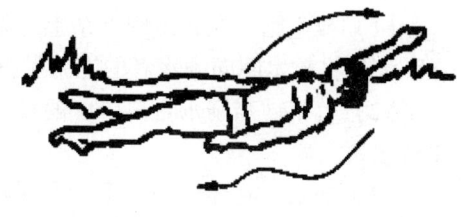

图 5-42　在岸上做完整动作配合练习　　　　图 5-43　在水中作完整动作配合练习

第三节　水上救护知识

1. 游泳前的身体检查

游泳前进行身体检查，主要是防止患病者游泳时发生溺水事故，同时也避免将疾病传染给他人。游泳者经身体检查合格后，应持游泳健康证进行游泳活动，游泳健康证切勿调换使用。

2. 饮酒、饱食、饥饿和过分疲劳后不能游泳

饮酒能刺激中枢神经系统使之处于过度兴奋或抑制状态，酒后游泳容易发生溺水事故。饥饿空腹、饱食或过度疲劳时游泳都会发生险情，这类事件容易在学生中发生。饥饿时人体内血糖含量降低，如这时游泳就会出现头晕，造成险情；另外，饱食后游泳，因活动加强，胃肠道的血液供应量相应减少，影响了食物的消化和吸收，时间长了会引起胃病，因此，饭后最好休息半小时到1小时再游泳；过度疲劳后游泳容易造成抽筋或因体力不支而溺水，因此，从事繁重体力劳动或者参加大运动量的体育活动后，以及儿童戏耍过度疲劳后都不宜马上下水游泳。

3. 游泳前要做准备活动

游泳前做准备活动，可使身体各部位的肌肉、关节及内脏器官、神经系统都进入活动与兴奋状态，使身体适合激烈的游泳活动和适应低温水的刺激，以使更好地发挥人体机能和游泳技术，避免意外事故发生。因此，不管是否会游泳的人，包括游泳运动员在内，都应该在下水前做好准备活动，否则容易出现头晕、恶心和心慌等不适感，或发生抽筋、肌肉拉伤等事故。

准备活动内容有慢跑步、徒手操（上肢、下肢、各关节）和陆上游泳姿势的模仿练习等。准备活动的运动量要适中，时间 10~15 min，活动至身体微热为止。

4. 游泳的安全救护

游泳救护是保障游泳者生命安全的一项重要措施。因此，在开展游泳活动的同时，必须加强救护工作，掌握一定的救护知识和技术是非常必要的。游泳救护要以预防为主，做到有备无患，以救为辅，防救结合，这对于保障游泳者的生命安全，顺利开展游泳运动，都十分

重要。

1）间接救护

间接救护是指救护者利用救生器材对溺水者进行施救的一种技术，下面介绍几种常用的救护器材和使用方法。

（1）救生圈。在救生圈上系上一条绳子，当发现溺水者时，可以将救生圈掷给溺水者。在江河里将救生圈向溺水者的上游抛掷，溺水者抓住救生圈后，将其拖至岸边。

（2）竹竿。当溺水者离岸、船较近时，将竹竿伸给溺水者，当溺水者抓住后将其拖至岸或船边。

（3）绳子。在绳子一头系一漂浮物，另一头结一个套，套在左手上，再将盘起来的绳子掷在溺水者的前方，使溺水者握住绳子后将其拖上岸。

（4）木板。在没有其他救护器材的情况下，可把木板作为救护器材。将木板搓给溺水者，还可扶木板游向溺水者，然后将溺水者拖带上岸。

2）直接救护

直接救护是救护者在没有任何救护器材的情况下，徒手对溺水者进行施救的一种技术，直接救护包括入水前的观察、入水、游近溺水者、上岸和岸上急救等过程。

（1）入水前的观察。当发现溺水者时，立刻迅速扫视水面，判断溺水者与自己的距离、方位。救护者要遵循入水后尽快游近溺水者进行施救的原则，快速准确选择入水地点。

（2）入水。入水要快，并要注意目标，根据不同的环境和情况，采用不同的入水方法。

① 在熟悉的水域或游泳池，可采用鱼跃式出发入水，动作要快。

② 在不熟悉的水域或游泳池，可采用跨步式方法，脚先入水。当身体接近水面时，两腿向下夹水，手臂迅速压水，使身体处于较高位置，便于看清目标，防止碰到石头、暗桩及其他杂物，保证救援及时。

（3）游近溺水者。救护者在入水后迅速靠拢和控制溺水者做好拖带准备，最好采用速度较快的抬头爬泳和头不入水的蛙泳，以便观察溺水者。当游到离溺水者2~3 m处，深吸一口气采用潜水技术接近溺水者。如果正面急救，方法一：在离溺水者3~4 m处，深吸一口气潜入水中，两手扶住他的髋部将他转体背向自己，然后拖带。方法二：游近溺水者后，用左（右）手反握住他的左（右）手，用力向左（右）边拉，借助惯性使溺水者背向自己，然后拖带出水。

（4）上岸。当遇到处于昏迷状态的溺水者时，应首先将他拖运到岸边，扶他上岸以待抢救。下面介绍两种上岸的方法。

一种是池边上岸，救护者用右手握住溺水者的右臂，将溺水者的右手放在岸上，并用左手将溺水者的右手压在岸边，自己先上岸，随后用两手握住溺水者的两手腕，将他往水中一沉，借助水的浮力把他拖拉上岸。另一种是扶梯上岸，当溺水者臂部移到池边时，慢慢放下，右手托住其颈部，左手握住扶梯，慢慢将溺水者放下。

（5）岸上急救。救护员将溺水者拖运出水上岸后，要立即进行急救。对溺水者的急救，是一套综合的措施，包括搬运、检查溺水者情况、清除口鼻中异物、排出腹水、人工呼吸、心脏按摩和转送医院进行医疗抢救等。

① 观察病状：检查溺水者有无意识；是否昏迷、休克；呼吸是否微弱或停止；心脏是否跳动或有无脉搏；喝水是否过多，喝水过多者腹部突出；有无骨折及其他伤害；是否真死

等。根据病状进行临时急救，可做人工呼吸或心脏按摩等，再转送医院急救。

② 空水：如溺水者喝水过多，应进行空水。其方法是：救护者一腿跪地，另一腿屈膝，将溺水者腹部放在屈膝的大腿上，使他的头垂下，用一手扶住溺水者的头，使他的嘴向下，将进入溺水者呼吸道、肺部和腹中的水排出。

③ 人工呼吸（口对口吹气法）：这种方法简便易行，效果比较好。操作方法是：先将溺水者的衣服解开，再清除口鼻中的淤泥、杂草、泡沫、呕吐物和假牙等杂物，使上呼吸道畅通。若溺水者牙关紧闭，应用力摩擦他腮上的肌肉，使口张开，或在溺水者头后，用两手大拇指由后向前顶住溺水者的下颌关节，用力向前推，同时两手食指与中指向下搬其下颌骨，将嘴唇分开。使溺水者仰卧，救护者在他的身旁，用一手捏住溺水者的鼻子，另一手托住他的下颌，深吸一口气，然后用嘴对紧溺水者的嘴吹气。吹完一口气后，离开溺水者的嘴，同时松开捏鼻子的手，并用手压一下他的胸部，帮他呼气，如此有规律地进行，每分钟做15~20次，开始稍慢些，以后可适当加快，直至溺水者呼吸正常为止。

④ 心脏按压：心脏按压方法很多，这里仅介绍常用的仰卧举臂压胸法和俯卧压背法两种。

仰卧举臂压胸法：将溺水者仰卧，肩下垫毛巾或衣服，头稍后仰，救护者跪于溺水者头部上方，握住溺水者的两手腕。做呼气动作时，救护者上体前倾，以便增加压力，并将溺水者的双臂弯曲，用其两前臂压迫双肋处，通出肺部空气。操作吸气运动时，将溺水者双手提起，向左右两侧做伸展动作，此时胸腔扩展，空气便会进入肺里。如此反复几次。此法优点是既可做人工呼吸又能起到压放心脏的作用，因此遇溺水者呼吸、心脏均停止时采用此法。

俯卧压背法：将溺水者俯卧在平板或平地上，一臂前伸，另一臂弯曲垫于头下，脸向一侧，使口鼻呼吸畅通。救护者两腿跪在溺水者大腿两侧，两手按住溺水者后背的肋腰部位。救护者拇指相对，靠近脊柱，四指稍分开，偏向向下方推压，将溺水者肺内空气压出，形成呼吸。然后救护者两手放松，让其胸廓扩张，使空气进入肺内，形成吸气。

按上述方法进行，每分钟约做18次，直至溺水者呼吸恢复正常为止。此法特点是溺水者为俯卧姿势，可减少呼吸道的阻塞，方法简便易行，容易掌握。

3）自我救护

在游泳中，发生抽筋时不要慌张，必须保持镇静，必要情况下可以先行自救。

（1）手指抽筋。将手握拳，然后用力张开。反复做几次，直到消除抽筋为止。

（2）小腿或脚趾抽筋。先吸一口气仰浮水面，用抽筋肢体对侧的手握住抽筋肢体的脚趾，并用力向身体方向拉，同时用同侧手掌压在抽筋肢体的膝盖上，帮助抽筋腿伸直。

（3）大腿抽筋。可同样采用拉长抽筋肌肉的办法解救。

1. 游泳时发生意外的急救措施有哪些？
2. 蛙泳的正确姿势是什么？

第六章 篮球

第一节 篮球运动概述

篮球运动在学校有着广泛的群众基础,是深受广大学生所喜爱运动项目之一。篮球运动是一项技能类同场对抗的集体运动项目,其基本活动方式是围绕着悬于离地面3.05 m、直径0.45 m的篮筐,以周长75~78 cm、重为600~650 g的球展开空间和时间的争夺,运用多种方法和手段力求将其投中对方篮筐,并极力阻止对方投篮,从而展开激烈的攻守对抗的一项体育活动。

一、篮球运动的起源

1891年冬,美国的马萨诸塞州斯普林菲尔德市基督教青年会训练学校的教师詹姆士·奈史密斯博士,根据学校指示要设计一个冬季可以在室内运动的体育活动。受儿童向桃子筐内投石游戏的启发,詹姆士·奈史密斯发明了篮球游戏。

詹姆士·奈史密斯先生找来了两只桃篮,分别钉在健身房内看台的栏杆上,桃篮上沿距离地面的高度10英尺[①](3.05 m),用足球作比赛工具,将全队分成两组进行比赛,向篮内投掷,投球入篮得一分,按得分多少决定胜负。以后逐步将竹篮改为活底的铁质球篮,后又在球篮上挂了线网。到1893年,形成了近似现在的篮板、篮圈和篮网。因起初使用的是桃篮和球,遂取名为"篮球"。

经过几次在体育课试验后,1891年12月25日圣诞节之夜,詹姆士·奈史密斯博士将培训班的18名学生分成两队,用足球作游戏工具进行了表演比赛,并把游戏介绍给观众。从此,篮球运动诞生了。

二、篮球的传播与发展

篮球运动产生后,很快传播起来,先是在美国许多地方开展,1892年传入墨西哥,1893年传入法国,1895年传入英国、中国,1896年传入巴西,1897年传入捷克斯洛伐克等国。1904年第3届奥运会在美国圣路易斯举行,美国青年会男子篮球队首次进行了表演。此后,篮球运动逐步在中美洲、亚洲、欧洲和大洋洲开展起来。

篮球运动在向世界传播的同时,美国人不仅极力寻找篮球技术、战术的发展,而且在篮

---

① 1英尺=0.304 8 m。

球市场的开拓上进行着尝试和努力。1898年,美国新泽西州特伦顿的一支球队用25美元租用了当地的礼堂进行比赛并向观众售票。赛后队长库伯首先领到1美元,然后每名队员都分到了15美分。这场"有偿篮球赛"被不列颠大百科全书认定为第一场"职业篮球赛",而库伯则成为第一个从篮球比赛中得到收入的"职业选手"。

1932年6月18日在瑞士的日内瓦成立了"国际业余篮球联合会"(简称国际篮联FIBA),由葡萄牙、阿根廷等欧美的8个国家组成,现已发展到157个成员国,遍布五大洲。1936年第11届奥运会将男子篮球列入正式比赛项目。

1946年6月6日,由美国11家冰球馆和体育馆的老板们共同发起成立了一个全美篮球协会(Basketball Association of America,缩写为BAA)。其目的,一是使体育馆在没有冰球比赛的时候不至于空闲;二是争夺当时由成立于1937年的、最好的职业篮球联盟——国家篮球联盟(National Basketball League,缩写NBL)占据的职业篮球市场。BAA在经营不到两年的时间里终于合并了NBL,更名为"国家篮球协会"(National Basketball Association,缩写为NBA)。如今,NBA已经家喻户晓,风靡世界,无论是NBA的技术和战术,还是NBA的经营理念都为当今篮球的发展树立的楷模,领导着篮球运动的发展潮流,使篮球运动成为最受人喜爱的体育运动项目之一。

 **奥运小知识**

1904年,在美国圣路易斯举行的第3届奥运会上,美国的两支球队首次将篮球进行了表演展示。经过篮球界人士的努力,1936年,在第11届柏林奥运会上,男子篮球终于被列为奥运会的正式比赛项目;而女子篮球直到1976年,在第21届蒙特利尔奥运会上才成为正式的比赛项目。

我国第一次参加奥运会篮球赛,是1936年8月在德国柏林举行的第11届奥林匹克运动会。迄今为止,我国男子篮球队共参加8届夏季奥运会,历史最好成绩为第8名,分别在26届亚特兰大、28届雅典和29届北京奥运会上获得。

我国女子篮球队1984年第一次开始参加奥运会比赛,历史最好成绩为第二名,是在第25届巴塞罗那奥运会上取得。

第二节 篮球运动的基本技术

篮球技术是篮球比赛所必须的专门动作方法的总称,它是完成战术配合质量的重要因素。

篮球技术分为进攻和防守两大部分。它们包括脚步动作、传球、接球、投篮、运球、突破、防守对手、抢球、打球、断球、抢篮板球等。

一、脚步动作

篮球的基本脚步动作包括以下几种。
(1) 基本站立姿势和起动,如图6-1所示。
(2) 跑和跳,如图6-2所示。
(3) 急停、转身、跨步,如图6-3所示。

（4）防守步法：滑步、后撤步，如图6-4所示。

图6-1 站立姿势和起动
(a) 基本站立姿势；(b) 向前起动；(c) 向侧起动

图6-2 跑和跳　　　　　　　图6-3 急停、转身、跨步

图6-4 防守步法

二、传、接球

篮球双手胸前传接球是最基本最实用的传球方法，在高水平的篮球比赛中也比较常用，是学习打篮球必须要掌握的传球技术。

持球时，两手五指自然分开，拇指相对成八字形，如图6-5所示，用指根以上部位握球的侧后方，手心空出，两肘自然弯曲于体侧，将球置于胸前。肩、臂、腕肌肉放松，两眼注视传球目标，身体成基本姿势。传球时，如图6-6所示，后脚蹬地，身体重心前移，同时两臂前伸，手腕由下向上翻转，同时拇指用力下压，食、中指用力弹拨，将球传出。出球后手心和拇指向下，其余手指向前。

篮球双手胸前传接球易犯错误和纠正方法如下所述。

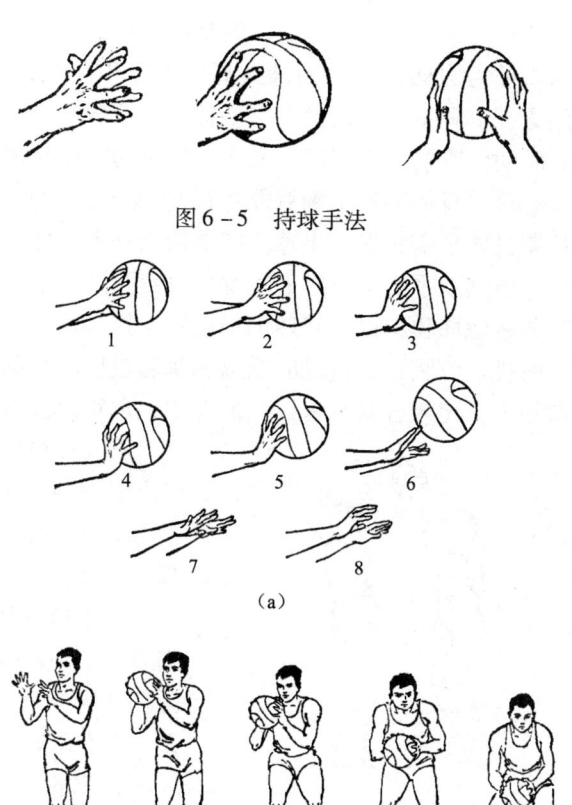

图 6-5 持球手法

图 6-6 传球、接球
(a) 传球；(b) 接球

易犯错误：在传球时手腕翻腕时，两肘支起。
原因：手腕力量不够，两手用力挤压球。
现象：影响传球的准确性。
纠正方法：增强手腕力量，多做传球练习。
手指戳伤：因手指受到强烈的冲击而产生。
预防方法：要充分地做好手指的准备运动。手指的戳伤，依程度可分5种：扭伤，脱臼，骨折，腱断裂，挫创伤（皮肤裂开）。若发生扭伤，其治疗方法同其他部位的扭伤一样，先进行冷敷，2~3天之后，则在该部位保温，同时按摩。脱臼时要能忍受疼痛，让医疗人员将手指拉直，恢复原状，然后和前法相同处置。至于手指严重的戳伤、骨折、腱所裂则不许乱动，迅速送往医院医治。

三、投篮

投篮的方式多种多样，要提高投篮命中率就必须了解投篮的技术结构，正确掌握投篮技术。在学习投篮技术时，必须注意掌握以下技术要素。

投篮技术动作包括两个方面：其一是投篮时的身体姿势；其二是持球手法。

原地投篮时，要两脚前后自然开立，两膝微屈，上体稍前倾，重心落在两脚之间。这样，既便于投篮集中用力，也利于变换其他动作。移动中接球跳投、运球急停跳投或行进间投篮时，跨步接球与起跳动作既要连贯衔接，又要迅速制动，使身体重心尽快移到支撑面的中心点上，以保证垂直起跳。身体姿势正确就能保证身体重心移动与投篮出手的方向一致，就能保持身体平衡。控制身体平衡是保证出球方向准确的基本条件。

投篮时，无论是单手还是双手，持球时五指都应自然张开，掌心空出，用指根及指根以上部位触球，增大对球的接触面积，以保持球的稳定性，控制球的出手方向原地投篮。

原地投篮是最基本的投篮方法，是行进间投篮和跳起投篮的基础。原地投篮易于保持身体平衡，便于全身协调用力，比较容易掌握。一般在中、远距离投篮和罚球时运用较多。

图6-7 原地双手胸前投篮

1. 原地双手胸前投篮

这种投篮虽然出球点较低，但出手前稳定性好，出手力量大，便于与传球、突破相结合，多用于远距离投篮。

双手持球基本同双手胸前传球。两肘自然下垂，将球置于胸前，目视瞄准点。两脚前后或左右开立，两膝微曲，重心落在两脚之间，如图6-7所示。

投篮时，两脚蹬地，腰腹伸展，两臂向前上方伸出，两手腕同时外翻，拇指稍用力压球，食指、中指拨球，使球从拇指、食指、中指指端飞出。球出手后，脚跟提起，身体随投篮出手方向自然伸展。注意：投篮时，蹬伸踝、膝、髋，双手用力均匀，手腕外翻，手指拨球。

2. 原地单手肩上投篮

由双手持球开始，然后将球引至右肩前上方，右臂屈肘，肘关节稍内收，上臂与肩关节约成水平，前臂与上臂大约成90°。右手五指自然张开，手腕后屈，掌心空出，用手掌外缘和指根以上部位托住球的后下方，左手扶球的左侧。单手肩上投篮时，随着下肢蹬伸和腰腹伸展，投篮臂向前上方抬肘伸臂，最后力量集中到手腕和手指上，由手腕前屈和手指拨球的动作，使球通过食指、中指的指端柔和地飞出。出手后，全身随球跟送，手臂自然伸直，如图6-8所示。通常距离越近，身体其他部分用力越小，多以手腕和手指用力为主；投篮距离越远，身体协调用力越大，对手腕、手指调节力量的能力也要求越高。

3. 行进间单手肩上投篮

行进间单手肩上投篮又称行进间单手高手投篮，是在比赛中切入篮下时，常用的一种投篮方法。以右手投篮为例，右脚向前跨一大步时接球，接着上左脚蹬地起跳，右腿屈膝上抬，同时双手举球于右肩前上方。腾空后，上体稍后仰，当接近了高点时，向前上方抬肘伸臂，用手腕前屈和手指拨球力量将球投出。跨步一大二小向上跳，节奏要清楚。出手时，腕、指用力要柔和，如图6-9所示。

4. 行进间单手低手投篮

行进间单手低手投篮是在快速跳动或运球超越对手后，在篮下的一种投篮方法。它具有伸展距离远和出球平稳的优点。以右手投篮为例，右脚向前跨出一大步的同时接球，左脚跨第二步时用力蹬地向前上方起跳，右腿屈膝自然上提。腾空到最高点，右手五指自然张开，掌心向上，托球的下部，右臂向前上方伸展。接近球篮时，用手腕上挑和手指的拨动，使球向前旋转进入球篮。腾空时身体向前上方充分伸展，举球后保持托球的稳定，腕、指上挑动作柔和协调，如图6-10所示。

图6-8 原地单手肩上投篮　　　　图6-9 行进间单手肩上投篮

图6-10 行进间单手低手投篮

单手肩上投篮易犯错误和纠正方法如下所述。

易犯错误：单手肩上投篮时手臂容易外展。

原因：手指手腕力量不好，手腕柔韧度不好。

现象：影响投篮的准确度。

纠正方法：上臂与肩关节约成水平，前臂与上臂大约成90°。右手五指自然张开，手腕后屈，对照镜子多做徒手的投篮模仿练习。

四、运球

1. 高运球

运球时，球反弹的高度在腰、胸之间叫高运球。它是在没有防守队员阻挠的情况下，为了加快向前推进的速度或在进攻中调整进攻速度和攻击位置时，所采用的一种运球方法。上体稍前倾，抬头看前方，以肘关节为轴，用手拍按球的后上方，把球的落点控制在身体侧前

方,如图6-11所示。手脚协调配合,使球有节奏地向前运行。注意:手拍按球的部位正确,手脚协调配合。

2. 低运球

运球时,球反弹的高度在膝关节以下的运球叫低运球。当受到对手紧逼或接近防守队员时,常采用这种运球方法保护球和摆脱

图6-11 运球

防守。两膝迅速弯曲,重心降低,抬头看前方,上体前倾,靠近防守队员一侧,用上体和腿保护球。同时,用手腕、手指力量短促地拍按球,以便更好地控制球和摆脱防守,继续前进。注意:两膝弯曲迅速,降低重心,上体前倾;拍按球短促有力,手脚协调配合。

3. 运球急停急起

运球急停急起是运球时利用速度的突然变化来摆脱防守的一种方法。多用在对手防守较紧的情况下,在快速运球中突然停止前进,迫使防守队员被动减速停住,趁其重心不稳时,再突然加速起动运球,摆脱防守。运球急停时,用手快速拍按球的前上方,同时,两脚做跨步急停,并转入低运球,用臂、上体和腿保护球。运球急起时,后脚用力蹬地,同时拍按球的后上方加速超越对手。注意:拍按球部位正确,停得稳、起得快。

五、持球突破

持球突破是持球队员运用合理的脚步动作与运球技术相结合,快速超越防守队员的一项攻击性很强的进攻技术。在比赛中,及时地把握突破时机,合理地运用突破技术,是直接切入篮下得分的重要手段。持球突破还可打乱对方的防御部署,为同伴创造更多更好的投篮机会。突破若能巧妙地与投篮、传球等结合运用,使突破技术灵活多变,就能更好地发挥突破技术的攻击力。根据持球突破采用的步法,可分为交叉步突破和同侧步突破两种。

1. 原地持球同侧步突破

原地持球同侧步突破也称顺步突破,如图6-12所示,其优点是突破时起动突然,初速度快,但球暴露较多,容易被对手将球打掉。以左脚做中枢脚从防守队员左侧突破为例。突破时,上体积极前倾的同时,右脚迅速向右前方跨一大步,同时上体右转,左肩积极下压。左脚内侧用力蹬地,在左脚离地前,用右手推按球于右脚外侧前方,然后左脚迅速跨步抢位,加速运球超越对手。注意:起动要突然,跨步、运球要快速连贯,中枢脚离地前球要离手。

图6-12 顺步突破

2. 原地持球交叉步突破

原地持球交叉步突破这种突破方法的优点是跨步后与防守队员接触面较小，能更好地利用跨步抢位保护球。以右脚做中枢脚从防守队员左侧突破为例。突破时，左脚向左侧前方迈出一小步，把防守队员引向自己左侧的同时，用左脚前掌内侧迅速蹬地，向右侧前方跨一大步，上体稍右转，左肩向前下压，重心向右前方移动，将球推引至右侧，用右手推按球于左脚右侧前方，接着右脚蹬地加速超越对手。注意：积极蹬地，起动突然；转体探肩应与跨步相连；推按球离手必须在中枢脚离地之前；跨步脚尖指向突破方向。整个动作协调连贯，如图 6-13 所示。

图 6-13　原地持球交叉步突破

脚踝扭伤练习前以胶布（绊创膏、绷带）缠绕脚踝，可稍缓预防扭伤之效。然而最有效之方法是：做脚踝准备操，一脚侧踢球运动，同时也能强化该部位肌肉。若不幸扭伤，先将伤患部位冷敷，再施加适当的压力。冷敷时只可用冰水，加压时则先垫以海绵，再从海绵上方用具有弹性的绷带包扎。

六、防守对手

防守对手，是防守队员合理地运用脚步移动和手臂动作积极抢占有利位置阻挠和破坏对手投篮、传接球、突破等进攻意图以争夺控球权，转守为攻。防守对手包括对无球队员的防守和有球队员的防守。

1. 防无球队员

根据对手、球、球篮，选择有利位置，有球紧，无球松；近球紧，远球松；积极移动，控制对手。

要做到球、人、区兼顾，与同伴协同防守，破坏对方进攻配合，加强防守的集体性。

防守时应以人（各自防守的对手）为主，人球兼顾，时刻注意人、球、对手、篮圈等的方位，随时调整自己的防守位置，并注意协助同伴防守，干扰和破坏自己附近的球和进攻队员。

全队要有良好的配合意识,思想统一,配合默契,前后呼应,行动迅速,积极抢占有利位置,争取在气势上占据主动。

防守无球队员时,以防止或减少对手接球为主,特别要防止对手在有威胁的区域内接球,人球兼顾,及时准备补防和断球。

2. 防守持球队员

首先要防止对手的投篮和突破,干扰其传球。对手运球时,要迫使其向边、角方向移动并使其停球。对手停球后,要立即贴近进行紧逼防守,封堵传球。在整个防守有球队员的过程中,要积极利用抢、打、封、抹、盖等技术和各种假动作,破坏和夺取对方的控球权,如图6-14所示。

图6-14 防守持球队员

七、抢篮板球

抢篮板球分为抢前场篮板球和抢后场篮板球,如图6-15所示。抢篮板球时注意以下几点。

1. 抢占位置

要设法抢占在对手与球篮之间的有利位置上。抢进攻篮板球时要判断球的落点,利用各种假动作冲抢;抢防守篮板球时要注意用转身挡人的动作先挡人后抢篮板球。不论抢进攻还是防守篮板球,都要抢占在对手与球篮之间的位置上。

2. 起跳动作

起跳前两腿微屈,重心降低,上体稍前倾,两臂屈肘举于体侧,重心置于两脚之间,注意观察判断球的反弹方向,及时起跳。起跳时两脚用力蹬地,同时两臂上摆,手臂上伸,腰腹协调用力,充分伸展身体,并控制身体平衡。

3. 抢球动作

分双手、单手和点拨球。双手抢篮板球时,指端触球瞬间,双手用力握球,腰腹用力,

图 6-15 抢篮板球
(a) 抢前场篮板球；(b) 抢后场篮板球

迅速将球拉入胸腹部位，同时两肘外展，以保护球。单手抢篮板球，跳起达到最高点时，指端触球后，迅速屈指、屈腕、屈肘收臂，将球下拉，另一只手扶球护球于胸腹部位。点拨球是在跳起到最高点时，用指端点拨球的侧方、侧下方或下方。进攻抢到篮板球时或补篮或投篮，或迅速传球给同伴重新组织进攻；防守抢到篮板球，或在空中将球传出或落地后迅速传出或运球突破后及时传给同伴。

第三节　篮球运动的基本战术

篮球战术是比赛中队员的个人技术的合理运用和全体队员相互协调配合的组织形式和方法。一切战术的目的都是为了争夺控球权而投篮得分。篮球战术对比赛胜负有重要作用，战术对发挥本队专长、抑制对手之短有积极作用，它可以掌握主动，去争取比赛的胜利。篮球战术基础配合是在篮球比赛中队员两三人之间有目的、有组织、协调行动的简单攻守配合方法。进攻战术基础配合：指在篮球比赛中，进攻队员两三人之间有目的、有组织、相互协同行动的配合方法。进攻基础配合包括传切、掩护、策应和突分配合。防守战术基础配合：篮球比赛中两三人之间为了破坏对方进攻配合所组成的简单配合。防守战术基础配合包括抢过、穿过、绕过、关门、夹击、补防和交换防守配合等。

一、进攻战术的基本配合

1. 传切配合

进攻队员之间利用传球和切入技术所组成的简单配合。它包括一传一切和空切配合。切入队员首先要掌握切入时机，根据对方的防守情况，利用假动作摆脱、及时、快速切入篮下，并随时准备接球。传球队员要利用假动作吸引、牵制对手，并采用合理的传球方法及时、准确地将球传出，如图6-16所示。

2. 突分配合

持球队员持球突破后，主动地或应变地利用传球与同伴配合的方法。队员突破时要快速、突然，在突破过程中要随时观察场上攻守队员位置的变化，及时准确地传球。接球队员要把握时机，及时摆脱对手，迅速抢占有利位置接球投篮，如图6-17所示。

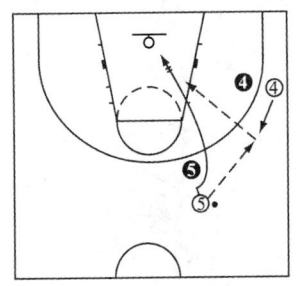

图6-16 传切配合

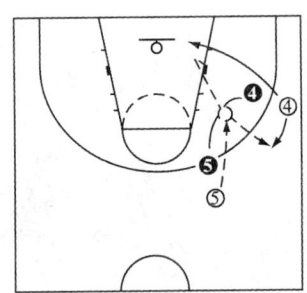

图6-17 突分配合

3. 策应配合

策应配合指进攻队员背对篮筐或侧对篮筐接球，由他作枢纽，与同伴空切相配合而形成的一种里应外合的方法。策应队员要及时抢位要球，两手持球护于胸前或头上，接球后结合转身、跨步等动作协助同伴摆脱防守或个人进行攻击。外围传球队员要根据策应者的位置和机会，及时准确地传给策应队员，做到人到球到，传球后迅速摆脱对手切入篮下，创造进攻机会，如图6-18所示。

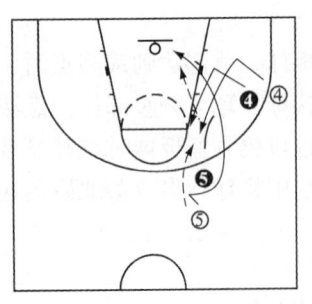

图6-18 策应配合

4. 掩护配合

掩护队员采用合理的行动，用自己的身体挡住同伴防守者的移动路线，使同伴借以摆脱防守，或利用同伴的身体和位置使自己摆脱防守的一种配合方法。掩护要符合规则的规定，掩护队员动作要突然，被掩护队员要用假动作吸引自己的防守队员，不让对方发现同伴的掩护意图。掩护时同伴之间的配合时机非常重要，掩护配合时队员配合要默契，注意动作果断，并根据临场变化，争取第二次机会，如图6-19所示。

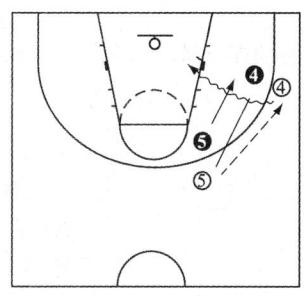 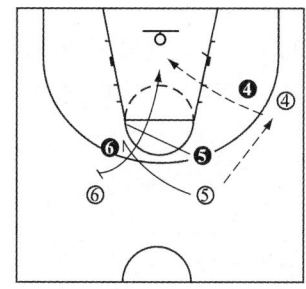

图 6-19　掩护配合

二、防守战术的基本配合

1. 夹击配合

两名防守队员有目的地同时采取突然的行动，封堵和围夹持球者的一种配合方法。首先要选择好夹击的位置和时机。运用夹击时，贴近对方身体要适度，不能犯规。

已形成夹击后，其他队员要随时轮转补位，严防对方近球区队员接球，远球区的防守队员要以少防多，选好断球位置，如图 6-20 所示。

2. 关门配合

两名防守队员靠拢协同防守突破的配合方法。防守队员应积极堵截突破的移动路线，临近突破一侧的防守者要及时向同伴靠拢进行关门，不给突破者留有空隙，如图 6-21 所示。

图 6-20　夹击配合

3. 挤过配合

防守者在掩护队员临近自己时，要积极向前跨出一步，贴近自己的防守对手，从掩护者前面挤过去，继续防住自己的对手。抢过时要贴近对手，向前抢步要及时，动作要突然，防掩护的队员要相互提醒，如图 6-22 所示。

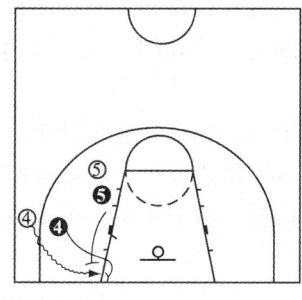 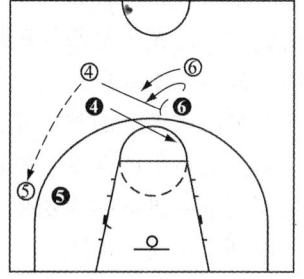

图 6-21　关门配合　　　　　　　图 6-22　挤过配合

4. 穿过配合

当进攻队员进行掩护时，防守去做掩护的队员要及时提醒同伴并主动后撤一步，让同伴及时从自己和掩护队员之间穿过，以继续防住各自的对手。运用穿过时，要及时提醒同伴并主动让路，调整防守位置和距离，如图 6-23 所示。

5. 绕过配合

当进攻队员进行掩护时，防守做掩护的队员主动贴近对手，让同伴从自己的身旁绕过，继续防住各自的对手，如图 6-24 所示。

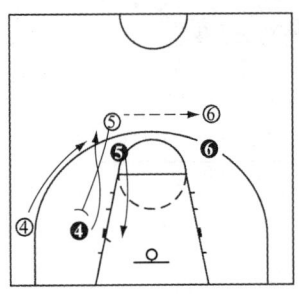

图 6-23　穿过配合

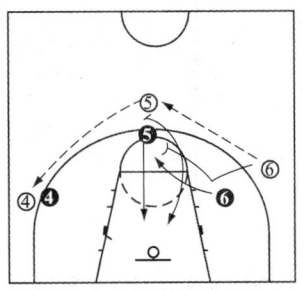

图 6-24　绕过配合

三、快攻

快攻是由防守转入进攻时，进攻队以最快的速度，最短的时间，将球推进至前场，争取造成人数上和位置上的优势，以多打少，果断合理进行攻击的一种进攻战术。快攻可分为：发动与接应、推进、结束 3 个阶段。它可分为以下 3 种形式。

（1）长传快攻：指队员在后场获球后，立即把球长传给迅速摆脱对手的快下队员。

（2）短传（结合运球推进快攻）：指防守队获球后，立即以快速的短距离传球的方式，直逼对方篮下进攻的一种快攻形式。

（3）运球突破快攻：指防守队员获球后，利用运球技术超越防守，自己投篮得分或传球给比自己投篮机会更好的同伴进行攻击的方法。

快攻发动的时机是抢到后场篮板球时发动快攻、掷后场界外球发动快攻、抢、断球后发动快攻、跳球时发动快攻。

四、防守快攻

防守快攻是在攻守转换过程中，队员有组织地运用个人战术行动和几个人之间的协同配合，主动堵截对手，积极抢断，破坏其快攻战术，力争控制对手转攻的速度，以达到稳定防守，迅速组织起各种不同形式的全队防守战术的目的。

防守快攻是由攻转守的刹那间，快速抢占有利的防守位置，利用强有力的个人防守行动和配合，达到限制对手的速度、破坏对方攻击，使对方转入阵地进攻的一种防守战术。最根本的方法是提高本队进攻的成功率，减少对方发动进攻的机会，减少不必要的失误，组织拼抢篮板球，以利于本队部署防守。

防守快攻战术是一个有机的整体，必须根据快攻攻势的展开，有针对性的去防守，力求延缓对方进攻的速度，打乱进攻的节奏，推迟进攻攻击时间，以利迅速组织阵地防守。

防守快攻常用的方法和手段如下。

（1）提高进攻成功率，守快攻首先应提高进攻成功率，要特别注意减少进攻中的失误和违例，这是控制对手进攻速度，减少其发动快攻机会的重要手段。

（2）积极拼抢前场篮板球，比赛实践证明，当进攻投篮不中时，有组织地积极拼抢前场篮板球,是控制对手抢篮板球发动快速反击的最有效的方法。即使防守队获得篮板球,由于近篮区攻守人员密集,攻守争夺激烈,所以不容易发动快攻。

(3) 封堵一传和截断接应,有组织地堵截快攻的第一传和接应,是制止对方发动快攻的关键。破坏对方发动快攻的路线也取决于封堵一传和接应。当对手获球转攻时,邻近的防守队员,要迅速紧逼积极封堵一传;与此同时,其他防守队员要主动迫使接应队员改变预定的接应区,截断其联系,从而延缓其发动快攻的时间,使同伴迅速抢占有利位置,以便更好地按照规定的防守战术要求进行防守。

(4) 退守时要"堵中卡边",防止长传快攻,防守快攻除积极拼抢篮板球,堵截一传和接应外,还应在退守过程中防止对方从中路突破,并要防守快下队员。

(5) 以少防多的能力,赛中,由于攻防变换频繁,情况复杂多变,等对方快攻推进时,往往形成以少防多的局面,出现以少防多的情况时,防守队员应积极移动,选择和占据有利的防守位置,保护篮下,并运用假动作来干扰,给进攻队员制造错觉和困难,迫使对手在传球中出现失误。在此基础上延缓其进攻速度,为同伴争取退防的时间,以便重新组织起阵地防守战术。

五、人盯人防守

人盯人防守指以盯人为主兼顾球位,做到人球兼顾,每名防守队员都积极盯住自己的进攻对手,并与同伴进行共同协防的全队防守战术。人盯人防守根据双方队员身高、位置和技术水平合理进行防守分工。由攻转守,迅速找人,积极抢断、夹击补防。防守有球队员紧逼,积极防其运突传投。防守无球队员,要近球贴近防守,切断对方传球路线,远球要回缩防守,始终保持人球兼顾,如图6-25所示。

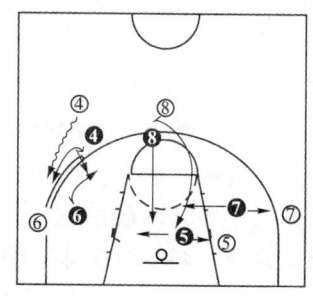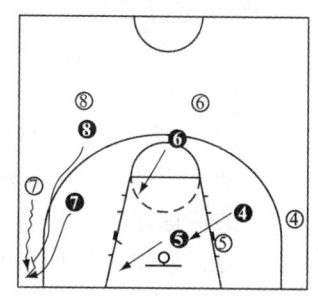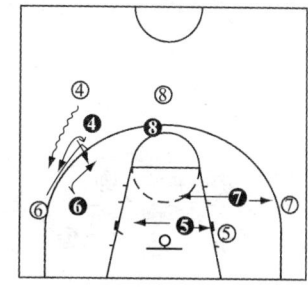

图6-25 人盯人防守

六、区域联防与进攻区域联防

1. 区域联防

区域联防是由进攻转入防守时,防守队员退回后场,每个队员分工负责防守一定的区域,严密防守进入该区域的球和进攻队员,并与同伴协同防守,用一定的队形,把每个防守区域有机地联结起来,组成区域联防战术。

(1) 区域联防的基本要求。

① 每个队员必须认真负责自己的防区,积极阻挠进入该防区的进攻队员的行动,并联合进行防守。

② 要以防球为重点，随球的转移而经常调整位置，做到人球兼顾，不让持球队员突破和传球给内线防区。

③ 对进入罚球区附近或穿过罚球区的进攻队员，必须严加防守，切断其接球路线，不让其轻易接球、传球或投球、加强篮下区域防守。

④ 每个防守队员要彼此呼应，随时准备协防、换位、越区、"护送"等，相互帮助，加强防守的集体性。处于远离球的后线防守队员，要起指挥防守的作用。

（2）区域联防的形式和特点。

区域联防的站位队形有"2－1－2""2－3""3－2""1－3－1"等，图中黑线区为联防的薄弱区。下面主要介绍"2－1－2"区域联防，如图6－26所示，"2－3"区域联防，如图6－27所示。

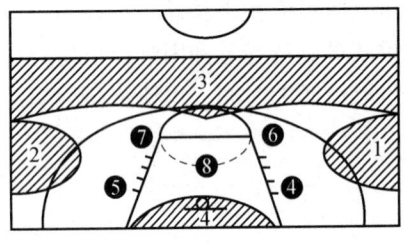

图6－26 "2－1－2"区域联防

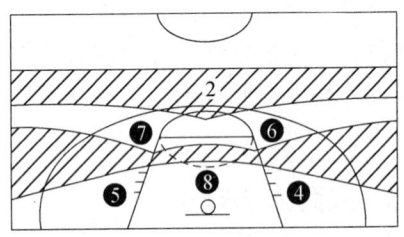

图6－27 "2－3"区域联防

"2－1－2"区域联防的优缺点：五个防守队员分布比较均衡，移动距离近，便于相互协作，并能根据进攻队员的特点防守位置，变换防守队形，所以它是区域联防的基本形式。这种防守队形便于控制篮下，有利于抢篮板球和发动快攻。但有薄弱地区，不利于防守这些区域内的中远距离投篮，不利于在球场底角进行"夹击"防守配合。

（3）区域联防的方法。

示例一：球在外围左侧时的防守移动合，如图6－28所示。⑬传球给⑪，⑪上⑪，⑬稍向下移动，协助⑫防守，⑫站在⑪的侧后方，切断⑪与⑫的传球路线，并防⑫向篮下空切。⑮站在⑮的侧前方，注视⑪与⑮的传球路线，减少⑮接球。⑪稍向球区移动，既要协助防守篮下，又要堵⑭背插，还要准备断⑪给⑭的横传球。当⑪投篮时，⑫、

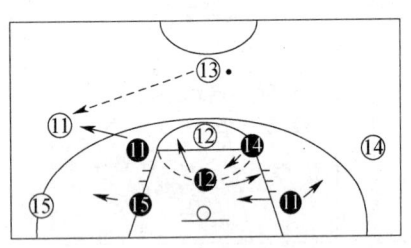

图6－28 区域联防方法（一）

⑪、⑮拼抢篮板球。

示例二：堵截后卫向中锋传球移动的配合如图6－29所示。⑥正要向⑤传球时⑤和⑦围守⑤，不让其接球，❶向罚球线中间移动，防⑧空切，⑧向罚球区内移动，防④横插和溜底线，保护篮下。

示例三：防左前锋中投与供中锋球结合的移动配合如图6－30所示。当⑧持球时，⑧上前防守⑧，❹和⑦围守④，不让其接球，⑥向罚球区移动，防⑥空切和保护禁区腹地，⑤移动到篮下，防⑤空切和溜底线并保护篮下。

图 6-29 区域联防方法（二）

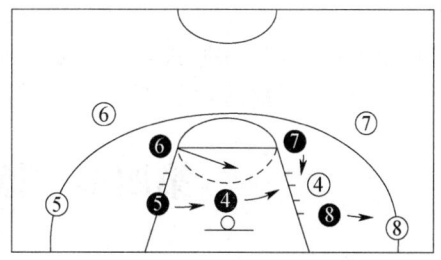

图 6-30 区域联防方法（三）

2. 进攻区域联防

进攻区域联防是针对区域联防的特点、队形、方法和变化所采用的进攻战术。

（1）进攻区域联防的基本要求。

① 由防守转入进攻时，应首先争取快攻。乘对方立足未稳，尚未组织好防守之前进行攻击。

② 根据对方区域联防队形，采用针对性落位队形，组织对薄弱地区的攻击。

③ 运用传球转移、中远距离投篮等进攻技术，通过"人动""球动"打乱对方防守队形。运用声东击西、内外结合、以多打少等方法，创造投篮机会进行攻击。

④ 要组织拼抢篮板球，争夺二次进攻机会，同时还要保持攻守平衡，准备及时退防。

（2）进攻区域联防的方法。

① 进攻区域联防的队形。常用的进攻阵式有："1-3-1""2-1-2""2-2-1""1-2-2""1-4"等。

② 进攻区域联防的方法。"1-2-2"进攻方法：这种队形，队员分布面广，攻击点多，便于内外联系，左右配合，有利于组织抢篮板球和保持攻守平衡。

示例一："1-2-2"落位进攻"2-3"区域联防，如图 6-31 所示，⑥、⑧互相传球吸引❻、❼上来防守，⑤插至罚球线准备接球，防守❽也跟上防守，底线拉空，⑥突然将球传给⑦，这时有 3 个攻击点，第一个是⑦本身投篮，若❹上防⑦，④就是空档，⑦可传给④投篮，同时，⑧从背后插入罚球区，形成⑦、④、⑧进攻❹、❽的以多打少的有利局面，⑦根据情况决定自己投篮或传球给④或⑧投篮。

"2-1-2"进攻方法：这种队形，队员站位有针对性，利用进攻"1-3-1"，便于内外联系，有利于突破和外线。

示例二："2-1-2"阵形落位进攻"1-3-1"区域联防。如图 6-32 所示，⑦、⑥相

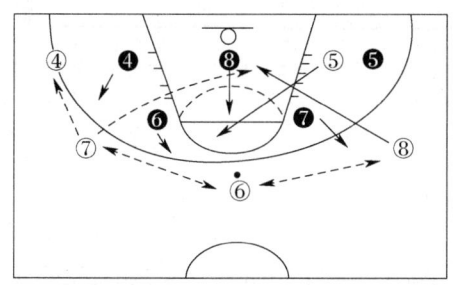

图 6-31 进攻区域联防（一）

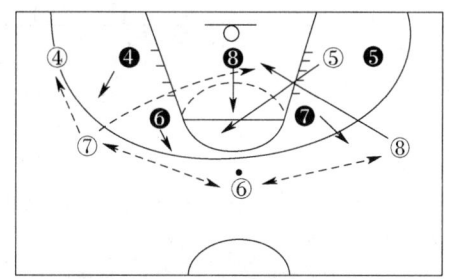

图 6-32 进攻区域联防（二）

互传球，吸引防守，当❻上防⑥时，⑥将球传给⑧；⑧接球后转身投篮。若❽上防，⑧将球传给底线的④，④接球后投篮，若❺上来防守，⑧迅速切入篮下，准备接球进攻，同时，⑤插入罚球区，④根据防守情况，将球传给⑤或⑧投篮。

第四节　篮球竞赛规则简介

一、场地器材

1. 篮球场地

篮球场是一个长方形的坚实平面，无障碍物。对于国际篮联主要的正式比赛，球场尺寸为：长28 m，宽15 m，篮球的丈量是从界线的内沿量起。对于所有其他比赛，国际篮联的适当部门，如地区委员会对地区或洲的比赛，或国家联合会对所有国内的比赛，有权批准符合下列尺寸范围内的现有球场：长度减少4 m，宽度减少2 m，只要其变动互相成比例。天花板或最低障碍物的高度至少7 m。篮球场照明要均匀，光度要充足。灯光设备的安置不得妨碍队员的视觉。所有新建球场的尺寸，要与国际篮联的主要正式比赛所规定的要求一致：长28 m，宽15 m。篮球场线条及其尺寸，篮球场线条要用相同颜色画出，宽度为0.05 m（5 cm），如图6-33所示。

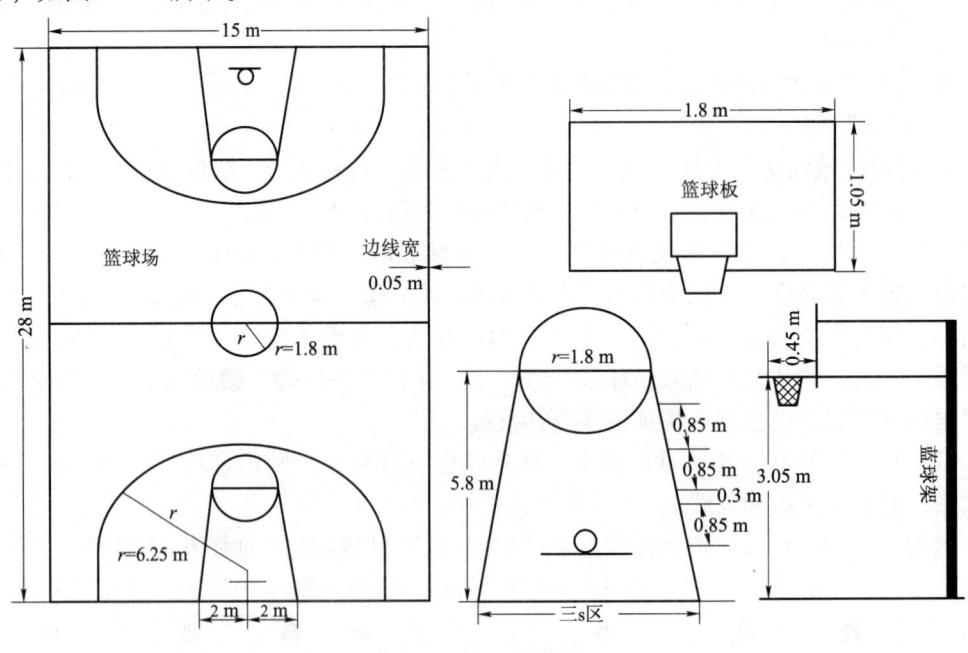

图6-33　篮球场地

2. 篮板

篮板横宽1.80 m，竖高1.05 m，篮板下沿地面2.90 m。

3. 比赛用球

充气后，使球从1.80 m的高度落到地面上，反弹高度不得低于1.20 m，也不得高于1.40 m。

二、篮球比赛规则

1. 一般规则

（1）比赛人数。每场篮球比赛由两个队参加，每队出场 5 名队员，目的是将球进入对方球篮得分，并阻止对方获得球或得分。

（2）比赛时间。分为四节，每节 10 min。每节之间和每节决胜之前休息 2 min。两半时赛之间休息 15 min。如第四节结束时比分相等，则打若干个决胜期直至决出胜负。

（3）暂停。第一、二节每节准予二次暂停，第三、四节准予二次暂停。每一决胜期准予一次暂停。

（4）换人。每当死球时停表，停表即可换人。如果是甲队发生违例则甲队不能换人，而如果此时乙队先换人，也可以给予甲队换人。换人的次数没有限制。

2. 常见的违例

违例是指队员违犯了比赛中关于时间或技术等方面规则的行为。

（1）3 s。场上控制活球的队的队员在对方限制区内停留了超过 3 s。

（2）5 s。罚球时，每次罚球均不得超过 5 s；掷界外球时，不得超过 5 s；在场上，持球队员一旦被对方严密防守并停步时开始计算，须在 5 s 内出手，否则违例。

（3）8 s。每当一名队员在他们的后场控制活球时，他的队必须在 8 s 内使球进入他们的前场，否则为违例。

（4）24 s。每当一名队员在场上控制活球，他的队需在 24 s 内投篮，否则为违例。

（5）球回后场。当某队在前场控制球时，不能使球回后场，否则为违例。

（6）带球走。篮球技术的特殊特点之一是队员一旦持球，就必须确立中枢脚。中枢脚离地后再次落地前，球必须离开队员的手，否则是"带球走"。

（7）两次运球。队员在一次运球结束后不得再次运球。

（8）罚球时的违例。罚球时，罚球队员除了需遵守 5 s 规则外，还有脚不得触及限制区（罚球线是限制区的一部分）和投出的球必须触及篮圈以及不得做假动作。

3. 常见的犯规

犯规包括有身体接触的侵人犯规和没有身体接触的技术犯规两大类。

（1）侵人犯规。常见的有拉人、推人、撞人、阻挡、背后非法防守、非法用手、非法掩护等。

（2）没有身体接触的技术犯规如下。

① 违反体育道德的犯规。当裁判员判断某队员不是在规则的精神和意图范围内合法地去抢球而发生的侵人犯规，则判为"违反体育道德的犯规"。取消比赛资格的犯规是一种恶劣的违反体育道德的犯规。无论是队员、替补队员，还是教练员、随队人员，裁判员均有权判罚。双方犯规是两个队的两名队员同时的相互间的犯规。罚则是不判给罚球。

② 队员技术犯规。当一名队员不顾裁判员的警告或与裁判员、记录台人员、技术代表、对方队员交涉时没有礼貌；使用冒犯或煽动观众的言行；戏弄对方；阻碍掷界外球的迅速进行等等，将被判技术犯规。

体育与健康

 **篮球小游戏**

运球抓人

以篮球场半块场地为范围，每人一个篮球，由一人运球抓人，其他人运球跑。抓人者与被抓到者交换抓跑方式。要求：球不能拿起，不允许抱球跑，不允许出界！

传球接力

分为两组，每组站成一路纵队，各组队头拿球，先由头上把球从队头逐个传到队尾，最后一名拿到球后，从队尾跑到队头，再从脚下把球依次传到队后，依此类推，直到每组的第一个人由队尾跑到队头时为结束，慢的一组集体俯卧撑10个。要求：不能将球抛起，必须手递手传球。

斗牛

5个人一组，由3人站成三角形传球，两人在三角形中防守，防守者把球破坏掉或抢断后，变成传球者，由传球失误者到中间进行防守。要求：传球的人不允许移动。

 思考题

1. 篮球的起源及发展是什么？
2. 篮球运动的基本技术有哪些？
3. 区域联防分为哪几种形式？
4. 篮球比赛标准场地的尺寸及设施要求有哪些？

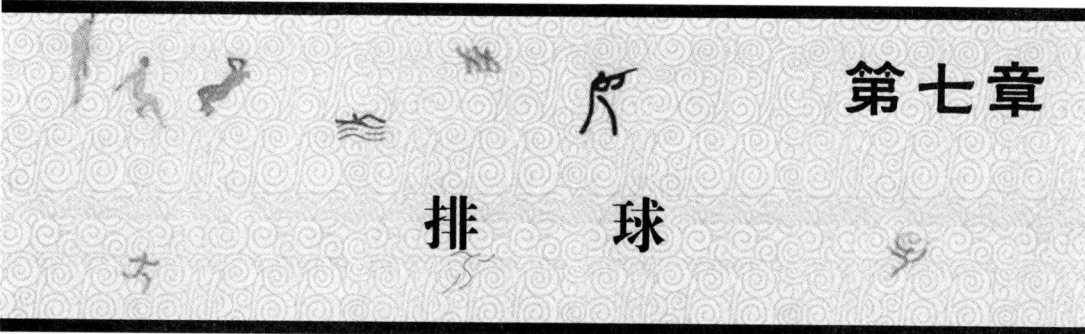

第七章 排球

第一节 排球运动的概述

一、世界排球运动的起源

据史料记载，排球运动于19世纪末始于美国。1895年，美国马萨诸塞州霍利奥克市基督教男子青年会体育干事威廉·摩根（Willian Morgan）认为当时流行的篮球运动过于激烈，于是创造了一种比较温和的、老少皆宜的室内游戏。1896年，美国普林菲尔德市立学校的艾特哈尔斯戴特博士把摩根游戏起名为volleyball，并沿用至今。1896年在斯普林费尔德体育专科学校举行了世界上最早的排球比赛。1897年，摩根制定了排球比赛规则，它有力地推动了排球运动的发展。1905年传入中国，1906年一名美国军官约克把排球带到了古巴，1908年传到日本，1910年传入菲律宾。亚洲最早的排球比赛是在1913年在菲律宾马尼拉举行的。1947年，排球运动世界性组织——国际排球联合会成立。随着技术水平的不断提高，规则也逐步完善。1964年排球被列为奥运会正式比赛目。

沙滩排球在20世纪20年代初在加利福尼亚州圣莫尼卡海滩兴起。在1930年，圣莫尼卡举行了第一场双人配合的沙滩排球赛，这种阵形成为现在最普及的打法。1996年沙滩排球首次成为奥运会的比赛项目。

二、我国排球运动发展概况

排球运动在20世纪初就传入我国广东等地。1913年第一次远东运动会；1914年列为全国性比赛项目。1921年女子排球在广东运动会上出现。中华人民共和国成立以后，排球运动和其他运动项目一样，有了较快的发展。下面安排球运动发展的情况和规则演变的规律，分为6个阶段加以叙述。

（1）继承学习阶段（1951—1956）。主要是继承我国9人排球的技术、战术打法，特别是继承了9人排球的上手传球、大力勾手发球、正面及勾手扣球、快球和快攻等技术、战术。1950年我国男排学习了苏联的高打强攻、倒地防守等技术和"两次球"进攻战术。

（2）探索发展阶段。各省、市、自治区队，根据各自的特点，开始发展各自不同的风格和打法。在1959年的第一届全运会上，广东男排发展了快攻，上海男排体现了战术的灵活多变，解放军女排发扬了勇敢顽强的作风，北方各队发展了高打强攻。20世纪60年代初，学习了日本队的训练经验，提出了"三从一大"（从难、从严、从实战出发，坚持大运动量训练）等号召。我国男排创造了"盖帽"拦网的技术和"平拉开快球"扣球的技术，推动了我国排球运动的发展。

（3）低潮阶段（1966—1972）。这个阶段由于我国的排球运动受到10年浩劫的严重干扰，运动技术水平普遍下降，运动队伍出现了青黄不接现象。

（4）恢复阶段（1972—1978）。1972年恢复了排球比赛，建立了漳州排球基地。男排创造了前飞、背飞、拉三拉四的打法；女排发展了快速反击，运动水平有了进一步的提高。

（5）高峰阶段（1979—1988）。1979年底，我国男、女队双获亚洲冠军，并取得了参加奥运会的资格。1981—1986年，我国女排五次荣获世界冠军实现了中华人民和运动员的愿望。

（6）坦途曲折阶段（1988至今）。1988年汉城奥运会失利之后，比赛成绩有所影响。男排未进入决赛圈。

第二节 排球运动的基本技术

排球基本技术是指运动员在比赛中采用的各种合理击球动作和未完成击球动作必不可少的其他配合动作的总称。

发球、垫球、传球、扣球和拦网是排球运动中5项完整的击球动作，又称有球技术。凡是没有触及球的各种准备姿势、移动、起跳以及前仆、滚翻、鱼跃、倒地等均为配合动作，或称无球动作。合理的击球动作和配合动作，首先要符合规则的要求，符合人体解剖学和运动生物力学的原理，同时要结合个人的特点。完成动作时要做到协调、轻松、正确、省力，能够充分发挥人的体能和技能，能充分运用时间和空间的变化。

一、准备姿势和移动

1. 准备姿势和移动技术的作用

准备姿势和移动是排球基本技术之一，是完成发球、垫球、扣球和拦网等各项击球技术的前提和基础。准备姿势的作用是为及时地移动和完成击球动作做好准备。移动的作用是为了及时接近球，调整人与球的位置关系，便于完成击球动作。

2. 准备姿势和移动技术的动作方法

（1）准备姿势：准备姿势分半蹲准备姿势、稍蹲准备姿势和低蹲准备姿势三种，如图7-1所示。

① 半蹲准备姿势：两脚左右开立稍比肩宽，一脚在前，两脚尖稍内收，两膝弯曲成半蹲。脚跟稍提起，身体重心稍前倾，两臂放松，自然弯曲，双手置于腹前。身体适当放松，两眼注视来球，两脚始终保持微动。

② 稍蹲准备姿势：稍蹲准备姿势比半蹲准备姿势身体重心稍向前移，两膝弯曲程度小于半蹲准备姿势。动作方法与半蹲准备姿势基本相同。

③ 低蹲准备姿势：两脚左右、前后开立的距离比半蹲准备姿势更宽一些，两膝弯曲的程度更大一些，身体重心更低、更靠前，膝部的垂直线超过脚尖，两手臂置于胸腹之间。

（2）移动步法：排球比赛中使用最多的是短距离移动。常用的移动步法有如下。

① 滑步：当来球距离身体较近、弧线较高时，可采用滑步。其动作方法是向右滑步

图 7-1 准备姿势

时，右脚先向右迈出一步，左脚迅速并上，落在右脚的左面。连续做并步即为滑步。向前滑步时，前脚先向前迈出一步，后脚迅速跟上落在前脚之后，如此连续做。滑步主要用于完成传球、垫球、拦网等。

② 交叉步：当来球距身体 2 m 左右时，可采用交叉步移动。其动作方法是向右移动时，上体稍向右转，左脚从右脚前面向右迈出一步，右脚再迅速向右迈出一步落在左脚的右边，同时身体向来球方向转动，做好击球前的准备姿势。交叉步主要用于去完成防守、一传、拦网等。

③ 跨步：当来球较低且距身体较近时，可采用跨步。首先向移动方向跨出一大步，同时屈膝，上体前倾，身体重心移至跨出的腿上。跨步可向前、向侧或向侧前方。

④ 跑步：采用跑步移动时，两臂要配合摆动，应根据来球的方向，边跑边转身。

⑤ 综合步法：将以上各种步法结合起来综合运用。如跑步之后再滑步，滑步之后再交叉步或跨步等。

3. 学习准备姿势和移动技术注意事项

（1）准备姿势要自然放松，便于及时起动和移动。
（2）准备姿势和移动相结合进行练习。
（3）移动步法要轻松自然，身体重心不能起伏，以免影响移动速度。
（4）以短距离的移动练习为主。
（5）以视觉信号反应进行准备姿势和移动的练习。
（6）准备姿势和移动与其他技术结合进行练习。

二、传球

1. 传球技术在比赛中的作用

传球是排球运动中最基本、最重要的一项技术。它的主要作用是把防起的球传给前排队员进攻，也称二传。传球的好坏直接影响着全队的战术配合质量，因此，各队越来越重视二传队员的培养。

2. 传球技术的动作方法

（1）正面传球。正面传球可从以下几点加以描述。

① 准备姿势：看清来球，迅速移动到球的落点，对正来球，两脚左右开立，约同肩宽，左脚稍前，后脚脚跟稍提起，两膝微屈，上体稍前倾。两臂弯曲置于胸前，两肘自然下垂，

两手成传球手形，眼睛注视来球方向。

②击球点：击球点在额前上方约一球距离处。

③传球手形：当手触球时，手腕稍后仰，两手自然张开，手指微屈成半球状。两拇指相对成"一"字形或"八"字形，两拇指间的距离不能过大，以防漏球，如图7-2（a）所示。

④击球用力：当来球接近额前时，开始蹬地、伸膝、伸臂，两手微张迎球，以拇指内侧，食指全部，中指的二三指节触球的后下部，无名指和小指触球两侧。手触球时，指腕保持适当紧张，以承担球的压力。用手指的弹力、手臂和身体协调的力量将球传出，如图7-2（b）所示。

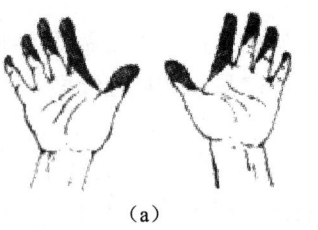 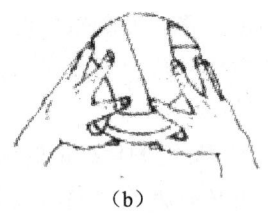

（a）　　　　　　　　　（b）

图7-2　传球、击球

（2）背传。向后上方的传球，称为背传。背传的准备姿势比正传时稍直立，身体重心在两脚之间，不要前倾，双手自然抬起，放松置于脸前。当判断一传来球之后，迅速移动到球下，双手抬起，手触球时，手腕适当后仰，掌心向上，在额上方击球的下部。传球时，用蹬地、展腹、抬臂、向后翻腕及手指的弹力把球向后上方传出。

（3）跳传。跳起在空中传球叫跳传。跳传的起跳最好是向上垂直起跳，要掌握好起跳的时间，起跳过早或过晚都会影响传球的质量。根据一传球的高低，及时起跳，两手放在脸前，当身体上升到最高点时，靠伸臂动作和手指手腕的弹击力量将球传出。由于在空中无支撑点，用不上蹬地力量，只有靠伸臂动作将球传出，因此，必须在身体下降前传球出手，才能控制传球力量，如图7-3所示。

图7-3　跳传

（4）传球技术中易犯错误与纠正方法如下。

①传球手型不正确，形不成半球状，影响传球效果。

纠正方法：

示例一：一抛一接轻实心球，接住时自己检查手型。

示例二：对墙 40 cm 左右连续传球，并不断检查手型。

② 击球点过高或过低。击球点过高是因为传球时两臂近似伸直；击球点过低主要是肘关节过于外展所致。

纠正方法：

示例一：反复做原地抛接球练习，逐渐体会正确手型和正确击球点，练习熟练以后，将球抛离身体，通过快速移动，人至球下将球接住。

示例二：多做自传，平传，平传转自传，自传转平传。

③ 上下肢传球时用力不协调。

纠正方法：

示例一：多做简单抛传动作，体会传球正确动作和全身协调用力。

示例二：传球时固定击球点后，肘关节应自然下垂。

示例三：多观察别人动作，改进自己动作。

④ 传球时臀部后坐，用不上蹬地力量。

纠正方法：讲解协调用力的重要性；一人手压球，另一人做传球的模仿练习。

⑤ 传球时身体后仰。

纠正方法：两人对传，球出手后，立即用手触及地面。

⑥ 传球时有推压或者拍打动作。

纠正方法：多做原地自传或对墙传球，增加指腕力量，体会触球感觉。

⑦ 背传翻腕太大，身体过多后仰。

纠正方法：自传中穿插背传，距墙 3 m 左右，自抛自做背传练习，近距离背传过网。

⑧ 起跳过早或过晚。

纠正方法：多做跳起接球练习。

⑨ 侧传时身体侧倒太大。

纠正方法：多做三人三角传球，有意练习侧传。

（5）传球技术的运用。传球技术在比赛中的运用主要体现在二传。所谓二传是把一传接起来的球传到网前一定的高度，供其他队员扣球进攻。由于来球的方向不定，又对传出球的落点要求较高，因此，二传难度大。

① 一般正面二传。一般正面二传是二传中最简单、最常用的技术。这种传球的动作与正面传球基本相同，只是传球前身体不要正对来球，也不要正对传球方向，而要边迎球边转身，将击球点放在靠传球方向一侧，身体随传球动作边传边向传球方向转动。

② 调整二传。将一传不到位、离网较远的球传给扣球队员进攻，这种传球叫调整二传。调整二传与正面传球动作相同。当传球距离较远时，要充分利用蹬地、伸臂和手指手腕等全身协调力量。调整二传时，应注意选择传球的方向，传球方向与网的夹角越小越有利于扣球，尽量避免垂直向网前传球。调整二传球应比一般传球稍高，不要太拉开，这样有利于扣球队员观察和上步扣球。

③ 背向二传。背向二传能充分利用网的全长，增加进攻点，具有很大的隐蔽性、突然性。传球前要移动插到球下，背对传球方向，要明确身体所处的位置及离标志杆的距离。传球时，要利用向后上方展体、抬、臂伸肘动作将球传出。

④ 传快球。传出的球弧线低、节奏快，这样的传球叫传快球。传快球主要是依靠手指

手腕的弹击动作和适当的伸臂动作来控制传球力量。要传好快球，二传队员必须主动与扣球队员配合，要根据一传的弧线、速度和扣球队员的助跑速度、起跳时间、击球点的高度和挥臂速度等情况，来决定传球的速度、高度、距离和出手时间，把球主动送到扣球队员手上。

⑤ 传短平快球。传出的球速度快、弧线平，落点距二传手 2～3 m 处，这种球叫短平快球。传球时，击球点应保持在脸前或额前，上体前倾，充分利用伸肘和压腕动作，传出快速的平弧线球。

⑥ 传平拉开球。传出的球速度快、弧线平，落点距二传手 6～7 m 处，这种球叫平拉开球。平拉开传球与短平快传球动作基本相同，但要充分利用蹬地、伸臂、压腕伴随动作将球传出。如果来球低，要稍屈膝，降低重心，使击球点保持在脸前。如来球较高，可采用跳传。传球时，利用伸肘和主动加大屈指、屈腕的力量把传球路线压平。

三、垫球和发球

（一）垫球

1. 正面垫球

正面垫球姿势如图 7-4 所示。

图 7-4　正面垫球

（1）准备姿势：正面对正来球方向，两脚开立单宽于肩，一脚在前，两脚跟提起，前脚掌着地，两膝变曲微内收，重心稍前倾，双臂自然弯曲置于腹前。

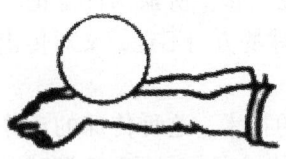

图 7-5　正面垫球手形、击球点和触球部位

（2）手形、击球点和触球部位：当球接近腹前时，两手重叠，掌根靠拢，合掌互握，两拇指平行朝前，手臂伸直，手腕下压，用前臂旋外形成的颊靠近手腕的部分击球后下方。击球点在腹前一臂左右距离，便于控制用力大小并可根据垫球的方向，调整手臂的角度，如图 7-5 所示。

（3）击球用力：两臂靠拢前伸插入球下，靠手臂上抬力量增加球的力，同时配合趴地跟腰动作，使身体重心向前上方移动。击球时，两臂要形成一个平面，身体和两臂要有自然的随球伴送动作，以便控制球的落点和方向。

垫球时，还应根据来球的力量控制手臂的动作，垫轻球时采用上述动作。垫中等力量的来球时，由于来球有一定速度，因此，垫球时的抬臂动作要小，速度要慢，主要靠来球本身所造成的反弹力将球垫起。垫重球时，应采用收腹含胸的动作，手随来球屈肘、后搞通，缓冲来球力量，控制垫球的距离。球距离身体稍远、击球点较低时，手臂在缓冲用力过程中，要采用屈肘翘腕的动作把球垫在手腕部位的虎口处。

2. 侧面双手垫球

当球向左侧飞时，右脚前脚掌内侧蹬地，左脚向左跨出一步，左膝弯曲，重心随即移至左脚上，两臂夹紧向左伸出，右肩微向下倾斜，用向右转腰和提左胯的动作，使两臂击球面截住球的飞行路线，垫击球的后下部，如图 7-6 所示。侧垫时，不要随球伸臂，这样会造成球触臂后向侧方飞出。应使两臂先伸向侧方截击来球，还应注意两臂不要弯曲，以保持手臂击球，颊避免因手臂动作影响垫球效果。

图 7-6　侧面双手垫球

3. 背垫球

背垫球就是背向垫出球方向，从体前向背后的垫球。当球飞出较远而又无法进行正面调整传球时，或第三次被动击球过网时采用。背垫时，判断好球的飞行方向，先要迅速移动到球的落点处，背对出球方向，两臂夹紧伸直，插在球下。击球时，蹬地抬头挺胸，展腹后仰，直臂向后上方摆动抬。在背垫低球时，也可以有屈肘、翘腕动作，以虎口处将球向后上方垫起。

4. 跨步垫球

队员向前或向体侧跨一步的垫球称跨步垫球。跨步垫球主要运用在接发球和防守中。

（1）前跨垫球：当来球低而远时，看准来球落点，向在出一大步，屈膝深蹲，重心落在跨出腿上上体前倾，臀部下降，两臂前伸插入球下，用前臂垫击球的后下方，如图 7-7 所示。

图 7-7　前跨垫球

（2）侧跨垫球：当来球至右侧时，右脚向右侧跨出一大步，屈膝制动，重心移至跨出腿上，上体前倾，臀部下降，两臂插入球下，用前臂垫击球的后下部。

5. 单手垫球

当来球低、速度快、距离远，来不及用双手垫球时，可采用单手垫球。这种垫球动作快，手臂伸得远，可扩大控制范围，但由于手臂击球面积小，不容易控制球。当球在右侧向右跨出一大步，上体向右倾斜，重心移至右腿上，右臂伸直，自右后方向前摆动。用前臂内侧、掌根或虎口处垫击球后下部。

6. 易产生错误及纠正方法

（1）击球时屈肘，两臂并不拢。原因是动作概念不清楚。

纠正方法：

示例一：徒手模仿练习。压其手腕做双臂上抬练习，体会抬臂用力动作。

示例二：多击固定球练习。

示例三：自垫。要求直臂向上抬。

（2）移动慢，对不正来球，击球点不在两臂之间。原因是概念不清，注意力不集中，动作过度紧张。

纠正方法：

示例一：做移动的模仿练习。做集中注意力，提高起动意识的练习。

示例二：对墙自垫，或向上自垫。

示例三：做好准备姿势，由另一人向他手上抛球，让他向前垫，使其对正来球。

示例四：抛来不同角度、不同距离的球，要求判断移动对准球击球进行练习。

（3）两臂用力不当，蹬腿抬臂分解，身体不协调。原因是动作不熟练，身体协调性差。

纠正方法：

示例一：离墙 4~5 m 的对墙自垫或向前移动的自垫。

示例二：接不同弧度的来球，垫到规定的目标。

示例三：利用固定球进行垫球动作的练习，来体会协调用力。

（4）垫击球的时间不准。原因是垫击球的时间过早或过晚。

纠正方法：

示例一：多做有信号的垫击练习，也可一人在身旁帮助掌握时机，加以体会。

示例二：多做垫固定球找垫击点的练习，两人一组一抛一垫，互相纠正垫球练习。

示例三：结合球对墙有抬臂角度的垫击练习，认真体会击球时机。

（5）侧面垫球时容易使球垫飞。原因是没有形成迎击球的斜面。

纠正方法：

示例一：多做徒手向左右两侧伸臂的练习，并随时检查迎击球的平面是否合适。

示例二：多做快速平球的截击侧面垫球练习。

（6）背垫球用力不协调，击球不准。原因是下肢没蹬地，全身用力不协调，击球部位不准。

纠正方法：

示例一：模仿练习。反复体会背垫球技术动作要领，使全身用力协调、连贯。

示例二：击固定球练习。反复体会动作要领，认真对准击球部位，做背垫球击球动作。

示例三：教师抛球，学生做背垫球练习。要求动作规范，随时指导，纠正。

7. 垫球技术的运用

垫球技术在比赛中主要运用于接发球、接扣球和接拦回球等。

（1）接发球垫球：接发球垫球是比赛的重要环节，是组织一攻的基础。比赛中接发球主要采用正面双手垫球，但根据各种发球的性能不同，接发球的动作方法稍有不同。

① 接大力发球：大力发球的特点是力量大、速度快、球旋转力强，但球运行轨迹较固定，容易判断。接这种球时，要对准来球，迅速降低身体重心，手臂插入球下保持不动，让球自己弹起。如击球点低时，也可用翘腕动作击球。

② 接飘球：飘球的特点是飞行速度快、不旋转、飞行轨迹飘忽不定，接发球时很难判断球的落点。接这种球时，首先要判断好来球落点，快速移动取位，对准来球，主动伸臂插入球下击球。击球时，要配合蹬地、提肩、送臂的全身协调力量将球击出。

③ 接侧旋球：侧旋球的特点是球的飞行轨迹呈弧线，落点偏向旋转方向一侧。接这种球时，要快速移动，对正来球，重心要靠向球旋转飞行的一侧，用前臂控制球的旋转方向。如接左侧旋球，要靠向右侧，右臂抬，以便截住球向右侧的飞行路线，控制球的反弹方向。

④ 接高吊球：高吊球的特点是弧线高，球从空中垂直下落，速度快。接这种球时，首先要判断好球的落点，两臂要向前平伸，等球下落到胸腹间再垫击，击球点不要太低。击球时，抬臂动作要适当，主要靠球自己的反弹力量将球击出。

（2）接扣球垫球：接扣球是防守反攻的基础，防守反攻又是得分的主要手段。比赛中接扣球的次数最多，根据来球不同，接扣球防守动作也有所不同。

① 接重扣球：采用半蹲或低蹲准备姿势，两手臂放在腹前，手形和正面垫球相同，只是击球时的动作有所不同。要利用含胸收腹动作，帮助手臂随球屈肘后撤，并适当放松以缓冲来球力量，以手臂和手腕动作控制垫球的方向和角度。如击球点稍高并靠近身体时，同样可用前臂垫击；如击球点较低又距离身体较远时，可利用屈肘翘腕的动作把球垫在手腕部位的虎口处。

② 接轻扣和吊球：已做好接重扣球的准备姿势，当对方突然改用轻扣和吊球时，往往来不及向前移动，这时可采用原地前扑垫球或鱼跃垫球。

③ 接快球：快球因速度快、线路短，一般落点靠前。取位应适当靠前，重心要降低，手臂不要太低，要做好高球挡、低球垫的准备。

④ 接拦网触手的球：拦网触手的球，由于改变了原来的扣球路线、方向，落点变化不定。接这种球时，要做好向各个方向移动的准备，根据来球的高低、远近，采用不同的击球手法。

（3）接拦回球：接拦回球也叫"保护"。拦回球的落点多数在扣球人附近，因此，取位应适当靠前场区，采用低蹲姿势，手臂插入球下，接球的动作要小，以翘腕或屈肘抬臂动作将球垫起。

（二）发球

1. 正面下手发球

这种发球动作简单易学，但球速慢、力量小、攻击性较，适用于初学者，如图 7-8

所示。

图 7-8　正面下手发球

（1）准备姿势：发球前，面对球网，两脚前后开立，左脚在前，两膝微屈，上体前倾，重心偏后脚，左手持球于腹前，右臂自然下垂。

（2）抛球：左手将球平稳地抛在体前右侧，离手约一球多的高度。

（3）在抛球的同时，右臂伸直，以肩关节为轴向后摆动。击球时，右腿蹬地，身体重心随着右手向前摆动前移，在腹前用掌根击球的后下部。重心随击球动作前移，迅速进场比赛。

2. 正面上手发球

这种发球由于面对球网站立，便于观察对方，容易控制球的落点，如图 7-9 所示。

图 7-9　正面上手发球

（1）准备姿势：面对球网站立，两脚自然开立，左脚在前，左手持球于体前。

（2）抛球：左手将球平稳地垂直抛于右肩的前上方，高度适中，抛球的同时，右臂抬，并屈肘后引，肘与肩平行，手掌自然张开，上体稍向右侧转动，抬头、挺胸、展腹、身体重心移到右脚上。

（3）挥臂击球：击球时，利用蹬地上体向左转动，迅速收腹带动手臂向前上方挥动，伸直手臂在右肩前上方的最高点，用全手掌击球的后中部。手触球时，手指自然张开与球吻合，手腕要迅速向前做推压动作，使击出的球呈上旋飞行，如图 7-10 所示。击球后，随重心前移，迅速进场比赛。

3. 正面上手飘球

这种发球不旋转，但球不规则地向前飘晃飞行，使接发球队员难以判断球的飞行路线和落点。这种发球由于面对球网站立，便于观察对方，控制发球方向。上手发球的成功率高，攻击性强，在各种水平比赛中普遍采用，如图 7-11 所示。

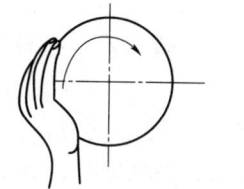 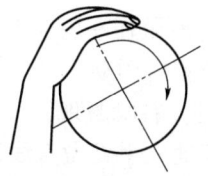

图 7-10 击球动作（正面上手发球）

图 7-11 正面上手飘球

（1）准备姿势：同正面上手发球，但抛球的高度稍低并靠前。

（2）抛球：同正面上手发球，但抛球的高度稍低并靠前。

（3）挥臂击球：击球时，利用蹬地，向左转体和收腹的力量，带动手臂向前做直线运动，身体重心随之从右脚过渡到左脚。手触球时，五指并拢，手腕稍后仰，用掌根颊击球后中下部，作用力通过球体重心。击球瞬间，手指手腕保持紧张，手形固定，用力要突然、短促。击球结束，手臂要有突停动作，如图 7-12 所示。击球后，迅速进场比赛。

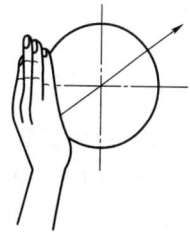

图 7-12 击球动作（正面上手飘球）

4. 勾手发飘球

这种发球与正面上手发飘球一样，发出的球不旋转而在空中飘忽不定，给接发球队员造成错觉，同样具有较强的攻击性。发球队员由于侧面站立，可充分利用腰部扭转带动手臂加速挥动，如图 7-13 所示。这种发球比较省力，但动作较复杂。

图 7-13 勾手发飘球

103

(1) 准备姿势：左肩对网，两脚自然开立，左手持球于体前。

(2) 抛球：和将球平稳地抛在左肩前上方约一臂多高。抛球的同时，上体顺势向右倾，身体重心右移，右臂自然向侧后摆动。

(3) 挥臂击球：击球时，右脚蹬地，上体向左转动发力，身体重心向左脚偏移，同时带动伸直的手臂向左上方挥动，手臂做直线运动。手触球时，五指并拢，手腕稍后移，并保持紧张，用掌根或半握拳击球的后中下部。击球用力短促、突然，并通过球的重心。击球后，迅速进场比赛。

5. 勾手大力发球

这种发球力量大、速度快、弧线低、球的放置速度快，如图 7-14 所示。

图 7-14　勾手大力发球

(1) 准备姿势：左肩对网，两脚自然开立，两膝微屈，左手持球于体前。

(2) 抛球：左手将球平稳地抛在左肩前上方约一臂高度，抛球的同时，两腿弯曲，上体向右倾斜，重心移至右脚上，右臂向右侧后方摆动。

(3) 挥臂击球：随着右腿用力蹬地，利用转体动作带动手臂做直臂弧形挥动，在右肩前上方手臂的最高点击球。击球时，手指自然张开包住球，利用手腕的推压动作，用力击球的后中下部，使球向前上旋飞行。

6. 跳发球

跳发球是利用助跑起跳在空中击球的一种发球方法。这种发球可提高击球点，加大发球力量，增强发球的攻击性。

队员面对球网，距端线 3~4 m 处站立。利用双手或单手将球抛向前上方，抛球的高度可根据自己的弱跳高度而定。抛球的同时向前助跑（二步或三步）起跳，利用收腹转体动作带动手臂挥动，在身体升至最高点时以全手掌击球的中下部。击球时，手腕要有推压动作。

四、扣球和拦网

（一）扣球

1. 正面扣球

正面扣球是扣球中的一种基本方法。正面扣球应面对球网，便于观察，准确性较高，运动员可根据对方防守布局，随时改变扣球路线和力量，有利于控制击球落点，因而是最好的进攻方法。

（1）准备姿势：站在离网 3 m 左右处，两脚自然开立，两膝微屈，上体稍前倾，两臂自然下垂，观察二传来球，随时准备向各个方向助跑起跳。

（2）助跑：助跑的目的是为了获得一定的水平速度，增加弹跳高度，并且选择适当的起跳点。助跑的时机、方向、步法、速度、节奏是根据来球的方向、速度和弧线来决定的。因此，要全面熟练掌握一步、两步、三步及多步助跑的步法。

以两步助跑为例，助跑时，左脚先向前迈出一步，接着右脚再迅速跨出一大步，左脚及时并上，落在右脚侧前方，两脚尖稍内收准备起跳。

助跑的第一步要小，目的是对正上步的方向，使身体获得向前的水平速度，第二步要大，目的是接近球和提高助跑的速度，右脚落地支撑点在身体重心之前，有利于制动。

（3）起跳：在助跑跨出最后一步的同时，两臂绕体侧向后引，左脚在落地制动的过程中，两臂自后积极向前摆动，随着双腿蹬地向上起跳，两臂配合起跳用力上摆，如图 7 - 15 所示。

图 7 - 15　正面扣球

（4）空中击球：起跳后，挺胸展腹，上体稍向右转，右臂向后上方抬起，身体成反弓形。挥臂时，以迅速转体、收腹动作发力，集资带动肩、肘、腕各部位关节成鞭甩动作向前上方挥动。击球时，五指微张成勺形并保持紧张，用全手掌包满球，以掌心为击球中心，击球的后中部，同时主动用力屈腕屈指向前推压，使扣出的球加速上旋。击球点在起跳和手臂伸直最高点的前上方，如图 7 - 16 所示。

（5）落地：空中完成击球动作后，身体自然下落，为了避免腿部负担过重，应用双脚的前脚掌先着地，同时顺势屈膝，缓冲身体下落的力量。

2. 快球

快球是扣球队员在二传传球前或传球同时起跳，并迅速把球击入对方场区的中球方法。快球是我国传统的打法，它的特点是速度快、突然性大、牵制能力强，有利于争取时间和空间，达到突然袭击的目的。

（1）近体快球：在二传队员附近约 50 cm 处扣的快球，叫近体快球。近体快球主要是进攻速度快，常常使对方来不及拦网和防守。近体快球不但进攻效果好，而且具有较强的掩

图 7-16 空中击球

护作用，是副攻手必须掌握的技术。

近体快球的助跑路线一般同网的夹角保持在 45°左右为宜，助跑时要随一传传出的球同时到网前，当球落在二传队员手上时，扣球队员应在二传手体前约一臂距离处迅速起跳，快速挥，臂将刚传出网口（球网上沿）的球扣过网。击球时，利用含胸收腹动作带动前臂和手腕迅速挥动，以全手掌击球的后上方，如图 7-17 所示。

图 7-17 近体快球

（2）半快球：半快球是在二传队员附近起跳，扣超出网口两个半球高度的球。半快球比一般扣球速度快，比快球速度慢，队员可利用高点看清对方拦网者的手，以便改变扣球手法和扣球路线。半快球的助跑路线一般同刺网夹角成 45°左右，起跳一般在二传出手后快速跳起。击球动作与近体快球基本相同，主要利用前臂和手腕加速甩动去击球。

（3）短平快球：扣球队员在二传手体前两米左右，扣二传队员传过来的平快球，叫短平快。这种球由于速度快、弧线平，因而进攻节奏快，在网上进攻点多，有利于避开对方拦网，具有较强的牵制和掩护作用。扣短平快球的助跑路线与球网的夹角应小于 45°，要在二传出手的同时起跳，在空中挥臂截击平飞过来的球。击球时，要迅速地以含胸动作带动前臂和手腕加速挥动，以全手掌击球的上方。可根据对方拦网手臂的位置，在球平飞过程中寻找击球点。

（4）平拉开扣球：扣球队员在 4 号位标志杆附近，扣二传队员传来的长距离的平快球。这种扣球，二传球弧线低而平，飞行速度快，因而进攻的突然性大，进攻区域宽，容易摆脱对方的集体拦网。平拉开扣球的助跑路线应采用外绕助跑，在二传球出手后，在标志杆附近起跳，在空中截击球。击球动作与短平快扣球基本相同。根据击球部位的不同，可扣出小斜线球或直线球。

(5) 调整快球：在一传不到位、离网较远时，二传把球调整到网品进行快球进攻，叫调整快球。调整快球要根据二传的位置和传球的方向、出手的时间，选择好助跑的角度、路线和起跳时间。应边助跑边观察，助跑的路线与球网的夹角要小，以便观察球的飞行路线和落点，使起跳点与二传球的飞行路线形成交叉点。起跳时，左肩斜对网，右臂随来球顺势向前追击球。击球时，利用含胸收腹动作，带动手臂向前上方挥动，以全掌击球的后上方。手触球时，手腕要有明显的推压动作，使球上旋。

3. 自我掩护扣球

自我掩护扣球是扣球队员用扣各种快球的假动作来掩护自己第二个实扣的半高球进攻。这种扣球有"时间差""位置差"和"空间差"3种。

(1)"时间差"扣球：扣球队员做扣快球或短平快球的助跑和摆臂起跳动作，但实际并不跳起，以欺骗对方拦网队员起跳，在拦网队员下落时，再迅速原地起跳扣半高球或弧线低的球，造成自己扣球与对方拦网时间上的明显差异，这种扣球称为"时间差"扣球。"时间差"扣球运用的关键在于假动作要逼真，为了骗取对方拦网队员起跳，有时可把摆臂起跳动作做得夸大逼真一些。

(2)"位置关"扣球：扣球队员在助跑后假做起跳，但并不跳起，待对方拦网队员起跳时，扣球队员突然向体侧跨出一步，用双脚或单脚起跳扣球，造成自己扣球与对方拦网位置上的明显错位，这种扣球称为"位置差"扣球，也称"错位"扣球。

"位置差"扣球的变化很多，常用的有：短平快球向3号位错位扣，近体快球向2号位或3号位错扣，背快球向2号位错位扣等。

① 短平快球向3号位错位扣：扣球队员假做扣短平快球助跑，但助跑后不起跳，等对方队员起跳网时，扣球队员突然向右侧跨步起跳扣近体半快球。若采用单脚错位起跳时，在假跳动作之后，左脚向右跨出一大步起跳，右腿积极向上摆动配合起跳，并向左转体挥动手臂击球。

② 近体快球向2号位错位扣：扣球队员假做扣近体快球助跑，助跑后不起跳，等对方队员起跳拦网时，扣球队员突然向右跨步到二传手身后起跳扣背传半高球。若采用单脚错位起跳时，在假跳动作之后，右脚先向二传手侧面跨出一大步，左脚再向二传身后跨步起跳，右腿积极向上摆动配合起跳，同时向左转体挥动手臂击球。

③ 近体快球向3号位错位扣：扣球队员假做扣近体快球助跑，助跑后不起跳，等对方队员起跳拦网时，扣球队员突然向左侧跨出一步起跳，扣弧线稍高、速度稍慢的短平快球。

④ 背快球向2号位错位扣：扣球队员假做扣背快球助跑，助跑后不起跳，等对方队员起跳拦网时，扣球队员突然向右侧跨步起跳，扣背传低平球。若采用单脚错位起跳，在假跳动作之后，左脚向右跨出一步起跳，右腿积极向上摆动配合起跳，并向左转体手臂击球。

(3)"空间差"扣球：扣球队员利用助跑的向前冲跳技术，使身体在滞空中有一个位移过程，将起跳点和击球点错开的扣球，称为"空间差"扣球，也称空中移位扣球和冲飞扣球。它是中国运动员创新技术。这种扣球不仅速度快，而且有较强的掩护作用。

常用的"空间差"扣球有：前飞、背飞、拉三、拉四等。

① 前飞：队员假打短平快球，突然利用向前冲跳，"飞"到二传手前扣半高球，这种扣球叫"前飞"，如图7-18所示。

图7-18　前飞

助跑双脚起跳的前飞扣球，助跑路线与球网的夹角很小，接近顺网助跑，右脚最后一步前脚掌着地，身体重心仍继续前移，左脚跟着落在右脚之前60～80 cm处，有明显的制动动作。踏跳同时，两臂由后经体侧用力向前上方摆动，随之右脚先蹬离地面，左脚再蹬离地面，由于起跳动作的向前冲力，使身体腾空后有明显的位移，当身体接近球时，已摆脱了对方的拦网。击球时，利用向左转体和收胸动作带动手臂挥动击球。

助跑单脚起跳的前飞扣球，可以充分利用助跑速度，加速助跑的最后一步跨出左脚蹬地，同时右腿和两臂配合向前上方摆动，使身体向前上方冲跳。击球时，利用向左转体动作带动手臂挥动击球。击球后，双脚同时落地，以缓冲身体下落的力量。

② 背飞：扣球队员假打近体快球，突然冲跳飞二传手背后标志杆附近和背传平快球，这种扣球叫"背飞"，如图7-19所示。

背飞扣球的动作与前飞相同，只是步点在二传手的体侧。击球时，在空中有随球飞行的感觉，击球区域较宽，可选择有利的突破口。

图7-19　背飞

③ 拉三：队员按扣近体快球助跑，而二传手将球向3号位传得稍拉开一些，扣球队员侧身向左起跳追球，在左前方扣快球，这种扣球叫"拉三"扣球。

拉三扣球的助跑起跳，右脚要有意识地踏在靠右侧一点，身体重心随之向左倾斜，两脚用力向右下方蹬地，使身体向左上方腾起，利用向左转体、转腕动作，将球从对方网手右侧击过网。

④ 拉四：队员在扣短平快球的位置上起跳，而二传手将球向4号位传得拉开一点，

扣球队员侧身向左起跳追球,在左侧前方扣短平快球。起跳方法和扣球动作与"拉三"相同。

(二) 拦网技术

1. 准备姿势

面对球网,两脚平行开立约同肩宽,距网 30~40 cm,两膝微屈,两臂自然弯曲置于胸前。随时准备起跳或移动。

2. 移动

为了对准对方进攻点,拦网队员需要及时移动。常用的移动步法有以下几种。

(1) 并步移动:这种移动适合于近距离使用。动作方法是单脚向右(左)迈一步,另一脚并步靠拢,如图 7-20 所示。

图 7-20 并步移动

(2) 滑步移动:相距 2 m 左右可采用滑步移动,连续的并步步移动即是滑步。

(3) 交叉步移动:这种移动速度快,制动能力强,移动范围大,适用于中、远距离。动作方法是:向右移动时,身体稍向右转,重心移向右脚,接着左脚从右脚前面向右交叉一大步,然后右脚再向右边跨出一步,右脚落地时,脚尖内转,使两脚平行站立,身体正对球网。移动时,也可右脚先向右迈一小步,其他动作与上述相同,如图 7-21 所示。

图 7-21 交叉步移动

(4) 跑步移动:移动距离较远时采用。动作方法是:向右移动时,身体先向右转,左肩对网,顺网跑至起跳点时,左肢跨出一步制动,右脚再向前迈出一步,同时脚尖内转,尽量合双脚保持平行,接着屈膝起跳。

3. 起跳

起跳时,重心降低,两膝弯曲,弯曲程度因人而异,两脚用力蹬地,两臂在体侧划小弧用力上摆,带动身体向上垂直起跳。起跳后稍收腹,控制身体平衡。

拦网起跳的时间必须掌握好,应根据对方二传球的高低、远近、快慢以及扣球队员的起跳时间和动作特点来决定。拦高球时,一般应比扣球队员晚跳;拦快球时,可以和扣球队员同时起跳或提前起跳。

4. 空中击球

起跳同时,两手从额前贴近并平行球网,向网上沿的前上方伸出,两臂伸直,前臂靠近网,两手昼伸向对方上空接近球,两手自然张开,屈指屈腕呈勺型。两手之间距离不能超过一个球,以防止球从两手间漏过。当手触球时,两手要突然紧张,手腕要用力下压盖住球的上方。站在靠近边线的拦网队员,为了防止对方打手出界,外侧手掌心在拦击球时要内转。

拦远网扣球时，要尽量向上伸直手臂，不要采用压腕动作，以提高拦击点，如图 7-22 所示。

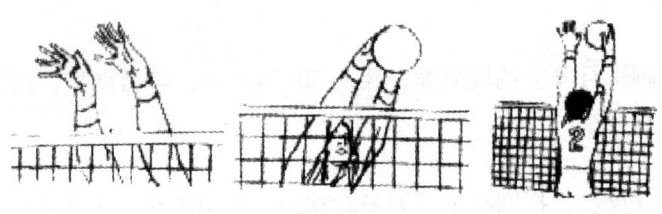

图 7-22 空中击球

5. 落地

如已将球拦回，则面向对方，屈膝缓冲，双脚落地。如未拦到球，在身体下落时要随球转身向着球飞出的方向准备做接应救球。

6. 拦网的判断

判断是拦网技术的关键环节，在拦网的全过程中都要贯穿着判断能力。应从以下几个方面进行判断：判断对方的战术打法；判断对方一传情况；判断对方二传的方向、弧线、速度和落点；判断对方扣球队员的助跑方向、起跳的时间以及起跳后人与球的关系和空中挥臂击球动作。同时，还要判断对方扣球队员的个人技术特点。

7. 集体拦网的配合

集体拦网有双人拦网和三人拦网。集体拦网的目的是为了扩大拦网的截击面。集体拦网除按个人拦网技术的要求外，更重要的是拦网队员之间的配合。集体拦网配合时应注意以下几个问题。

（1）集体拦网要确定以谁为主，密切协同配合，防止各行其是。

（2）主拦队员确定拦网中心，配合队员要及时选好起跳点，起跳时应避免互相冲撞和干扰。

（3）起跳后，手臂在空中要保持适当距离，尽量扩大拦击面，但手与手之间距离不要过大，以免造成漏球。

（4）不同身高的队员要加强起跳时间的配合，一般来说，高个子队员起跳时间应稍晚于矮个子。

（5）把身材高、弹跳力强、拦网好的队员换到 3 号位或换到对方扣球威力大的位置上，以加强本方拦网的威力。

第三节 排球基本战术

一、集体战术

集体战术是指两个或两个以上队员之间有组织、有目的的集体协同配合，任何集体进攻战术的变化都是建立在进攻阵形和进攻打法的基础之上。

1. 进攻战术

（1）进攻阵形

进攻阵形,就是进攻时所采用的基本阵形。合理地选择进攻阵形是各种进攻变化的基础。

① 中二传进攻阵形及其变化。中二传是指由一名前排或后排队员在前排中间位置做二传,其他队员参与进攻的阵形。中二传进攻阵形是最基本的进攻阵形,其特点是二传队员在中间,一传容易到位,战术可简可繁,适合不同战术水平的球队。其站位及其变化如下。

五边形站位,如图 7-23 所示。

大三角站位,如图 7-24 所示。

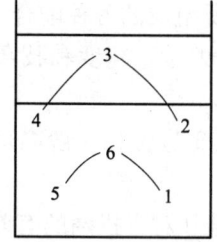　　　　　　　　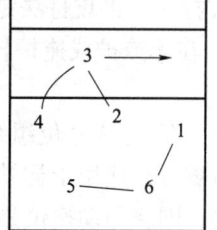

图 7-23　五边形站位　　　　　　图 7-24　大三角站位

这是最基本的站位方法,其变化主要以 2、4 号位进攻为主,辅以后排进攻等。

换位成中二传进攻阵形,如图 7-25 所示。

插上成中二传进攻阵形,如图 7-26 所示。

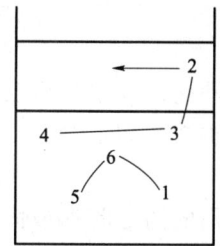　　　　　　　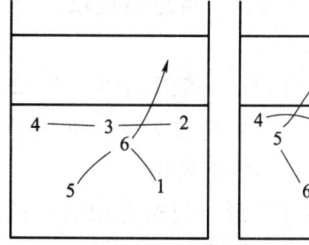

图 7-25　换位成中二传进攻阵形　　　图 7-26　插上成中二传进攻阵形

② 边二传进攻阵形及其变化。边二传是指由一名前排或后排队员在前排 2 号位做二传,其他队员参与进攻的阵形。边二传进攻阵形也是基本的进攻阵形,其特点是二传队员在边上,对一传的要求较高。折中阵形的战术比中二传进攻阵形变化的多,战术可简可繁,同样适合不同水平的队。

边二传阵形:2 号位队员站在网前担任二传,3、4 号位前排进攻,其他队员参与后排进攻,如图 7-27 所示。

反边二传阵形:4 号位队员站在网前作二传,其他队员参与进攻,如果 3 号位队员是左手扣球,采用这种阵形比较有利,如图 7-28 所示。

换位成边二传阵形:通常采用反边二传换位成边二传。插上成边二传阵形,后排队员都可以插上作二传。如 1 号位队员从 2 号位队员右侧插上成边二传阵形,其他队员分别进行前排或后排进攻,如图 7-29 所示。

111

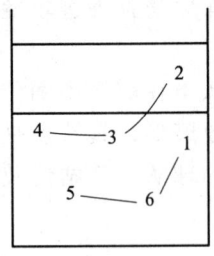 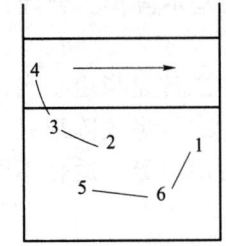 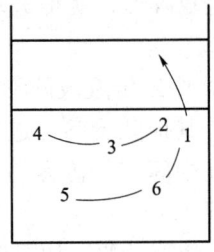

图 7－27　边二传阵形　　　图 7－28　反边二传阵形　　　图 7－29　换位成边二传阵形

（2）进攻打法。进攻打法是指二传队员与扣球队员之间所组成的各种配合。

① 强攻：在无掩护或掩护较小的情况下，主要依靠个人力量、高度和技巧等强行突破对方的拦防。

集中进攻：在2、4号位组织比较集中的高球进攻，或在3号位扣一般高球。这种打法易掌握，也易被拦，适用于初学者或水平较低的队。

围绕进攻：围绕跑动换位是为了发挥自己的扣球特长，避开对方拦网的有效区域。进攻队员从二传队员前面绕到后面或从后面绕到前面去扣球，称为围绕进攻。

② 调整进攻：当一传或防起的球不到位，球的落点离限制线较远时，由二传队员或其他队员，把球调整到网前有利于扣球的位置进行强攻的打法称为调整进攻。调整进攻在反击中运用较多，并占有比较重要的地位。

③ 两次攻：当一传接起的球直接垫到了限制线附近，而且比较平稳，适合进攻队员扣球，可以不经过二传，直接进行进攻。

2. 防守战术

（1）接发球阵形。一般采用1－2－2阵式主二传突出靠网前，以左右两点（人）进攻为主，后排两点（人）进攻为辅，如图7－30所示。该阵式进攻位置清楚，二传给球有规律、易掌握，为大多数所采用。

（2）后排防守阵形。与对方扣球队员相对应位置队员拦网的防守阵形或固定3号位队员拦网的防守阵形，如图7－31所示。

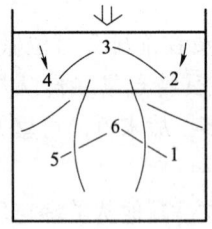 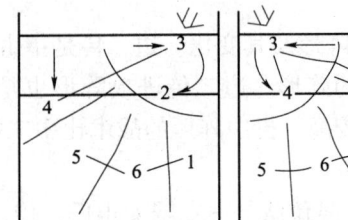

图 7－30　接发球阵形　　　　　　　图 7－31　后排防守阵形

（3）双人拦网时防守阵形及其变化，如图7－32和7－33所示。

① 活跟：在对方扣球路线变化多，而且打吊结合的情况下，应采取活跟。

② 后排跟进：根据实际情况，后排1、5号位跟进。

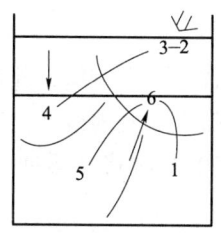
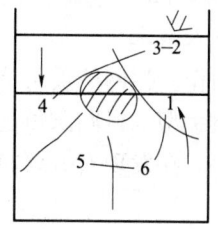

图 7-32 双人拦网（一）　　　　　图 7-33 双人拦网（二）

二、个人战术

个人战术是队员根据临场比赛的情况，有目的、有针对性地运用个人技术的过程。

1. 发球个人战术

（1）攻击性发球。尽量地发出速度快、力量大、旋转强、弧度平的攻击性发球以及发出轻、重、平冲、下沉等飘度大的飘球。

（2）控制落点的发球。找薄弱区域发球：将球发到对方前区、后区、两个队员之间的连接区、三角地区、一传差的队员。

（3）变化性的发球。突然加快发球的节奏，使对方措手不及或突然放慢发球节奏，如发高吊球，利用球体下落的速度变化，使对方不适应，还可以时而发长线球，时而发短线球，调动对方。

2. 二传个人战术

（1）隐蔽传球。二传队员尽可能地以相似动作，传出不同方向的球，使对方难以判断传球的方向。

（2）高复二传。二传队员在跳起的最高点直臂传球，以提高击球点，加快进攻速度。

（3）选择突破点。根据对方拦网的部署，避开拦网强的区域，选择薄弱环节作为突破口，在局部地区造成以多打少、以强攻弱的优势。

3. 扣球个人战术

（1）路线变化。扣球时，运用转体、转腕动作扣直线、斜线或小斜线的球，避开对方的拦网。

（2）轻重变化。扣球时、重扣强行突破与打点有机结合。

（3）超手和打手。充分利用弹跳力，采取超手扣球，从拦网队员手的上面突破，还可以利用平扣、侧旋扣球、推打等手法，造成拦网队员的打手出界。

（4）打吊结合。在对方严密的拦网下，先佯作大力扣杀，突然由扣变吊，将球吊入对方空当。

4. 一传个人战术

（1）组织快攻战术。一传的弧度要平、速度稍快，以加快进攻的节奏。

（2）组织两次球进攻战术。一传弧度要高，接近垂直下落，以利于两次进攻或转移。

（3）组织交叉进攻战术。3、4 号位交叉，一传落点要靠近球网中间；2、3 号位交叉，一传点要落在 2、3 号位之间。

（4）组织突袭战术。比赛中，如发现对方场区有较大空当或对方队员无准备时，一传可直接用垫、挡等动作将球击向目标区域，突袭对方。

5. 拦网个人战术

（1）假动作。拦网队员可灵活地运用站直拦斜、站斜拦直、正拦侧堵，迷惑对方。

（2）变换手型。拦网队员起跳后，根据进攻队员的动作随机应变地改变拦网手型。

（3）撤手。在发现对方要打手出界或平扣球时，可在空中及时将手撤回，造成对方扣球出界。

第四节　排球比赛规则

一、比赛规则

1. 发球规则

必须在发球区内将球抛起后，用一只手臂将球击出，运动员不得踏出发球区，在 8 秒内将球发出，发出的球也必须由标志杆组成的网上过网区进入对方。

2. 4 次击球犯规

一个队连续触球 4 次（拦网除外）为 4 次击球犯规。

3. 持球和连击犯规

没有将球击出，使球产生停滞，为持球犯规。同一人连续击球为连击犯规，但拦网时的连续触球以及全队第一次击球时同一动作击球产生的球连续触及身体部位除外。

4. 过网击球犯规

在对方空间触击球为过网击球犯规，但拦网在对方进攻性击球后触球除外。

5. 过中线犯规

比赛进行中队员整只脚和手掌、身体的其他任何部位越过中线接触对方场区，为过中线犯规。

6. 触网犯规

比赛进行中，队员触及 9 m 以内的球网和标志杆，标志带为触网犯规。但队员未谋略进行击球而轻微触网和被动触网除外。

7. 拦网犯规

（1）从标志杆外进行拦网并触球。

（2）当对方队员击球前或击球时，在对方场区空间内触球或妨碍对方击球。

（3）后排队员参加拦网并起到拦网作用，包括球触及前排队员。

8. 进攻性击球犯规

（1）后排进攻犯规：后排队员在 3 m 限制区内或踏及进攻线及其延长线，将整体高于球网的球击入对方。

（2）过网击球犯规：在对方场区空间内击球。

（3）击发球犯规：在 3 m 限制区内发来的、整体高于球网的球进攻性击球（如扣发球等）为犯规。

（4）自由人进攻性击球犯规：在 3 m 限制区内用上手传球方式进行二传球，进攻队员将此高于球网的二传球击入对方,或自由人在 3 m 线后的场区内将高于球网的球击入对方,均为自由人进攻性击球犯规。

二、辅助性体育游戏

1. 喊号接球

只需一个排球就可以。所有同学围成一圈,依次报数,大家记住自己的号。出来一个同学把球垂直往空中抛,同时喊出一个数字,被喊得那个同学马上出来接球,接住的话继续喊别的数字,要是没接住的话必须把球捡起,期间其他同学可以任意跑动,目的就是不要让捡球的同学捡到球以后打到自己。当捡球的同学捡到球以后,挑选一个目标,用球去打对方,(只要球碰到对方即可)。要是没碰到,则捡球的同学做俯卧撑;被捡球的同学打到的那个同学,做俯卧撑。

2. 方法

全体同学按逆时针行走,1~4 报数后,每人记牢自己的数字。当教师喊 2 时,所有的 2 数同学立即向前跑去,追赶前面一个 2 数的同伴,跑一圈后仍回原位。具体规则如下。

(1) 追跑时一律在圈外 1~2 m 范围内进行,不得在圆内或穿梭跑,不得跑向远方。

(2) 手触到前者的任何部位算捉到,但不得对同伴猛击。

要求:不是追赶的同学,仍保持一定距离,不干扰别人追赶。

3. 播种

在排球或篮球的场地上,在两半场内中心处和四角处,画直径为 1 m 的圆圈 5 个。

小沙包 8 个,每 4 个一组分别放在两个中圈内。教师可将学生分成人数相等的两个队,各成纵队面对场内,分别站在两条端线中心点的线外。游戏开始,听到教师发令后,排头跑至中间圆圈拿起一个沙包,用垫步加跨步的跑法把沙包放入 1 号圈内;然后回到中心圈再拿一个沙包,照前方法将沙包放入 2 号圈内,以此类推把 4 个沙包放完后要跑进中心圈再返回本队,拍第 2 人手后站至队尾。第 2 人依前顺序依次将沙包一个一个收回中心圈后,跑回本队,全队依次将沙包分开和收回,最后先完成的队为胜。具体规则如下。

(1) 沙包必须放入圈内,不准抛掷,如未能放入,必须放好后,才准继续向下进行。

(2) 每次拿、放沙包时,必须有一只脚踩到圈内。

(3) 换人时,必须击掌后,第 2 人才准起动。

4. 蛇战

根据学生的人数,平均分成几个组,使每组有 5~10 人。每组站成一排,后面的人抱住前面人的腰组成一个整体。游戏开始的命令下达后,各组之间相互混战,如有一组排头抓到另一组蛇尾时,被抓到的一组立刻淘汰出局。最后,没有被抓到尾巴的一组,即是优胜者。

规则:被抓尾巴时,则淘汰出局。蛇腰脱节时,排头抓到另一组排尾无效。

思考题

1. 排球运动有哪些技术?
2. 个技术要点的常犯错误有哪些,如何纠正?
3. 常用的集体进攻战术有哪些?
4. 如何练习弹跳力?

第八章 羽毛球

第一节 羽毛球运动的概述

一、运动的起源

1800年，现代羽毛球运动诞生于英国，由网球派生而来。1870年，出现了用羽毛、软木做的球和穿弦的球拍。1873年，英国公爵鲍弗特在格拉斯哥郡伯明顿镇的庄园里进行了一次羽毛球游戏表演，从此，羽毛球运动便逐渐开展起来，"伯明顿"即成了羽毛球的名字，英文的写法是 Badminton。那时的活动场地是葫芦形，两头宽中间窄，窄处挂网，直至1901年才改作长方形。

1875年，世界上第一部羽毛球比赛规则出现于印度的普那。3年后，英国又制定了更趋完善和统一的规则，并且这些规则大多沿用至今。

世界羽毛球赛事分为7个等级，四年一度的奥运会（包括男单、女单、男双、女双和男女混合5个单项），两年一度的汤姆斯杯赛（世界男子团体锦标赛）、尤伯杯赛（世界女子团体锦标赛）、苏迪曼杯赛（世界混合团体锦标赛）和世界羽毛球锦标赛（个人单项）均为7星级的赛事。

羽毛球运动简单易学，设备简单，适合男女老幼，并且运动量可根据个人年龄、体质、运动水平和场地环境而定。

进行羽毛球运动时，由于要不停地进行脚步移动、跳跃、转体、挥拍，因此，经常从事羽毛球运动可增强锻炼者上肢、下肢和腰部肌肉的力量，加快锻炼者全身血液循环，以及增强锻炼者心血管系统和呼吸系统的功能。

二、羽毛球场地与器材的基本要求

1. 羽毛球场地

长度是13.40 m，单打球场宽5.18 m，双打球场宽6.10 m。

2. 场地线

球场必须有清楚的界线，场地线宽均为40 cm，场地线的颜色最好是白色、黄色或其他容易辨别的颜色。所有场地线都是它所确定区域的组成部分。

3. 场地空间、四周环境

球场上空12 m以内，球场四周2 m以内，不得有任何障碍物（包括相邻的两个球场）。

4. 网柱

网柱高 1.55 m，双打场地网柱应放置在双打边线的中点上，单打场地网柱应放置在单打边线的中点上。

5. 羽毛球

羽毛球重 4.74~5.50 g，应有 16 根羽毛插在半球形的软木托上；羽毛球底部为圆形，球托直径 25~28 mm；羽毛在顶部围成圆形，直径 58~68 mm；羽毛应用线或其他适宜材料扎牢。

6. 球拍

羽毛球拍用木料、铝合金或碳素纤维等质地轻而坚实并富有弹性的材料制作而成。球拍由拍头、拍弦面、联结喉、拍杆、拍柄组成整个框架。拍框总长度不超过 680 mm，宽不超过 230 mm；拍弦面应是平的，用拍弦穿过拍头十字交叉或用其他形式编制而成，编制样式应保持一致；拍弦面长不超过 280 mm，宽不超过 220 mm。

第二节　羽毛球运动的基本技术

羽毛球的基本技术主要由手法和步法两大部分组成。其中，手法包括握拍、发球和击球，步法包括上网步法、后退步法和左右移动步法等。

一、握拍法

最基本的握拍法有正手握拍法和反手握拍法两种，下面以右手握拍为例进行介绍。

1. 正手握拍法

凡从身体右侧来球至头顶运用正手握拍法击球，如图 8-1 所示。虎口对准拍柄上方侧内沿，小指、无名指和中指并握，食指稍分开，大拇指与中指靠近。

2. 反手握拍法

凡从身体左侧的来球，运动员应先转身（背对网）后击球，用反手握拍法，即在正手握拍的基础上，拇指和食指将拍柄稍外转，拇指顶贴在拍柄内侧的宽面上，如图 8-2 所示。

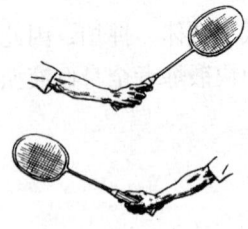

图 8-1　正手握拍法

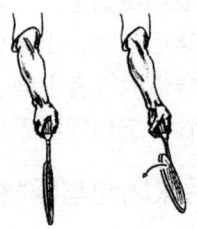

图 8-2　反手握拍法

二、发球与接发球

1. 发球

发球有正手发球和反手发球两种。按球在空中飞行的弧线又可将发球分为发高远球、发平高球、发平快球、发网前球和发旋转飘转球等，如图 8-3 所示。

2. 接发球

如果说发球发得好是走向胜利的开始，那么接发球接得好则是走向胜利的第一步。发球方要利用多变的发球打乱接球方的阵角，争取主动，而接发球方则是通过多变的接发球破坏对方的企图。接发球的动作如图 8-4 所示。

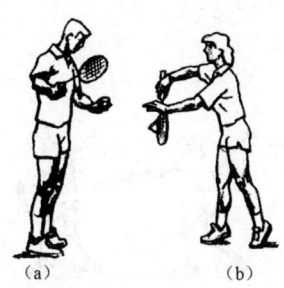

图 8-3　发球

（a）正手发球；（b）反手发球

图 8-4　接发球

三、击球法

1. 高远球

高远球可以逼迫对方退离中心位置，到底线去击球，削弱对方进攻威力，消耗对方的体力。高远球的滞空时间长，易于争取时间，可摆脱被动局面。击高远球的动作如图 8-5 所示。

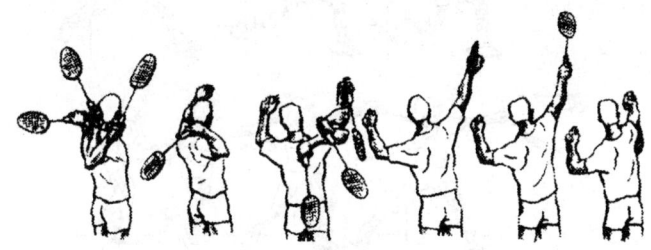

图 8-5　击高远球

2. 吊球

把对方击来的球从后场轻巧地还击到对方的网前地区，叫吊球。它是调动对方、打乱对方阵脚、配合战术的一种击球技术。在后场进攻中，常和高远球、杀球结合运用。如能做到这三种击球的前期动作一致，就能造成对方判断上的失误，以巧取胜。击吊球的动作如图 8-6 所示。

图 8-6　击吊球

3. 杀球

把高球在尽量高的击球点上用力扣压下去，这种球力量大、弧线直、下落快，是一种主要进攻技术。杀球动作如图8-7所示。杀球技术有正手、反手和绕头顶杀球3种。

图8-7 杀球

4. 放网前球

将对方的吊球或网前球用球拍轻轻一托，使球一过网顶就朝下坠落，如图8-8所示。

图8-8 放网前球

5. 搓球

搓球是放网前球技术的一种发展。它动作细腻，击球点较高，利用搓、切、挑的动作，摩擦球托底部，使球改变在空中的正常运行轨道，产生沿横轴翻转或纵轴旋转越过网顶，给对方回击造成困难，因而为自己创造进攻的机会，如图8-9所示。

6. 推球

推球与网前的假动作相配合，在引诱对手上网时，突然将球快速推到后场底角，如图8-10所示。利用这种进攻技术，常能直接得分。

7. 勾球

在网前回击对角线球叫勾球。它和搓球、推球结合起来运用，常能达到声东击西的作用，其动作如图8-11所示。

第八章 羽 毛 球

图 8-9 搓球

图 8-10 推球

图 8-11 勾球

8. 扑球

当对方发网前球或回击网前球、球越过网顶时，球的弧度较高，运动员迅速上步在网前举拍扑杀，谓之扑球。扑球用力有轻有重，飞行的弧线较短，落地较快，常使对方挽救不及，它是双打中常用的一种进攻技术。扑球动作如图8-12所示。

图8-12 扑球

9. 挑高球

它是把对方击来的吊球或网前球挑高，回击到对方的后场去，这是在比较被动的情况下采取的一种防守技术。挑高球动作如图8-13所示。

图8-13 挑高球

10. 抽球

抽球是击球平飞过网的一种打法。抽击时，击球点在肩部以下的两侧，是下手击球速度较快的一项进攻技术，在双打中运用最多，其动作如图8-14所示。

11. 接杀球

接杀球是转守为攻的打法，分为挡网前球、抽后场球和挑高球，其动作如图8-15所示。

四、步法

羽毛球的步法要快速灵活，才能有效地控制全场。单个步子有蹬步、跨步、垫步、蹬跨步、蹬转步、交叉步、并步、小碎步、腾跳步等。由这些组成上网、后退、两侧移动和起跳腾空等综合步法。从中心位置起动，移动到任何击球位置，一般不超过3步。

图8-14 抽球

图8-15 接杀球

以右手持拍者为例，说明几种综合步法。

1. 上网步法

由中心位置起动，不论正手球或反手球，根据来球的远近，可采用1步、2步或3步上网击球。但最后一步总是要求右脚在前，重心落在右脚上。

2. 后退步法

由中心位置后退，根据来球的远近，可采用1步、2步或3步后退击球。最后一步是右脚在后，重心在右脚上。若反手部位击球，左脚退后一步，上身需向左转体后，右脚再跨出一步。

3. 两侧移动步法

向右侧移动：若来球较近，用左脚掌内侧起蹬，右脚同时向右侧转跨一大步；若来球较远，左脚可向右垫一小步再起蹬右脚同时向右转侧跨一大步。向左侧移动：若来球较近，用右脚掌内侧起蹬，左脚同时向左侧转跨一大步；若来球较远，左脚可先向左侧移半步，上体向左转身的同时右脚向左（前交叉）跨大步。

4. 起跳腾空步法

步伐到位后，为争取战机和更高的击球点，用单脚或双脚起跳，居高临下，凌空一击。

第三节 羽毛球运动的基本战术

战术是根据对手的技术、打法、体力和思想意志等因素，从发挥自己的长处，弥补自己的短处出发，为争取比赛胜利而采取的各种策略。

一、单打战术

1. 发球抢攻

即从发球的第一拍起，争取控制对方，攻杀得分。一般以发网前低球结合平快球、平高球，争取第三拍主动进攻。

2. 攻后场

对后场还击力量较差的对手，可以攻后场底线两角，乘机进攻。

3. 攻前场

对基本功差的选手，可将其引到网前，争取得分。

4. 打四方球

若对手步法较慢，体力稍差，技术不全面，可以快速准确的落点攻击对方场区的四个角落，伺机向空当进攻。

5. 杀吊上网

当对手打来后场高球，先以杀球配合吊球把球下压，落点要选择在场区的两条边线附近，使对手被动回球。若对手还击网前球时，迅速上网搓球、勾球或平推球，创造在中后场大力扣杀的机会。

6. 守中反攻

先以高远球诱使对方进攻，在对手强攻不下、疏于防守时，即可突击进攻，或在对手体力下降、速度缓慢时，再发动进攻。

二、双打战术

1. 发球、接发球战术

双打的发球往往是决定胜负的关键。发球要根据对方情况，选择好站位，注意球路、落点的变化，争取主动。因双打的发球线比单打短 76 cm 不利于发高球，往往以发网前球为主。接发球时如果判断起动快，有较好的出手手法，常可以扑球使对方被动，或是以搓、推获得主动进攻的机会。

2. 攻人（2 打 1）

集中攻击对方有明显弱点的队员。当另一队员前来协助时，露出空隙，可攻空隙；若另一名队员放松警惕时，可攻其不备。

3. 攻中路

当对方处于并排防守站位时，可攻对方两人的中间。当对方前后站位时，就可把球下压或轻推在两边线半场处。

4. 攻后场

遇到后场扣杀能力差的对手，可采用平高球、推平球、接杀挑底线，把对方一人紧逼在底线两角移动。当对手被动还击时，大力扑杀。如另一对手后退支援时，即可攻网前空当。

5. 后攻前封

当本方处于主动进攻前后站位时，后场队员逢高球必杀，迫使对手接杀挡网前，为本方前场队员创造封网扑杀机会。前场队员要积极封锁前场，迫使对方被动挑高球，遇挑高球不到后场，就会为本方创造得分机会。

6. 守中反攻

在防守中寻找反攻的机会，以达到摆脱被动转为主动进攻的局面。待到有利时机就运用反抽或挡网前回击对方的杀球，从守中反攻，争得主动权。

第四节 羽毛球竞赛的主要规则

国际羽联对21分制作了最后修订，并宣布新规则将从2006年2月1日起正式实施。据介绍，新规则的最大变化是取消了发球得分制，另外规定每局获胜分统一定为21分。羽毛球场地如图8－16所示。

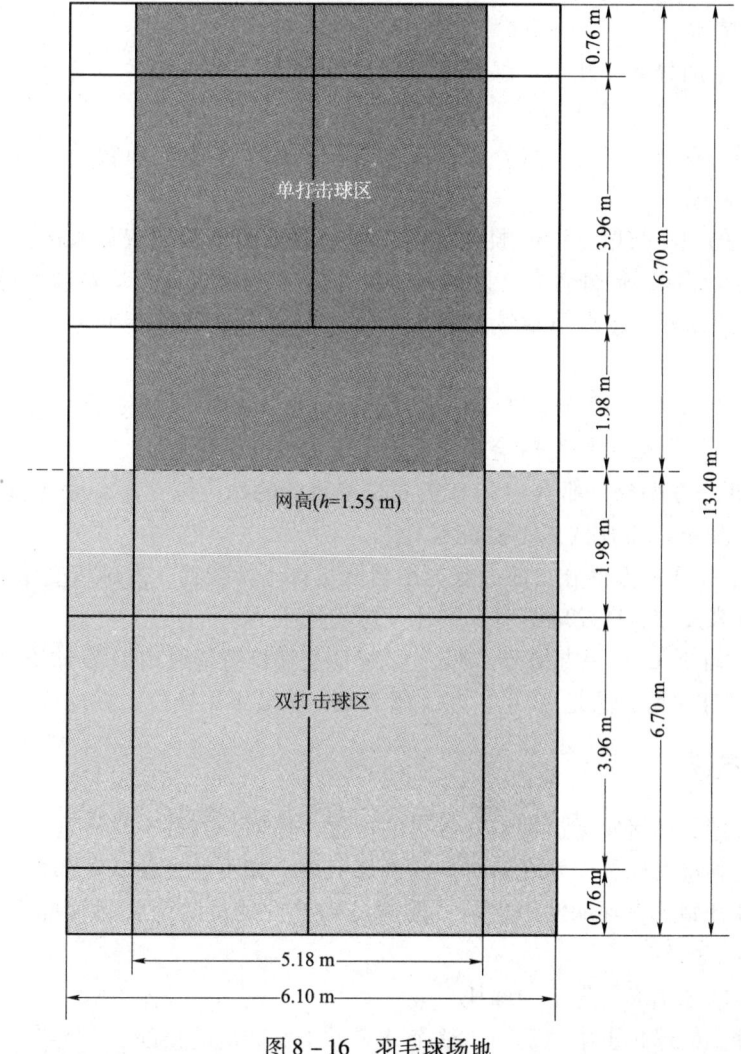

图8－16 羽毛球场地

羽毛球竞赛的具体规定如下。

一、单打

（1）每场比赛采取三局两胜制。
（2）率先得到 21 分的一方赢得当局比赛。
（3）如果双方比分打成 20 比 20，获胜一方需超过对手 2 分才算取胜。
（4）如果双方比分打成 29 比 29，则率先得到第 30 分的一方取胜。
（5）首局获胜一方在接下来的一局比赛中率先发球。

二、双打

（1）每球得分 21 分制。规则：21 分制，任何一方只要将球打"死"在对方的有效位置，或者因为对方出现违例或失误，均可得分。
（2）增加技术暂停。规则：除非特殊情况（比如地板湿了，球打坏了），球员不可再提出中断比赛的要求。但是，每局一方以 11 分领先时，比赛进行 1 分钟的技术暂停，让比赛双方进行擦汗、喝水等。
（3）平分后的加分赛。规则：每局双方打到 20 平后，一方领先 2 分即算该局获胜；若双方打成 29 平后，一方领先 1 分，即算该局取胜。
（4）取消第二发球。规则：得分者方有发球权，如果本方得单数分，从左边发球；得双数分，从右边发球。
（5）发球员的顺序与单打中的顺序一样，即以分数的单数或双数来决定，只有发球方在得分时才交换发球区。得分者方有发球权，如果本方得单数分，从左边发球；得双数分，从右边发球。除此以外，运动员继续站在上一回合的各自发球区不变，以此保证发球员的交替。

① 如果双方在 A/B 一对组合和 C/D 组合之间进行，A/B 一方选择先发球。假如说 A 站在两人的右手区域，那么 A 先发球给对角线位置上的 C（假设）。
② 如果 A/B 一方得分，那么 A 和 B 需要交换彼此的站位区，还有由 A 来发球，将球发给 D（A/B 一方得分 C 和 D 两人不换位置）。
③ 如果此时 C/D 一方得分，那么双方四名队员都不换位置，发球权交给 C/D 一方，由刚才接发球的 D 来发球，D 发球给对方刚才发球的选手 A。
④ 如果 D 发球后 C/D 一方得分，那么 C 和 D 交换位置继续由 D 发球给 B。
⑤ 如果 D 发球后得分的是 A/B 一方，那么双方队员不用换位，发球权交给 B。

三、合法发球

（1）一旦发球员和接发球员都站好各自的位置，任何一方都不允许延误发球。
（2）发球员和接发球员应站在斜对角的发球区内，脚不触及发球区和接发球区的界线。
（3）从发球开始，直到球发出之前，发球员和接发球员的两脚必须都有一部分与球场接触，不得移动。
（4）发球员的球拍应首先击中球托。
（5）在发球员的球拍击中球瞬间，整个球应低于发球员的腰部。

（6）在击球瞬间，发球员的拍杆应指向下方，使整个拍头明显低于发球员的整个握拍手。

（7）发球开始后，发球员必须连续向前挥拍，直至将球发出。

（8）发出的球，应向上飞行过网，如果未被拦截，球应落在规定的接发球区内（即落在线上或界内）。

四、违归发球

（1）根据规则的规定，如果发球不合法，应判"违例"。

（2）发球员发球时未能击中球，应判"违例"。

（3）一旦双方运动员站好位置，发球员挥拍时，发球员的球拍头第一次向前挥动即为发球开始。

（4）发球员应在接发球员准备好后才能发球，如果接发球员已试图接发球则应被认为已做好准备。

（5）发球开始后，发球员的球拍击中球或者未能击中球均为发球结束。

（6）双打比赛，发球员或接发球员的同伴站位均不限，但不得阻挡对方发球员或接发球员的视线。

五、羽毛球比赛方法及主要规则简介

（一）比赛的项目

男子单打、女子单打、男子双打、女子双打、混合双打、男子团体、女子团体。

（二）比赛的计分方法及规则

（1）记分方法，采用21分制，即双方分数先达21分者胜，3局2胜。每局双方打到20平后，一方领先2分即算该局获胜；若双方打成29平后，一方领先1分，即算该局取胜。

（2）规则中每球得分，并且除特殊情况（比如地板湿了，球打坏了）外，球员不可再提出中断比赛的要求。但是，每局一方以11分领先时，比赛进行1分钟的技术暂停，让比赛双方进行擦汗、喝水等。

（3）得分者方有发球权，如果本方得单数分，从左边发球；得双数分，从右边发球。取消（单打）后发球线。在第三局或只进行一局的比赛中，当一方分数首先到达11分时，双方交换场区。

（三）比赛中的站位

1. 单打

（1）发球员的分数为0或双数时，双方运动员均应再各自的右发球区发球或接发球。

（2）发球员的分数为单数时，双方运动员均应再各自的左发球区发球或接发球。

（3）如"再赛"，发球员应以该局的总的分数来确定站位。若总分为15分（单数），双方运动员均应再各自的左发球区发球或接发球；若总分为16分（双数），双方运动员均应再各自的右发球区发球或接发球。

（4）球发出后，双方运动员就不再受发球区的限制而自由击到对方场区的任何位置，运动员的站位也可以在自己这方场区的界内或界外。

2. 双打

（1）一局比赛开始和获得发球局的一方，都应从右发球区开始发球。

（2）只有接发球员才能接发球；如果它的同伴去接球或被球触及，发球方得一分。

① 每局开始首先发球的运动员，在该局本方得分为 0 或双数时，都必须在右发球区发球或接发球；得分为单数时，则应在左发球区发球或接发球。

② 每局开始首先接发球的运动员，在该局本方得分为 0 或双数时，都必须在右发球区接发球或发球；得分为单数时，则应在左发球区接发球或发球。

③ 上述两条相反形式的站位适用于他们的同伴。

（4）任何一局的本方发球员失去发球权后，由该局首先发球员发球，然后首先发球员的同伴发球，接着由他们的对手之一发球，然后再有另一对手发球，如此传递发球权。

（5）运动员不得有发球错误和接发球的错误，或在同一局比赛中有两次发球。

（6）一局胜方的任一运动员可在下一局先发球，负方中任一运动员可先接发球。

（7）球发出后就不再受发球区的限制了。运动员可在本方场区自由站位和将球击倒对法场区的任何位置。

（四）比赛规则

1. 交换场区

（1）以下情况运动员应交换场区。

① 第一局结束。

② 第三局开始。

③ 第三局中或只进行一局的比赛进行至一方达到 11 分时。

（2）运动员未按以上规则交换场区，一经发现立即交换，以得分数有效。

合法发球：发球任何一方都不允许非法延误发球；发球员和接发球员都必须站在斜对角线发球区内发球和接发球，脚不能触及发球区的界限；两脚必须都有一部分与地面接触，不得移动，直至将球发出；发球员的球拍必须先击中球托，与此同时整个球必须低于发球员的腰部；击球瞬间球杆应指向下放，从而使整个球筐明显低于发球员的整个握拍手部；发球开始后，发球员的球拍必须连续向前挥动，直至将球发出；发出的球必须向上飞行过网，如果不受拦截，应落入接发球员的发球区。

2. 羽毛球的违例

（1）发球不合法违例。

（2）发球员发球时未击中球。

（3）发球时，球过网后挂在网上或停在网顶。

（4）比赛时出现以下情况也属违例。

① 球落在球场边线外。

② 球从网孔或从网下穿过。

③ 球不过网。

④ 球碰屋顶、天花板或四周墙壁。

⑤ 球碰到运动员的身体或衣服。

⑥ 球碰到场地外其他人或物体（由于建筑物的结构问题，必要时地方羽毛球组织可以制定羽毛球触及建筑物的临时规定，但其国组织有否决权）。

(5) 比赛时，球拍或球的最初接触点不在击球者网的这一方（击球者击球后，球拍可以随球过网）。

(6) 比赛进行中出现以下行为属违例。

① 运动员球拍、身体或衣服触及网或网的支持物。

② 运动员的球拍或身体，以任何程度侵入对方场区。

③ 妨碍对手，如阻挡对方仅靠球网的合法击球。

(7) 比赛时，运动员故意分散对方注意力的任何举动，如喊叫、故作姿态等。

(8) 比赛时出现以下行为属违例。

① 击球时，球夹在或停滞在拍上紧接着又被拖带。

② 同一运动员两次挥拍连续击中球两次。

③ 同一方两名运动员连续各击中球一次。

④ 球碰球拍继续向后场飞行。

(9) 运动员违反比赛连续性的规定。

(10) 运动员行为不端。

3. 重发球

① 与不能预见或意外的情况，应重发球。

② 除发球外，球挂在网上或停在网顶，应重发球。

③ 发球时，发球员和接发球员同时违例，应重发球。

④ 发球员在接发球员未做好准备时发球，应重发球。

⑤ 比赛进行中，球托与球的其他部分完全分离，应重发球。

⑥ 司线员未看清球的落点，裁判员也不能做出决定时，应重发球。

⑦ 重发球时，最后一次发球无效，原发球员重发球。

4. 死球

① 球撞网并挂在网上，或停在网顶上。

② 球撞网或网柱后开始在击球这一方落向地面。

③ 球触及地面。

④ "违例"或"重发球"。

5. 发球区错误

① 发球顺序错误。

② 从错误的发球区发球。

③ 在错误的发球区准备接发球，且对方球已发出。

6. 发球区错误的裁判方法

① 如果错误在下一次发球击出前发现，应重发球；只有一方错误并输了这一回合，则错误不予纠正。

② 如果错误在下一次发球击出前未被发现，则错误不予纠正。

③ 如果因发球区错误而"重发球"，则该回合无效，纠正错误重发球。

④ 如果发球区错误未被纠正，比赛也应继续进行，并且不改变运动员的新发球区和新发球顺序。

思考题

1. 简述单打战术和打法。
2. 简述双打战术和打法。
3. 简述比赛中的再赛规定。
4. 简述合法发球。
5. 简述何时应该重发球。

第九章 乒乓球

第一节 乒乓球运动概述

乒乓球运动是19世纪后期起源于英国，从网球运动直接派生而来的。

最早关于乒乓球运动的文字记载是在1880年英国的一家体育器材用具公司刊登的乒乓球器材广告上，当时还不叫"乒乓球"，而是以"高西马""弗利姆—弗拉姆"等奇特的名称在英国盛行。

在1890年。英格兰的一位退休的越野跑运动员詹姆斯·吉布（James Gibb）到美国旅游时，偶然发现了一种用赛璐珞制成的空心玩具球，弹跳力很强，于是产生了用这种小球来替代软木球和橡胶球的想法。他把这种球带回英国后，就将这种球稍加改进，并逐步在英国和世界各地推广起来。或许因为赛璐珞球在桌上，被羔皮纸拍打来打去发出了"乒乒乓乓"的声音的缘故，英国一家体育用品公司模拟其声，首先用"乒乓"（Ping-Pong）二字作了广告上的商品名称。至此，乒乓球才开始有了如此之名。到了1926年，早已成力的英国乒乓球（Pong-Pong）协会发现"乒乓"二字是商业注册名称，加之原乒乓球协会缺乏代表性，因而便解散了原组织，重新成立了"桌上网球"（Table Tennis）协会。自此，"桌上网球"这个名字一直沿用至今。国际乒联至今仍采用这个名称。汉语中的乒乓球是从声音上得名；日本称其为桌球则与原意更为相近。

1904年，上海四马路一家文具店的经理王道平，从日本买来10套乒乓球器材，摆设在店中，还亲自做打球表演并介绍在日本看到的打乒乓球的情况，从此我国开始有了乒乓球活动。

1926年12月，在英国伦敦举行的第一届欧洲乒乓球锦标赛期间，会议通过了正式成立国际乒乓球联合会的决议和国际乒联的章程，讨论了乒乓球规则，推选英国乒协的负责人伊沃·蒙塔古为国际乒联的第一任主席。

世界乒乓球锦标赛自1926年以后每年举行一次，1940~1946年因二战而中断。1957年以后，改为每两年举行一次，至2010年共举行了50届。

 **奥运小知识**

1. 乒乓球首次被列为奥运会正式项目是在1988年的汉城奥运会上。
2. 邓亚萍在乒乓球项目上，她获得了14个世界冠军，4个奥运会冠军，被誉为是乒乓

球历史上最伟大的女子选手。

3. 瓦尔德内尔、孔令辉、刘国梁、王楠、张怡宁是目前世界上获得乒乓球项目的大满贯的几名选手。

第二节　乒乓球基本技术

乒乓球技术主要有握拍法、准备姿势、基本步法、发球与接发球、挡球与推挡球、攻球、搓球、削球、左推右攻、推挡侧身攻、发球抢攻等。

一、握拍法

（1）直式握拍法：直拍握法的特点是正反手都用球拍的同一面击球，一般情况下，不需两面转换，出手较快；正手攻球快速有力，攻斜、直线球时拍形变化不大，对手不易判断，便于从速度、球路和力量上取得主动；手腕动作灵活，发球可作较多变化。但反手攻球时，因受身体阻碍较难掌握，不易起重板；攻削交替时手法变化大，影响击球速度和准确性；防守时照顾面积较小。直式握拍法的手势如图9-1所示。

图9-1　直式握拍法

（2）横式握拍法：横式握拍法的特点是照顾的面积比直拍大，攻球和削球时握拍的手法变化不大；反手攻球不受身体阻碍，便于发力；削球时用力方便，便于发挥手臂的力量和掌握旋转变化。但在不定期击左右两面来球时，需要转动拍面，动作大，影响摆臂速度；攻直线球时，动作明显被对方识破；台内正手攻球较难掌握。横式握拍法的手势如图9-2所示。

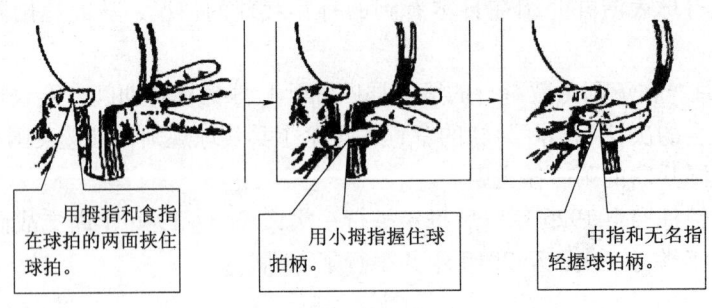

图9-2　横式握拍法

（3）握拍应该注意的问题如下。

① 握拍不能过大、过小或太深、太浅，以免影响手腕动作的灵活性和击球的发力。

② 不论直握或横握，在准备击球前或击球后，手指不要用力握拍。这样，一方面便于

使拍形恢复到准备击球的状态;另一方面也可使手的各部分肌肉及时放松,以免由于握拍过紧而造成手腕、前臂的僵硬。

③ 握拍法易犯错误和纠正方法,如表 9-1 所示。

表 9-1 握拍法易犯错误和纠正方法

编号	易犯错误	原因	现象	纠正方法
1	握拍过深	握拍概念不清	妨碍拍形调节	① 建立正确的握拍法概念 ② 体会正确的握拍方法 ③ 在挥拍练习时,强化正确动作
2	握拍过浅	握拍概念不清	① 不利于控制拍形 ② 影响击球发力	① 建立正确的握拍法概念 ② 体会正确的握拍方法 ③ 在挥拍练习时,强化正确动作
3	拍后三指过屈	握拍概念不清	① 妨碍拍形调节 ② 影响击球发力	练习时,在拍后适当位置作一标记,限定三指位置
4	拍后三指张开	握拍概念不清	① 妨碍拍形调节 ② 不便于反手击球	① 建立正确的握拍法概念 ② 体会正确的握拍方法 ③ 在挥拍练习时,强化正确动作

二、基本姿态

正确的基本姿态应该是:两脚平行站立(脚尖指向平行),提踵、前脚掌内侧用力着地,两脚间距离比肩稍宽。两膝微屈并稍内扣,上体略前倾,重心置于两脚之间。两眼注视来球。以右手握拍为例,持拍向左成半横状,使手臂保持自然弯曲,置于身体右侧,肘略外张,手腕放松,将球拍向左成半横状,使拍形保持自然后仰。球拍置于腹前,离身 20～30 cm,如图 9-3 所示。做到"注视来球,上体微倾,屈膝提踵,重心居中"。

两脚开立比肩略宽是为了保持身体重心的稳定性。两脚脚尖的指向同一方向,对快速起动移动有着重要的作用,它可以直接蹬地启动,从而缩短了步法移动的时间。

图 9-3 乒乓球基本姿势
(a) 直板侧面图;(b) 直板后面图;(c) 横板正面图;(d) 横板侧面图

准备姿势易犯错误和纠正方法,如表 9-2 所示。

表 9-2 准备姿势易犯错误和纠正方法

编号	易犯错误	原因	现象	纠正方法
1	站位过近	站位概念不清	不利于还击长球	① 建立正确是站位概念 ② 进行多球、对打练习时，在台端地面上标明基本站位的范围
2	两脚距离过窄，基本姿势概念不清	影响身体的稳定性	不利于击球发力	在挥拍、多球和对打练习中强化正确的基本姿势
3	两脚距离过宽	影响身体的稳定性	不利于快速引拍及挥拍击球	在挥拍、多球和对打练习中强化正确的基本姿势
4	全脚掌着站立	影响身体的稳定性	身体重心太靠后	在挥拍、多球和对打练习中强化正确的基本姿势
5	执拍手上臂与躯干的过紧	影响身体的稳定性	① 肩膀肌肉过紧 ② 不利于正确完成引拍动作	练习时，在躯干右侧捆一块较轻的物体，防止夹上臂
6	执拍手前臂下垂	影响身体的稳定性	不利于及时启动和快速移动	紧贴台端站立，进行各种挥拍练习，防止垂臂吊拍

三、基本步法

1. 单步

击球时，以一脚的前脚掌为轴，另一脚向前或向左、向右移动一步，身体重心也随之移动到摆动腿上，然后挥臂击球。来球距身体较近时常用这种步法。

2. 跨步

击球时，以一脚向前、前后、向右的不同来球方向跨出一大步，身体重心随即移动到摆动腿上，另一脚迅速跟上，以便保持在最佳的距离上。一般在来球离身体较远，来球速度较快，可借助对方力量击球时使用这种步法。

3. 并步

移动时，先以与来球异方向的脚向另一只脚并一步，然后与来球同方向的脚再向来球的方向迈一步迎击来球。由于并步移动范围大，能保持重心稳定，一般在来球速度不算太快时可以使用。如削球的左右移动、快攻、拉弧圈球等，就常用这种步法。

4. 跳步

以与来球异方向的脚先起动，用力蹬地，两脚一同离地向左或向右移动。蹬地脚先落地，另一脚跟着落地，站稳后击球。这种步法照顾范围比单步大。小跳步还可用来作为还原步法，调整攻球的位置。它通常与单步、跨步综合运用。

5. 交叉步

击球时，以靠近来球方向的脚作为支撑脚，远离来球方向的脚迅速向来球方向在体前跨出一大步，腰和髋关节随势将支撑脚带向来球方向，在支撑脚落地前的瞬间击球，运用交叉步接短球或削突击来球较多。

基本步法易犯错误和纠正方法，如表9-3所示。

表9-3 基本步法易犯错误和纠正方法

编号	易犯错误	原因	现象	纠正方法
1	起动移步时，身体重心未移至蹬地脚上	身体重心转移不及时	影响起动速度和位移速度	反复进行各种步练习，体会身体重心转换
2	移动过程中身体重心起伏太大	身体移动时向下蹬地过大	移步时两脚离地太高，影响位移速度和击球的稳	反复进行各种步法强度移动时两脚贴近地面，身体重心平衡

四、发球

发球技术是乒乓球的重要技术，是乒乓球前三板技术之首，是唯一的由运动员完全根据自己意志，以任何适合的力量、速度、旋转、线路、角度击到对方台面任何合法位置的技术。发球技术的总体要求如下。

（1）出手突然，且能用相似的手法发出不同落点、不同旋转的球。

（2）落点准确，并将速度快、旋转强很好地结合起来。

（3）要配套，发球要有与自己的打法特点和抢攻紧密结合起来。

1. 发正手平击球

特点：速度一般，基本不旋转或略有上旋，是掌握其它复杂发球的基础技术，初学者要学会的发球首先就是这种。

动作方法如图9-4所示。

（1）击球前动作如下。

① 选位：左脚稍前，身体略向右转，左手掌心托球置于身体右侧前方。

② 引拍：左手将球向上抛起，同时右臂内旋，使拍面角度稍前倾，向身体右后方引拍。

③ 迎球：右臂从身体右后方向右前方挥动。

（2）击球时：当球从高点下降至稍高于球网时，击球中上部向左前方发力。球击出后第一落点在球台中间。

（3）击球后：手臂继续向左前方随势挥动，迅速还原。

（4）发力部位以前臂为主，动作过程中身体重心从右脚移至左脚。

图9-4 发正手平击球

2. 发正手下旋球

特点：球速较慢、旋转变化大。由于发球手法近似，能通过旋转变化迷惑对方，使其不易判断球的旋转强度，造成回击时下网、出界或出高球，如图9-5所示。下旋加转发球动作方法如下所述。

（1）击球前动作如下。

① 选位：左脚稍前，身体略向右偏倾，左手掌心托球置于身体右前方。

② 引白：左手将球向上抛起，同时右臂直握拍手腕作伸。横握拍手腕略向外伸展。

③ 迎球：右臂从身体右后上方向左前下方挥动。

（2）击球时：当球从高点下降至稍高于或平于网高时，前臂加速向左前下方发力，同时直握拍手腕作屈同时内收，击球中下部向底部摩擦。球击出后第一落点接近于球网。

（3）击球后：手臂继续向左前下方随势挥拍，迅速还原。

（4）发力部位以前臂和手腕为主，动作过程中身体重心从右脚移至左脚。

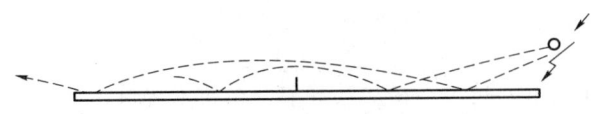

图9-5 正手下旋球

3. 反手发球技术

（1）击球前动作描述如下。

① 选位：右脚稍前或平站，身体略向左转，左手掌心，托球置于身体左侧前方。

② 引拍：左手将球向上抛起，同时右臂外旋，使拍面角度稍前倾，向身体右后方引拍。

③ 迎球：右臂从身体后方向前方挥动。

（2）击球时：当球从高点下降至稍高于球网时，击球中上部向右前方发力。球击出后第一落点在球台中央。

（3）击球后：手臂和手腕继续向右前方随势挥动，迅速还原。

（4）发力主要部位以前臂为主，动作过程中身体重心从左脚移至右脚。

4. 反手发下旋加转球

（1）击球前动作描述如下。

① 选位：右脚稍前或平站，身体略向左偏斜，左手掌心托球置于身体左前方。

② 引拍：左手将球向上抛起，同时右臂内旋，直握拍手腕作屈，横握拍手腕作外展，使拍面角度后仰，向身体左后上方引拍。

③ 右臂从身体左后上方向右后前下方挥动。

（2）击球时：当球从高点下降至稍高于或平于网高时，前臂加速向左前下方发力，同时直握拍手腕作伸，横握拍手腕作内收，击球中下部向底部摩擦。球击出后第一落点接近球网。右前下方

（3）击球后：手臂继续向右前下方随势挥动，迅速还原。

（4）发力部位以前臂和手腕为主，动作过程中身体重心从左脚移至右脚。

特点：同正手发下旋加转球与不转球，多用于横拍。

发球技术动作易犯错误和纠正方法，如表9-4所示。

表9-4 发球技术动作易犯错误和纠正方法

编号	易犯错误	原因	现象	纠正方法
1	发球犯规	不懂规则，平时要求不严	判罚失分	学习规则，严格按照规则要求进行练习
2	击球点过高或过低	击球点的位置不清击球动作与抛球动作配合不协调	发球准确性差，球易的击球练习出界或下网	明确击球点的位置，反复进行正确练习
3	发球时的触拍部位不准确	抛球不稳定，调节控制拍形能力差	发球准确性差，发球质量不高	弄清各种发球的触拍部位，反复进行练习，提高触拍部位的准确性，加强手上调节
4	球发出后的第一落点位置不当	第一落点位置概念不清	发球不过网或发球出界	弄清第一落点位置，要求击球点正确，调节好击球时的拍面角度

五、攻球

1. 反手攻球

随着当今乒乓球运动的发展，反手攻球已是各种打法的运动员，特别是进攻类型运动员不可缺少的一项技术。比赛中运用反手攻球，常可以发动威力强大的全台进攻，大大加强了攻势。虽然掌握起来比较困难，尤其是对直拍运动员，但展望乒乓球运动的未来，它将是必备的技术之一。

特点：站位近、动作小、球速快、路线活、带上旋，击球点在台内，回球具有突击性，是对付台内球并争取主动的一种攻球技术。

动作方法描述如下。

（1）击球前动作描述如下。

① 选位：站位靠近球台。左大角度来球时，上左脚；中间或偏右开球时，上右脚。

② 引拍：手臂自然弯曲，前臂伸向台内，根据来球旋转强弱程度，手臂相应内旋或外旋，调整拍面角度。

③ 迎球：前臂向前挥动。

（2）击球时：当球跳至高点期，下旋强时，前臂、手腕向前上方发力，拍面稍后仰击球中下部；下旋弱时，前臂、手腕向前发力，拍面垂直击球中部。

（3）击球后：随势挥臂动作小，迅速还原成击球前的准备姿势。

（4）发力主要部位以前臂、手腕为主，动作过程中身体重心放至迎球前上步脚上。

2. 正手攻球

正手攻球是乒乓球攻球技术的重要组成部分。具有快速有力的特点，能体现积极主动快速进攻的指导思想。比赛时，正手攻球运用的好，就能使自己处于主动，使对方陷与被动。因此，无论什么打法的运动员，都必须很好地掌握这项技术。

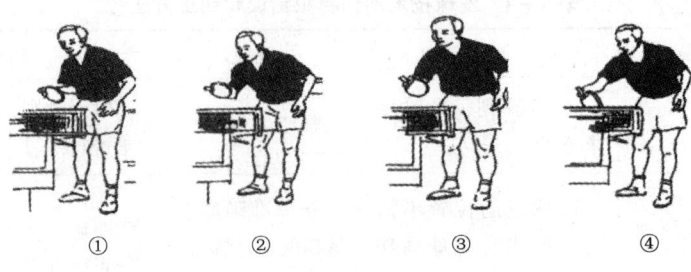

图 9-6 反手攻球

特点：站位近、动作小、球速快、路线活、带上旋，击球点在台内，回球具有突击性，是对付台内球并争取主动的一种攻球技术。

动作方法：

（1）击球前动作描述如下。

① 选位：站位靠近球台，右方大角度来球时上右脚，中间或偏左方向来球时上左脚。

② 引拍：手臂自然弯曲迎前，前臂伸向台内，根据来球旋转程度手臂相应地作内旋或外旋调整拍面角度。

③ 迎球：前臂、手腕向前挥动。

（2）击球时：当来球跳至高点期，下旋强时拍面稍后仰，击球中下部，前臂、手腕向前上方发力。下旋时若拍面垂直，击球中部，前臂、手腕向前为主，适当向上用力。上旋时拍面稍前倾，击球中上部，手臂直接向前用力。

（3）击球后：随势挥臂动作小，迅速还原。

（4）发力主要部位以前臂、手腕为主，动作过程中身体重心放置迎前的上步脚上。

图 9-7 正手攻球

攻球技术动作易犯错误和纠正方法，如表 9-5 所示。

表 9-5 攻球技术动作易犯错误和纠正方法

编号	易犯错误	现象	纠正方法
1	正手攻球时,手腕下垂使球拍与前臂成垂直	击球时,动作僵硬不协调	球拍拍柄向左,做徒手模仿练习
2	正手攻球时,手腕上挺使球拍与前臂成一条直线	击球时,动作僵硬不协调	握拍时,手腕放松,做徒手模仿练习
3	正手攻球时,抬肘关节	击球时,动作僵硬不协调	手臂放松,肘关节下垂,做近台快攻练习
4	判断球的落点不准,引拍动作不到位	击球落空	先做还击发球练习,再做还击连续挡球的练习
5	击球后,球拍立即停止不前	动作不协调	用多球练习改进动作

六、搓球

搓球技术是近台还击下旋球的一种基本技术。由于回球路线较短,缺乏前进力,多在台内,因而可造成对方回球困难。另一方面,搓球又比较稳健,旋转和落点变化也较多,故可用作过渡技术,用以寻找进攻机会。搓球动作与削球相似,又比较易学,是削球必须掌握的入门技术。

反手快搓动作方法如图 9-8 所示。

(1) 击球前动作描述如下。

① 选位:右脚移前,身体离台 40 cm。

② 引拍:手臂自然弯曲并内旋使拍面角度稍后仰,后仰动作小,前臂向左上方提起,将球拍引至身体左前上方。

③ 迎球:手臂向右前下方迎球。

(2) 击球时:当前球跳至上升期,利用手臂前送的力量,借助对方来球前进力,前臂、手腕向右前下方用力,拍面稍后仰,击球中下部。

(3) 击球后:手臂继续向前下方随势挥动,迅速还原成击球前的准备姿势。

图 9-8 反手快搓球

(4) 发力主要部位以手臂前送借力还击，运动过程中身体重心从左脚移至右脚。

搓球技术动作易犯错误和纠正方法如表9-6所示。

表9-6 搓球技术动作易犯错误和纠正方法

编号	易犯错误	现象	纠正方法
1	球拍没有上引，击球时前臂由上向下动作不明显	回球下旋力不强	反复进行前臂和手腕先向上引再向下切的挥拍模仿练习
2	击球时，拍面后仰不够	球出界或下网	练习用慢搓回击对方发来的下旋球，体会拍面后仰前送
3	击球时，球拍与球接触的部位不准，没击到球的中下部	回球准确性差，质量不高	做对搓练习，体会拍面后在下降期击球中下部的动作
4	击球后，前臂前送不够	球不过网	二人做慢搓练习，体会击球后手臂前送动作

七、弧圈球

弧圈球技术是一种带有强烈上旋的攻球技术，它能够制造适当的弧线，回击低而强烈的下旋球。命中率高，落台后前冲力大，攻击力强，比赛中即可主动攻击，又可在相持或被动时作为过渡技术。在回击低球和下旋球时比较稳健，故比快攻有更多的发力进攻时机。

高水平的弧圈球对快攻以及削球等各种打法，都具有较大的"杀伤力"。由于横拍正手、反手拉弧圈球都很方便，所以，以弧圈球为主打法的运动员多半执横拍，而直握拍反手拉弧圈球时，球拍的前倾角度较难达到要求。弧圈球根据击球位置的不同可划分为正手弧圈球、反手弧圈球、侧身弧圈球；根据击球方法和弧线高度的不同可划分为加转弧圈球（也叫高吊弧圈球）和前冲弧圈球。

1. 正手加转弧圈球

特点：与一般攻球的相比较，站位稍远，动作稍大，球速稍慢，弧线曲度大、上旋特别强，第一弧线较高，第二弧线较低，落台后前冲并向下滑落。对方回击不当，容易出高球或出界。一般用它对付下旋球，可创造扣杀机会。

动作方法如下所述。

(1) 击球前：

① 站位离台约60 cm。左脚稍前，身体重心放在右脚上，两膝微屈，收腹含胸，身体略向右转。

② 引拍：右肩下沉，右臂自然弯曲，前臂后引并下沉，将拍引至身体右后下方，同时，前臂内旋，使拍面微前倾。

③ 迎球：待来球弹起飞到高点期时，在上臂带动下，以前臂为主向上兼向前挥拍迎球（与此同时，右侧腰、髋向左上方转动）。

(2) 击球时：在来球的下降期，以为前倾拍形击球的中部偏上。球拍击球瞬间，右脚前掌蹬地，右侧腰、髋向左上方转动、助力，前臂在上臂带动下向上兼向左前方发力摩擦击球。同时，还要充分利用手腕的力量，使球强烈上旋。

(3) 击球后：手和臂顺势向左前上方挥动，并迅速还原成准备姿势。动作过程中，身体重心从右脚移到左脚上。

2. 正手前冲弧圈球

(1) 特点：弧线低而长，上旋强、球速快、有一定力量，弹起后前冲力大，并向下滑，是弧圈球运动员的主要得分手段。

(2) 动作方法（如图9-9所示）：球拍自然引至身体与台面同高，拍形前倾与水平面成35°~40°夹角。当球从台面弹起还未达到高点时，腰部向左转动，手臂向前上方挥动，上臂带动下臂加速内收，手腕略微转动，在高点期用拍摩擦球的中上部，使之成为较低的弧线落至对方的台面上，击球后重心移至左脚上。

图9-9 正手前冲弧圈球

弧圈球技术动作易犯错误和纠正方法，如表9-7所示。

表9-7 弧圈球技术动作易犯错误和纠正方法

编号	易犯错误	现象	纠正方法
1	引拍动作不够大，重心较高	回球上旋力不强	挥拍练习，主要引拍时要降低重心
2	击球时碰撞多摩擦少	回球上旋力不强	在接下旋发球中改进动作，注意体会摩擦击球动作
3	击球时，拍形掌握不好，球拍与球接触的部位不对	球下网或球出界	在接发球或多球练习中改进动作
4	击球时，判断来球路线不准或击球时间不对	击球落空	加强对来球的判断能力，利用多球练习改进动作

第三节 乒乓球基本战术

一、乒乓球基本战术

(一) 发球、接发球抢攻战术

1. 发球抢攻战术

发球抢攻是我国乒乓球运动员的重要战术之一。近年来,世界各种类型打法的运动员都越来越重视这一战术,并有了较大的发展。

发球抢攻的战术意识首先是尽量争取发球直接得分;其次是迫使对方回球质量不高,从而赢得有力进攻机会;第三才是迫使对方接发球不具备杀伤力,从而自己进行抢攻。

2. 接发球战术

特点:有某一单项攻(冲)球技术所形成,进攻性强,可变接发球的被动地位为主动地位,也可直接得分,是乒乓球运动各种打法特别是进攻型打法的主要战术。常用的接发球战术主要有以下几种。

(1) 用快拨、快推或拉球回击,争取形成对攻的相持局面。

(2) 用快搓摆短回接,使对方难以发力抢攻或抢位。

(3) 对各种侧旋、上旋或不强烈的下旋短球,可用"快点"技术回接。"快点"突然性强,回球速度快并且路线变化多,对付欧洲的弧圈型打法选手,往往效果明显。

(4) 接发球抢攻或抢位。

以上4种接发球战术,在比赛中可与场上具体情况结合起来运用。采用多种回接方法,给对方制造出各种困难,使其无法适应,从而破坏其发球抢攻或抢位的站位意图。

(二) 对攻战术

对攻,是进攻型打法选手互相对垒时常采用的一项重要战术。快攻类打法,主要是依靠正手攻球、反手攻球、反手推挡或快拨技术,充分发挥快速多变的特点,以达到调动对方、有效攻球的目的;弧圈类打法,主要是依靠正、反手两面弧圈球技术,充分发挥旋转的威力,以达到牵制对方、增加攻击效力的目的。

常用的战术:攻对方两角;侧身攻;攻追身;轻与重的结合;攻防结合。

(三) 拉攻战术

特点:连续正手快拉以创造进攻机会,机会出现后,采用突击和扣杀的手段来得分。拉攻战术是快攻打法对付削球类打法的主要战术之一。

方法描述如下。

(1) 正手拉球后过渡为扣杀。

(2) 反手拉球后过渡为扣杀(一般为两面进攻型运动员遇到反手位大角度的削球时所采用)。

(四) 搓攻战术

搓攻战术是进攻型选手的一项辅助战术,主要是利用搓球的旋转和落点变化,为进攻创造机会。但搓球次数要适宜(不可过多),一般快搓一两板就行组织进攻。

常用的搓攻战术如下。

(1) 搓球落点变化，伺机进行突击。

(2) 搓球转与不转相结合，变化落点伺机突击。

(3) 搓拉与落点变化相结合，伺机突击。

（五）削攻结合战术

削攻结合的特点是：由削球和攻球结合而成，常以逼对方两个大角加转削球为主，伺机反攻；或以转、低、稳、变的削球，迫使对手在走动中拉攻，使其回球质量不高，从中寻找机会反攻。这种战术有稳、逼、变、凶、攻的特点，是攻削结合打法的主要战术。乒乓球战术类型如图 9-10 所示。

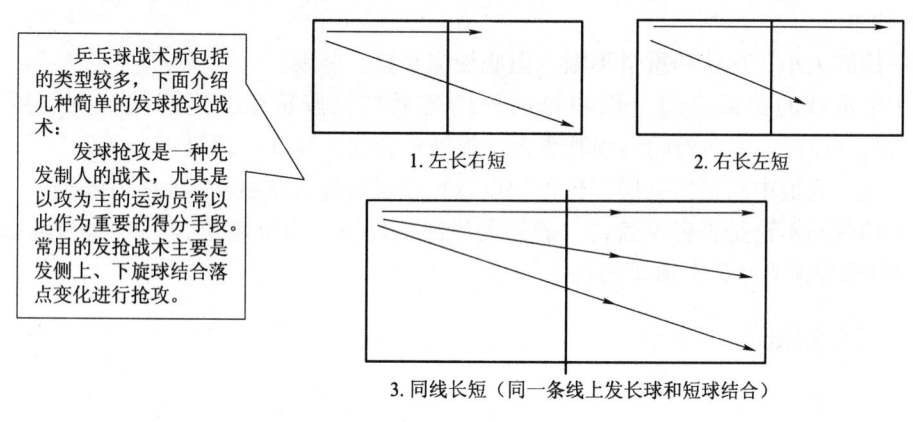

图 9-10　削攻结合技术

二、乒乓球专项素质练习

(1) 速度练习。同一只手摸球台两角。30 秒为一组，如图 9-11 所示。

(2) 灵敏练习。沿台变向跑一周，要求始终面向一个方向，如图 9-12 所示。

图 9-11　速度练习

图 9-12　灵敏练习

第四节　乒乓球竞赛的主要规则

一、场地和器材

(1) 场地：比赛场地不得小于 14 m 长，7 m 宽，4 m 高（国内比赛一般比赛可缩小为长 12 m，宽 6 m，高 3.5 m，基层比赛还可酌情缩小）。比赛场地须用 0.75 m 高的深色挡板围起来，同临近的场地及观众隔开。地板不得呈淡色或有明显的反光。台面的照明度应均匀，不得小于 400 勒克斯，光源不得低于 4 m。

（2）球台：球台的上层表面叫做比赛台面，应为与水平面平行的长方形，长 2.74 m，宽 1.525 m，球台高 76 cm。

（3）球网装置：球网应悬挂在一根绳子上，绳子两端系在高 15.25 cm 的直立网柱上，网柱外缘离开边线外缘的距离为 15.25 cm，整个球网的顶端距离比赛台面 15.25 cm。

（4）球：球应为圆球体，直径为 40 mm，球重 2.7 g。球应用赛璐珞或类似的材料制成，呈白色、黄色或橙色，且无光泽。

（5）球拍。

① 球拍的大小、形状和重量不限，但底板应平整、坚硬。

② 用来击球的拍面应用一层颗粒向外的普通颗粒胶覆盖，连同粘合剂厚度不超过 2 mm；或用颗粒向内或向外的海绵胶覆盖，连同粘合剂，厚度不超过 4 mm。

③ 底板、底板中的任何夹层、覆盖物以及粘合层均应为厚度均匀的一个整体。

④ 球拍两面不论是否有覆盖物，必须无光泽，且一面为鲜红色，另一面为黑色。拍身边缘上的包边应无光泽，不得呈白色。

二、主要规则

1. 合法发球

（1）发球时，球应放在不执拍的手掌上，手掌张开并伸平。球应是静止的，在发球方的端线之后和比赛合面的水平面之上。

（2）发球员须用手把球几乎垂直地向上抛起，不得使球旋转，并使球在离开不执拍手的手掌之后上升不少于 16 cm。

（3）当球从抛起的最高点下降时，发球员方可击球，使球首先触及本方台区，然后越过或绕过球网装置，再触及接发球员的台区。在双打中，球应先触及发球员和接发球员的右半区。

（4）从抛球前球静止的最后一瞬间到击球时，球和球拍应在比赛台面的水平面之上。

（5）击球时，球应在发球方的端线之后，但不能超过发球员身体（手臂、头或腿除外）离端线最远的部分。

（6）运动员发球时，有责任让裁判员或副裁判员看清他是否按照合法发球的规定发球。

2. 合法还击

对方发球或还击后，本方运动员必须击球，使球直接越过或绕过球网装置或触及球网装置后，再触及对方台区。

3. 重发球

出现下列情况应判重发球。

（1）如果发球员发出的球，在越过或绕过球网装置时，触及球网装置，此后成为合法发球或被接发球员或其同伴阻挡。

（2）如果接发球员或同伴未准备好时，球已发出，而且接发球员或其同伴均没有企图击球。

（3）由于发生了运动员无法控制的干扰，而使运动员未能合法发球、合法还击。

（4）裁判员或副裁判员暂停比赛。
（5）在双打时，运动员错发、错接。

4. 得分 1 分

除被判重发球，下列情况运动员得 1 分。

（1）对方运动员未能合法发球。
（2）对方运动员未能合法还击。
（3）运动员在发球或还击后，对方运动员在击球前，球触及了球网装置以外的任何东西。
（4）对方击球后，该球越过本方端线而没有触及本方台区。
（5）对方阻挡或连击。
（6）对方运动员或他穿戴的任何东西使球台移动。
（7）对方运动员或他穿戴的任何东西触及球网装置；对方运动员不执拍手触及比赛台面。

5. 一局比赛

在一局比赛中，先得 11 分的一方为胜方，10 平后，先多得 2 分的一方为胜方。

6. 一场比赛

一场比赛应采用 7 局 4 胜制或 5 局 3 胜制；一场比赛应连续进行。但在局与局之间，任何一名运动员都有权要求不超过 2 分钟的休息时间。

1. 乒乓球的起源及发展是什么？
2. 乒乓球运动的基本技术有哪些？
3. 乒乓球运动的基本战术有哪几种？
4. 乒乓球运动竞赛规则是什么？

第十章

田径健身运动

第一节 田径健身运动概述

"田径运动"一词来源于英国。大约在19世纪初,英国人把在运动场跑道上进行的赛跑和在运动场中间进行的跳跃、投掷比赛称之为track and field。track 原意是"小路"(径),field 原意是"田地"。19世纪末,欧美体育传入中国时,我们把 track and field 译为"田径赛",以后称之为"田径运动"。

虽然当时英国人把在运动场地道上进行的赛跑和在运动场中间进行的跳跃、投掷比赛称之为track and field,但是对于非竞赛(即锻炼身体的)走、跑、跳跃、投掷等身体练习并没有另定名称,也统称为track and field,因此,田径运动具有两重性,即竞技和锻炼身体手段的属性。

人们通常把田径运动的内容概括为走、跑、跳和投4种运动形式,这恰是人类维持正常生活的基本活动能力,也是人类赖以健康生存的基本条件或基本生活能力。人们进入了发达社会后,生产力高度发展,已经从原始社会时依靠基本技能获取生活资料中解脱出来,但人们永远也不会从依靠基本运动能力去提高人类生存质量、提高生存效率、改善生存条件中摆脱出来。正因为田径运动能有效地发展速度、力量、耐力及灵敏性、协调性等身体素质,增强体质,获得运动技能,提高运动能力,培养意志品质,所以,高度发达的社会才十分重视田径运动的健身价值,田径健身运动已经成为人类文化中的重要组成部分。

田径健身运动是以健身为目标的多种走、跑、跳跃、投掷的练习或运动方式的总合。田径健身运动以健康为目标,以现代科学技术和运动与健康基础理论为基础,全面发展人的基础运动能力。与田径竞技运动相比,田径健身运动有着自身的特点。

(1)田径健身运动不是以竞技(夺标)为目的,而是以健康为最终目的。

(2)田径健身运动内容极为丰富,凡是人以自身能力进行的走、跑、跳跃、投掷等自然动作的练习,都可以成为田径健身练习内容。

(3)田径健身运动规则简便,不受规则限制,因此能够为大多数人所接受,可以个人进行,也可集体进行。

(4)田径健身运动的练习负荷可以随练习者年龄、性别和身体状况进行自我控制和调节,以最适宜的健身锻炼负荷进行练习,常年坚持,老少皆宜。

(5)田径健身运动可全面发展人体的力量、速度、耐力、灵敏、柔韧等素质。

(6)田径健身运动对运动场地、器材的要求不高,可因地、因时制宜。

第二节　田径健身运动的内容

一、健身走

1. 自然、正确的走姿

自然正确的走姿是：躯干正直，自然挺胸，头部与躯干保持一致，目视前方，两臂靠近体侧自然前后摆动；迈步时，膝关节和脚尖都正对前方，两脚内线基本是沿一条直线向前迈步；脚着地时，以脚跟先着地并过渡到全脚掌；脚着地后，脚尖向前略偏外，如图 10-1 所示。

2. 健身走的方式

走的练习方法主要有：足尖走、足跟走、弓箭步走、半蹲走、倒步、负重走、疾走、散步走等，如图 10-2 所示。

3. 健身走的几种锻炼方法

（1）自然步行 15 min，接着转换为快一点步行 10~15 min，最后以自然步行 5~10 min 结束。

（2）自然步行 15 min，然后转为快步走 20~25 min，再恢复到自然行走 10 min，最后慢步走 5~10 min 结束。

（3）慢走 10 min，接自然走 10 min，再接快步走 15~20 min，恢复到慢走 10 min 结束。

图 10-1　走姿

（4）慢步走 10 min，接自然走 10 min，再转快步走 25~30 min，最好恢复慢走 10 min 结束。

（5）慢步行走 10 min，接快步走 40~50 min，然后自然行走 10 min 结束。

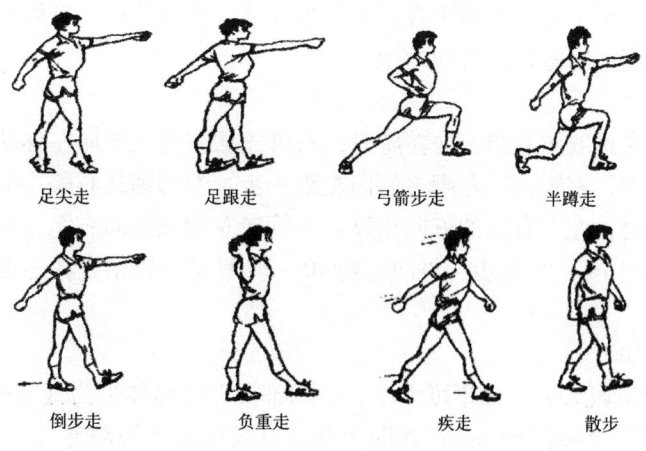

图 10-2　健身走

二、健身跑

（一）有氧健身跑

1. 慢速放松跑

（1）速度慢，根据自己的体质而定，体弱者可以比走步稍快一些，体质好的可以更快一些。

（2）以保持有氧代谢为前提，跑的过程中心跳的频率以每分钟不超过180次减去自己的年龄数为宜。呼吸以不喘大气为宜，在跑步一开始就应该注意呼吸的深、长、细、缓，有节奏，吸气时鼓腹，这就很自然地形成腹式呼吸。

（3）全身肌肉放松，以轻快的步伐，双臂自然放松摆动。运动时间以每天20~30 min为宜，刚开始时少一点也可以，应注意循序渐进，每星期跑5~6次，也可以隔1天1次。必须长年坚持，持之以恒。

2. 原地跑

在雨大、雪大或冰冻天，不方便出门跑步时，可以把住宅或居室作为健身房采用原地跑步法。跑的时间可长可短，这完全取决于本人的可能和需求。可以根据跑步的速度专门挑选最合拍的音乐，在音乐声伴奏下进行锻炼。

3. 变速跑

变速跑就是在跑的过程中快跑一阵后，再慢跑一阵，快跑与慢跑交替进行的跑法。这是适合体质较好的长跑爱好者的跑法。这样变速跑不但能够有效地提高肌肉有氧代谢的能力，而且也能积极地改善肌肉进行无氧代谢的能力。这不仅对一般耐力发展有好处，而且也能提高机体的速度耐力素质，对提高人体机能大有益处。变速跑可根据自己的情况随时改变速度。

4. 走、跑交替

走、跑交替是指在跑的过程中，跑一阵，再走一阵，跑与走交替进行的跑法。此法适合体质较弱者。

5. 倒跑

倒跑是反序运动中的一个健身项目，是与平时正常跑步方向、顺序相反的跑。倒跑时，上体正直稍向后，抬头挺胸，双眼平视，双手半握拳，全身放松，身体不要左右摇摆。倒跑是一种自我控制速度，随意轻松自如的跑。

6. 侧身滑步跑

侧身跑，即向左跑或向右跑。向左跑时，右脚先从左脚之前向左移动一次，左脚则从右脚之后向左移动一步，右脚再从左脚之后向左跑一步，左脚则从右脚之前向左跑一步，如此为一复步。向右跑时，左、右脚的方向相反。不管向左跑还是向右跑，左右脚都要在一条线上行进。可先向左跑10~20复步，再向右跑10~20复步，根据自我感觉情况适当增长或缩短距离。

慢跑注意事项如下。

（1）跑的力量不可太大，也不可太小，一切都要以自己体力为基准来调整。

（2）跑的时间至少要有20 min，此即为合乎自我体力的慢跑速度。若想慢跑20 min以上，不要速度太快。

（3）最理想的是每天慢跑1次，如做不到，每周至少也要2~3次。

（4）空腹时和刚吃完饭时不要进行慢跑。一般餐后休息30~60 min再进行慢跑。

（二）发展速度的快跑

发展快速跑的辅助性练习方法如下。

（1）持哑铃摆臂，如图10-3所示。

(2) 原地高抬腿跑,如图 10 - 4 所示。

图 10 - 3 持哑铃摆臂　　　　　　图 10 - 4 原地高抬腿

(3) 高支撑高抬腿跑,如图 10 - 5 所示。
(4) 上台阶高抬腿跑,如图 10 - 6 所示。

图 10 - 5 支撑高抬腿跑　　　　　图 10 - 6 上台阶高抬腿跑

(5) 下坡途中跑,如图 10 - 7 所示。
(6) 牵引跑,如图 10 - 8 所示。

图 10 - 7 下坡途中跑　　　　　　图 10 - 8 牵引跑

三、健身跳跃

(一) 培养远跳能力的锻炼方法

1. 原地远跳

(1) 立定跳远,如图 10 - 9 所示。

要领：两脚开立，两腿用力蹬伸，两臂协调预摆几次，收腹举腿前伸落地。

图 10-9 立定跳远

（2）原地立定跳远跳过橡皮筋，如图 10-10 所示。

要领：橡皮筋两端固定在标枪上，高度为 30 cm 左右，立定跳远时距橡皮筋 60 cm 处站立，跳远时尽量使大腿向胸前靠，同时使两腿尽量越过橡皮筋。

图 10-10 原地立定跳远跳过橡皮筋

（3）原地两级蛙跳，如图 10-11 所示。

要领：跳箱高 30~50 cm，距沙坑 1.5 m 站在跳箱上，两臂预摆，用力向前跳起，收腹举腿落沙坑。

图 10-11 原地两级蛙跳

2. 行进间跳跃

（1）向前单足跳，如图 10-12 所示。

要领：单脚连续向前大幅度远跳，两臂前后配合摆动。右、左腿交换练习。

图 10-12 向前单足跳

(2) 跨步跳,如图 10-13 所示。

图 10-13 跨步跳

(3) 连续兔跳,如图 10-14 所示。

图 10-14 连续兔跳

(4) 跑 3~5 步蹲踞式跳远,如图 10-15 所示。

图 10-15 跑 3~5 步蹲踞式跳远

(5) 连续单脚跳过实心球,如图 10-16 所示。
(6) 连续单、双脚跳台阶,如图 10-17 所示。

图 10-16 连续单脚跳过实心球

图 10-17 连续单、双脚跳台阶

（7）连续起跳越过障碍，如图 10-18 所示。

图 10-18 连续起跳越过障碍

（二）培养高跳能力的锻炼方法

1. 原地高跳

（1）原地蹲起跳，如图 10-19 所示。

（2）团身收腹跳，如图 10-20 所示。

图 10-19 原地蹲起跳

图 10-20 团身收腹跳

（3）原地单足换腿跳，如图 10-21 所示。

（4）原地调高起跳，如图 10-22 所示。

图 10-21 原地单足换腿跳

图 10-22 原地跳高起跳练

2. 行进间高跳

（1）跳深练习，如图 10-23 所示。

图 10-23 跳深练习

（2）助跑摸高，如图 10-24 所示。

图 10-24 助跑摸高

（3）连续助跑起跳摸高，如图 10-25 所示。

图 10-25 连续助跑起跳摸高

四、健身投掷

1. 原地抛球（铅球或实心球）

（1）俯身抓握球，如图 10-26 所示。

（2）绕身传接球，如图 10-27 所示。

（3）体后向左右抛接球，如图 10-28 所示。

图 10-26 俯身抓握球

图 10-27 绕身传接球

图 10-28 体后向左右抛接球

（4）单手抛双手接球，如图 10-29 所示。

（5）身后双手抛球，如图 10-30 所示。

（6）颈后抛球，如图 10-31 所示。

图 10-29 单手抛双手接球

图 10-30 身后双手抛

图 10-31 颈后抛球

（7）仰卧起身抛球，如图 10-32 所示。

（8）俯卧颈后抛球，如图 10-33 所示。

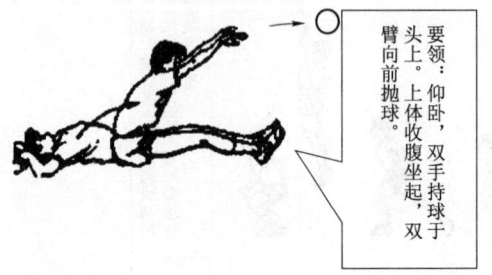
图 10-32 仰卧起身抛球

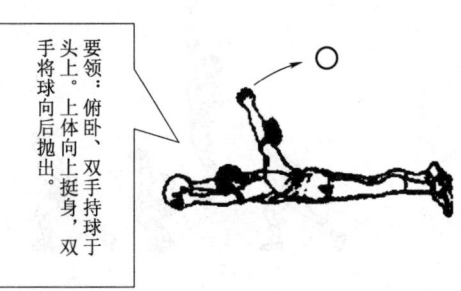
图 10-33 俯卧颈后抛球

(9) 原地正面推球,如图 10-34 所示。

(10) 原地侧身推球,如图 10-35 所示。

图 10-34 原地正面推球

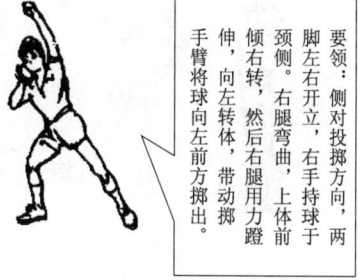

图 10-35 原地侧身推球

(11) 原地后抛球,如图 10-36 所示。

(12) 跨下后上方抛球,如图 10-37 所示。

图 10-36 原地后抛球

图 10-37 跨下后上方抛球

2. 运动中抛球

(1) 向前垫一步上抛球,如图 10-38 所示。

(2) 前垫步下手抛球,如图 10-39 所示。

(3) 侧向垫步抛球,如图 10-40 所示。

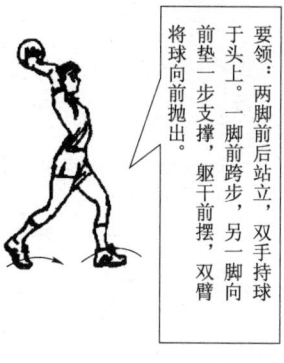  

图 10-38 向前垫一步上抛球　　图 10-39 前垫步下手抛球　　图 10-40 侧向垫步抛球

（4）正面上一步推球，如图10-41所示。

要领：面对投掷方向，两脚开立，右手持球颈侧。左脚上一步支撑，身体随之右转，接着右腿快速蹬地转髋，上体转动带动手臂将球推出。

图10-41　正面上一步推球

第三节　田径专项身体素质练习

1. 发展有氧慢跑的方法

（1）定时跑：慢跑30 min。

（2）定距跑：慢跑3 000～5 000 m。

（3）反复跑：600～800 m。

（4）变速跑：400～600 m前半程放松慢跑，后半程加快节奏。

（5）越野跑：20～60 min。

（6）"法莱克"跑：在自然条件下，不拘形式地跑。快慢交替，饶有兴趣。通常在草地、树林、山丘小径等自然环境中进行重复跑、加速跑等，并混合在游戏中进行。一般跑5～15 km。

2. 发展速度的方法

（1）起跑后跑20 m、30 m、50 m、60 m。

（2）站立式起跑，用较大的速度跑20 m、30 m、40 m。

（3）行进间跑20 m、50 m。

（4）放松大步跑0～150 m、100～200 m。

（5）顺风快跑30～60 m。

（6）下坡跑30～60 m，坡度不宜过大。

（7）加速跑40～60 m或80～100 m。

（8）原地高抬腿跑10～15 s。

3. 发展跳跃的方法

（1）负重杠铃半蹲，如图10-42所示。

（2）负重杠铃全蹲跳，如图10-43所示。

（3）壶铃深蹲跳，如图10-44所示。

（4）负沙包立定跳远，如图10-45所示。

图 10-42　负重杠铃半蹲

图 10-43　负重杠铃全蹲跳

图 10-44　壶铃深蹲跳

图 10-45　负沙包立定跳远

第四节　田径竞赛的主要规则

一、径赛项目规则要点

1. 短跑、中长跑的名次判定

在田径比赛中，所有赛跑项目参赛者的名次取决于其身体躯干（不包括头、颈、臂、腿、手或足）抵达终点线后沿垂直面为止时的顺序，以先到达者名次列前。在任一赛次中，按成绩录取进入下一赛次时如遇运动员成绩相等，则终点摄像主裁判应考虑有关运动员的1/1 000秒的实际成绩。如果成绩依然相等，则有关运动员均应进入下一赛次。如实际条件不允许，应抽签决定进入下一赛次的人选。在决赛中第一名成绩相同，裁判长有权决定是否重赛，若无条件重赛，则并列第一，至于其他名次成绩相同，按并列处理。

2. 短跑及中长跑的起跑

在国际赛事中，所有400 m或以下的径赛项目，必须采用蹲踞式起跑及起跑器。

发令员口令为"各就位"（on your marks）、"预备"（set），最后发令枪响。在"各就位"（on your marks）及"预备"（set）口令之后，参赛者应立即完成有关动作，否则属起跑犯规。如果有运动员抢跑，发令员就会宣布起跑犯规。对第一次起跑犯规的运动员应给予警告，除了全能项目之外，每项比赛只允许一次起跑犯规而运动员不被取消资格，之后每次起跑犯规的运动员均将被取消该项目的比赛资格。

全能比赛中，如果一名运动员两次起跑犯规，将被取消比赛资格。

除此以外，在"各就位"口令发出后，以声音或动作扰乱他人，也判为起跑犯规。在枪声响起前有任何起跑动作，均属起跑犯规。如因仪器或其他原因而非运动员造成的起跑，应向所有运动员出示绿牌。

400 m以上（不含400 m）的径赛项目，均采取站立式起跑。发令员口令为"各就位"，当所有参赛者在起跑线后准备妥当静止后，便可鸣枪开始比赛。

3. 分道跑

在分道跑和部分分道跑的径赛项目中，参赛者越出跑道，获得实际利益或冲撞、阻碍其他参赛者，会被取消资格。如果参赛者被推或挤出指定的跑道，只要未获得实际利益也未影响他人，可不取消其参赛资格。同样，任何参赛者在直道中越出其跑道或在弯道中越出其跑道的外侧，只要没有获得实际利益及阻碍他人，均不算犯规。

4. 赛次和分组

径赛一般分为第一轮（Round 1）、第二轮（Round 2）、半决赛（semi-finals）和决赛（finals）4个赛次。而赛次的安排和分组，以及每一赛次的录取人数等将根据报名参加比赛的人数决定。预赛分组时要尽可能把成绩好的运动员平均分配到不同的小组中去。在其后的各轮比赛中，分组依据运动员在前一轮的比赛成绩。如果可能，相同国家或地区的运动员应分开。

5. 分道

运动员在所有短跑、跨栏和4×100 m接力赛中自始至终都必须在自己的跑道里。800 m和4×400 m接力赛，在自己的跑道里起跑，当运动员通过抢道标志线以后才能离开自己的跑道，切入里道。运动员的跑道由技术代表抽签确定。第二轮开始的各轮比赛，跑道的选择还需依据运动员在上一轮的比赛结果，如排名前4位的运动员抽签后分别占据第3、4、5、6跑道，后4名抽签排定第1、2、7、8跑道。

6. 接力赛

4×100 m接力跑是分道进行的，接棒者可以在接力区前10 m内起跑。

接力赛中，运动员必须在20 m的接力区内里完成交接棒。"接力区内"的判定是根据接力棒的位置，而不是根据参赛者的身体或四肢的位置。

在4×400 m接力跑中，第一棒全程及第二棒的第一弯道是分道跑，第二棒运动员要跑至抢道线后方可自由抢道。第一棒的传接必须在参赛者指定的跑道内进行，其余各棒的传接，裁判员根据第二及第三棒运动员通过200 m起点处的先后，按次序让其第三及第四棒的队友在接力区内，由内至外排列等候接棒。所有接棒者均不可在接力区外起跑。

接力棒必须拿在手上，直到比赛结束为止。完成交接棒后，运动员应留在本队的跑道中以免因影响他人而被取消比赛资格。任何人掉了棒，必须由其本人拾回，而且要在不影响别人的情况下，方可越出自己的跑道以拾回接力棒。

7. 跨栏

各参赛者必须在自己的跑道内完成比赛，当参赛者跨越栏架时，若其腿或足低于栏架顶的水平线跨越，或跨越并非自己赛道上的栏架，或故意以手或足撞倒任何栏架，均应取消其参赛资格。

8. 风速

在 100 m、200 m 和 100 m 栏、110 m 栏比赛中，如果顺风超过 2 m/s，运动员创造的成绩就不能成为新的纪录。

9. 公路赛

奥运会公路赛包括男、女 20 km 竞走、男 50 km 竞走以及男、女马拉松比赛。

起跑：当发令员召集运动员到出发线以后，运动员按抽签排定的顺序排列。发令员枪响以后比赛开始，任何人两次抢跑都会被取消比赛资格。

取胜：躯干第一个触到终点线的运动员为优胜者。

饮料站：在比赛的起点和终点应提供水和其他饮料，在比赛路线上每隔 5 km 设置一个饮料站。每一个饮料站内分别设有组委会提供的饮料和运动员自己准备的饮料。在两个饮料站之间还要设置饮水用水站，运动员经过时可以取饮用水，还可以取浸了水的海绵为身体降温。除了已经设置的站点之外，运动员不能从比赛线路的其他地方获得饮料，否则将被取消比赛资格。

10. 竞走

竞走比赛有两个核心规则。首先，竞走运动员必须始终保持至少有一只脚与地面接触。其次，前腿从着地的一瞬间起直到垂直位置必须始终伸直，膝关节不能弯曲。

比赛中有 6~9 名专职的竞走裁判员监督运动员。按规则规定，他们不能借助任何设备帮助判断，只能依靠自己的眼睛来判断运动员是否犯规。当竞走裁判员看到竞走运动员的动作有违反竞走技术的迹象时，应予以黄牌警告，并在赛后报告给主裁判。当运动员的行进方式违反竞走技术的规定，表现出肉眼可见的腾空或膝关节弯曲时，竞走裁判员须将一张红卡送交竞走主裁判。当竞走主裁判收到针对同一名运动员的 3 张来自不同竞走裁判员的红卡时，该运动员即被取消比赛资格，并由主裁判或主裁判助理向其出示红牌通知他（她）。

二、田赛项目规则要点

1. 比赛方法

奥运会田赛项目的比赛通常先分两组进行及格赛，通过及格标准的直接进入决赛，如达到及格标准的运动员人数不足 12 人，不足的人数按及格赛成绩递补。远度项目决赛前 3 轮比赛的顺序抽签决定。决赛前 3 轮比赛结束后，按成绩取前 8 名运动员进行最后 3 轮比赛；第 4、5 轮比赛排序按前 3 轮成绩的倒序排列，第 6 轮比赛排序则按前 5 轮成绩的倒序排列，成绩最好的在最后跳（掷）。

2. 有效成绩

（1）除犯规外，跳跃远度项目比赛中，运动员每次试跳的成绩均为有效成绩。

（2）除犯规外，高度项目比赛中，运动员每次跳过的高度为有效成绩。

（3）投掷项目比赛除犯规以外，当运动员投出的器械完全落在落地区内（不包括落地区边线）才算有效，丈量成绩时从距离投掷区最近的落地点算起。其中标枪必须是枪尖首先触地成绩才算有效。

3. 录取名次

远度项目比赛结束以后，以运动员最好的一次试跳（掷）成绩，包括因第一名成绩相等而进行的决名次赛的成绩，作为最后的决定成绩判定名次，成绩好者列前。如成绩相等，按下列规定解决。

在远度项目比赛中，如出现最好成绩相等，则以第二好成绩来确定名次，依此类推，直到最后一个成绩。如果还是相同，除了第一名以外，可以并列；如果涉及到第一名成绩相同，必须让这些涉及到第一名的运动员继续比赛，直到决出第一名为止。

在高度项目比赛中，如出现最好成绩相等，则按以下规定解决。

（1）在出现成绩相等的高度上，试跳次数较少者名次列前。

（2）如成绩仍然相等，则在包括最后跳过的高度在内的决赛全部比赛中，试跳失败次数较少者名次列前。

（3）如成绩仍相等，当涉及第一名时，进行决名次赛，直到分出名次为止。如成绩不涉及第一名，名次并列。

4. 犯规

（1）跳远、三级跳远有下列之一情况即判犯规。

① 运动员以身体任何部位触及起跳线之前的地面。

② 从起跳板两端之外起跳，无论是否超过起跳线的延长线。

③ 触及起跳线和落地区之间的地面。

④ 在落地过程中触及落地区以外的地面，而落地区外的触地点较落地区内的最近触地点更靠近起跳线。

⑤ 离开落地区时，运动员在落地区外地面的第一触地点较落地区内最近触地点和在落地区内因身体失去平衡而留下的任何痕迹更靠近起跳线。

⑥ 在助跑或跳跃中采用任何空翻姿势。

⑦ 还未通知该运动员试跳，而进行试跳，不管是否成功，都应判该次试跳失败。

⑧ 无故错过该次试跳顺序。

⑨ 无故延误时限。比赛时，运动员无故延误时间，即不准参加该次跳，以失败论处。如果在比赛中再次无故延误比赛时间，即取消该运动员的比赛资格，但在此之前的比赛成绩仍然有效。每次试跳的时限为 1 min，只有当一名运动员连续两次试跳时，其试跳时限为 2 min。在时限只剩最后 15 s 时，计时员举黄旗示意，当时限到时，落下黄旗，主裁判应判定运动员该次试跳失败。如时限到的同时，运动员已开始试跳，应允许其进行该次试跳。当裁判员通知运动员试跳开始后，运动员才决定免跳，当时限已过时，应判为该次试跳失败。

三级跳远运动员的三跳顺序是一次单足跳、一次跨步跳和一次跳跃。单足跳时应用起跳腿落地，跨步跳时用另一条腿（摆动腿）落地，然后完成跳跃动作。

（2）跳高有下列之一情况即判犯规。

① 使用双脚起跳。

② 由于运动员的试跳动作致使横杆未能停留在横杆托上。

③ 在越过横杆之前，身体触及立柱前沿垂直面以外的地面或落地区。但如果裁判员认为运动员并没有受益，则不应由此而判该次试跳失败。

④ 无故延误时限。

⑤ 当裁判员通知运动员试跳开始后，运动员才决定起跳，当时限已过时，应判该次试跳失败。

⑥ 试跳时，运动员有意用手或手指把即将从横杆托上掉下的横杆放回。

⑦ 无故错过该次试跳顺序。

（3）撑竿跳高有下列之一情况即判犯规。

① 试跳后，由于运动员的试跳动作致使横杆未能停留在横杆托上。

② 在越过横杆之前，运动员的身体或所用撑竿的任何部位触及插斗前壁上沿垂直面以外的地面或落地区。

③ 起跳离地后，将原来握在下方的手移握至上方的手以上或原来握在上方的手向上移握。

④ 试跳时，运动员用手稳定横杆或将横杆放回。

⑤ 无故延误时限。

⑥ 当裁判员通知运动员试跳开始后，运动员才决定免跳，当时限已过时，应判为该次试跳失败。

⑦ 当裁判员根据运动员登记的架距调整好架距后，计时员已开始计时，运动员再提出调整架距，则再次调整架距的时间应计入运动员的试跳时间内，如因此而超出试跳时限，则应判定试跳失败。

⑧ 无故错过该次试跳顺序。

⑨ 试跳中，当撑竿不是朝远离横杆或撑竿跳高架方向倾倒时，如有人接触撑竿，而有关裁判长认为，如果撑竿不被接触，将会碰落横杆，则应判为此次试跳失败。

（4）投掷项目。

在比赛过程中，运动员如果有下列违反规则的行为，则会被判犯规，成绩无效。

① 超出时间限制。

② 投掷铅球和标枪技术不符合规则规定（规则要求铅球和标枪必须由单手从肩上掷出）。

③ 在投掷过程中，身体和器械的任何一部分不得触及投掷圈铁圈上沿或圈外的地面和标枪投掷弧、延长线以及线以外地面任何一部分，包括铅球抵趾板的上面，否则即为投掷失败。

④ 只有当器械落地以后，运动员才允许离开投掷圈或助跑道。标枪运动员在投出的枪落地前，不能在投掷后转身完全背对其投出的标枪。完成投掷后，链球、铁饼和铅球运动员必须从投掷圈后半圈的延长线后面退出。标枪运动员必须从投掷弧以及延长线以后退出。

⑤ 在没有犯规的情况下，参赛者可以中止已开始的试掷动作，将器材放下以后暂时离开投掷区，并重新开始，但是必须在规定的时限内完成投掷。

⑥ 参赛者可以在比赛期间离开比赛区域，但必须由裁判员许可并由裁判员陪伴。

⑦ 比赛过程中，运动员不能在比赛场地使用以下电子设备：摄像机、便携式录放机、收音机、CD机、报话机、手机、MP3以及类似的电子设备。

（5）裁判员的旗示。

在跳跃项目比赛中，通常有一名主裁判手中持有红、白旗帜各一面，用来示意运动员试跳是否成功。举红旗表示试跳失败，成绩无效；举白旗表示成功，成绩有效。

在投掷项目比赛中，通常有两名主裁判手中持有红、白旗帜各一面，用来示意运动员试投是否成功。举红旗表示试投失败，成绩无效；举白旗表示成功，成绩有效。其中一名站在投掷区附近的称为内场主裁判，主要判定运动员在试投过程中是否犯规；另一名在落地区内的称为外场主裁判，主要判定器械落地点是否有效。

(6) 田赛成绩实时显示牌。

在国际或国内大型田径运动会中，通常会在赛场显著的位置摆放一块电子显示牌，用来及时显示当前比赛项目的一些基本情况。跳跃、投掷前显示将要试跳、试投的运动员的号码、姓名、国家（或地区）代码以及试跳、试投次数，该运动员前几轮的最好成绩和目前暂列的名次，本次比赛前几轮的最好成绩，试跳、投掷结束后会显示出该运动员本次试跳、试投的成绩。

(7) 全能项目竞赛规则要点。

全能比赛需按照顺序进行各个项目比赛，所有比赛的场地和器材以及比赛规则与单项比赛基本相同，但有一些小差别：运动员在单项赛跑项目中第二次及之后抢跑的运动员都要被罚出比赛，但全能比赛是一个人两次抢跑才处罚。新的世界纪录或奥运会纪录要求比赛时风速不能超过 2 m/s，全能比赛则不超过 4 m/s。在跳远和投掷项目中，每个运动员只能试跳（掷）3 次。在跳高单项比赛中的每轮比赛后，横杆升高不得少于 2 cm，而全能跳高比赛中始终升高 3 cm；撑竿跳高单项比赛每次至少升高 5 cm，而全能比赛中始终升高 10 cm。

(1) 分组、分道和比赛顺序。全能项目最后一项比赛的分组，应将倒数第二项比赛后积分领先的运动员分在一组。其他项目抽签决定。

(2) 录取名次。全能比赛以最后所有项目的总积分最多者为胜。如果总分相等，则以得分较高的单项数量多者为胜。如果再相等，则以任何一个单项得分高者为胜。如果再次出现相同，则以第二得分高的单项分数较高者名次列前，并依此类推。

1. 田径健身运动的特点有哪些？
2. 田径健身运动有哪些内容？
3. 了解田径健身运动的素质练习方法。
4. 了解田径竞赛主要规则。

第十一章 形体

第一节 形体的概述

一、形体的概念

形体是指人体的外在表现,它是一门艺术,人体只有在四肢、躯干、头部及头部五官的合理配合下才能显示出姿态美、体态美、线条美和外部形态与内部情感的和谐统一美。它既注重外在美的训练,又注重内在美的情操培养。练习者在旋律优美、动听的音乐伴奏下,经常性地进行形体训练,可使身心得到全面发展,有利于培养健美的体态和高雅的气质,使形体更富有艺术魅力。

二、人体美的形体要求

(1) 头部五官端正、面部红润、眼光有神、头发光泽、颈部挺直而灵活,并与头部配合协调。
(2) 双肩对称,男宽女窄。
(3) 两臂修长,两臂之长与身高相等。
(4) 胸部宽厚,比例协调,男性胸肌圆隆,女性乳房丰满,挺而不垂。
(5) 腰部是连接上下体的主柱,呈现圆柱形,细而有力。
(6) 腹部应扁平。
(7) 臀部圆满,微显上翘,不下坠,男性鼓实,女性健而隆起。
(8) 大腿修长,小腿长而腓肠肌位置高,并稍突出。
(9) 人体骨骼发育正常,无畸形,身体各部位比例匀称。
(10) 男子形体强调上肢力量及肌肉发达,整个体型呈倒梯形;女子形体强调身体比例匀称,线条流畅,整个体形呈曲线形。均匀的体型与正确的姿态能塑造形体美。

三、形体美的内容

形体美的内容很广泛,主要包括体形美、姿态美和气质美。

1. 体形美

人体形态的协调优美,主要体现在躯体的左右对称,四肢的长短均衡上。通俗地讲就是人的整体指数(身高、体重)和人体各部分合理适当的比例关系(如身高、腿长、三围等等)形体美具体有一些客观的指数,即身长、体重、坐高的比例,颈围、胸围、腰围、臀围、大腿围、小腿围等之间的大小关系。如果这些围度和长度的指数符合黄金分割，这样的身体形态被认为是最美的。

2. 姿态美

姿态美可以反映一个人的内心世界，它不仅本身就是美的造型，而且可以弥补体形上的某些不足。姿态美着重反映在站姿、坐姿、走姿以及举手投足之间的动作上，首先是站、坐、行的基本姿态，如优雅、端庄的坐姿可以弥补其他方面的一些缺陷，而体现出美的一面；其次是身体各部位的姿态，如手臂和腿的姿态美化、身体韵味等。

3. 气质美

气质通常指人的典型而稳定的个性特征、风格和气度，它是人内在的文化素质和艺术修养通过外在的身体动作和语言进行展现，是内在美的一种自然、真实的流露，所以气质是内在美和外在美的有机结合，内在美是气质的灵魂，外在美是气质的外衣。

体形美、姿态美、气质美是形体美的核心，形体的完美、正确的身体姿态可以促进人体外形的完美，这在某种程度上反映一个人的精神面貌的气质。

四、形体训练的基本内容

1. 基本姿态练习

人的基本姿态是指：坐、立、行、卧。当这些基本姿态呈现在人们眼前时会给人一种感觉，如：身体形态所显示的端庄、挺拔至高雅，给人的印象是赏心悦目的美感（包括日常活动的全部）。由于一个人的姿态具有较强的可塑性，也可具有一定的稳定性，通过一定的训练，可以改变诸多不良体态，如：斜肩、含胸、松垮、行走时屈膝晃体，步伐拖沓等。

2. 基本素质训练

形体基本素质练习时形体训练的最重要内容之一，在练习中可采用单人练习和双人配合练习两种形式。通过大量的练习，可对人体的肩、胸、腰、腹、腿等部位进行训练，以提高人体的支撑能力和柔韧性。为塑造良好的人体形态，改善形体的控制力打下良好的基础。形体基本功练习的内容较多，在训练时，应本着从易到难，从简单到复杂的原则；同时也要注意自己和配合者的承受能力，不能超负荷，以免发生伤害事故。

3. 基本形态控制练习

基本形态控制练习是对练习者身体形态进行系统训练的专门练习，是提高和改善人体形态控制能力的重要内容。通过徒手、把杆、双人姿态等大量动作的训练，进一步改变身体形态的原始状态，逐步形成正确的站姿、坐姿、走姿，提高形体动作的灵活性。这部分练习比较简单，个别动作要求比较严格，训练必须从严要求，持之以恒。

五、形体训练的特点

形体练习与其他体育项目相比较，具有不同的特点，只有了解了这些特点，才能更充分地发挥形体练习的作用，有目的、有针对性地选择练习方法，达到有效锻炼身体的目的。

1. 符合学生追求美的愿望

爱美是人的天性。当今时代，青少年不仅要求身体更健康，还要求更健美。形体练习就是把"美"的意蕴有意识地注入到练习中去，以人体科学为基础，通过各种练习手段和方法，提高肌肉控制力、动作表现力以及协调性、灵活性等，从而获得健美的体态、健康的体魄，符合学生追求美的愿望。

2. 具有一定的艺术性要求

形体训练的动作要求准确、协调、幅度大、节奏感强、姿态优美，以其丰富多彩的练习内容及形体美的表达形式、舒展优美的姿态和矫健匀称的体型，无论是局部练习还是整体练习都应充分体现美的韵律、美的感觉。音乐是形体训练的灵魂，根据不同风格的乐曲，选择创造出不同风格、形式的形体训练动作，可以提高练习者的音乐素养，培养良好气质和修养。

3. 可以培养人的内在气质

"体育造就人体美不单纯在于塑造形体，还在于通过锻炼将开朗、豁达、真诚、进取等精神灌注到人的心灵中，使人的动作和姿态富有美的韵味，从而真正展示出人体的文化素质。"一般来讲，经过系统形体练习的青少年，除了身材匀称外还表现在举止得体，坐、立、行落落大方，能够充分展示出青少年蓬勃向上的青春活力。通过形体练习获得的形体美能够反映出一个人的精神面貌与气质，是展现人的内在美的一个窗口。

六、身体美的基本标准

身体姿态包括：站、行、坐、卧。综合中外各专家的观点，归纳为以下几个姿态健美的标准。

站：正确与健美的站立姿态应该是头颅、躯干和脚的纵轴在一条垂直线上，挺胸、收腹、梗颈、两臂自然下垂，形成一种优美挺拔的形态，这样，人体固有脊柱形态的曲线也就表现出来了。

行：除了保持站立时正确、优美的姿态外，躯体移动应正直、平稳，不僵又不呆板，两臂自然下垂，摆动协调，膝盖正对前方，脚尖略微向外侧，落地时脚跟着地过渡到脚掌，两脚后跟几乎在一条直线上，两腿交替前移的弯曲程度不要太大，步伐稳健均匀。

坐：优美的坐姿应保持挺胸收腹，四肢摆放也要规矩端正，不能摆得太开太大。

卧：良好的卧姿对于心血管、呼吸系统在安静状态下的工作起保证作用，并有助于消除肌肉疲劳。为避免心脏受压，一般朝右侧卧为最好，为防止局部受压发麻甚至出现痉挛的现象，仰卧也是一种好的卧姿，但不要把手放在胸上，以免压迫心脏。

当然遗传和社会环境的影响是形成上述正确优美姿态的一个重要因素，但是后天的培养教育，尤其是采用科学的锻炼方法，选择合适的体育项目进行锻炼，对形成优美体态更有效果。

七、女性形体美的十大标准

女性的身高与体重、四肢与躯干等部位的比例为多少才合乎健美的标准呢？专家给出的测量标准是：

（1）上、下身比例。以肚脐为界，上下身比例应为5∶8，符合"黄金分割律"。

（2）胸围。由腋下沿胸部的上方最丰满处测量胸围，应为身高的一半。

（3）腰围。在正常情况下，量腰围的最细部位。腰围应较胸围小20 cm。

(4) 髋围。在体前耻骨平行于臀部最大部位,髋围应较胸围大 4 cm。

(5) 大腿围。在大腿的最上部位,臀折线下。大腿围应较腰围小 10 cm。

(6) 小腿围。在小腿最丰满处。小腿围较大腿围小 20 cm。

(7) 足颈围。在足颈的最细部位。足颈围较小腿围小 10 cm。

(8) 上臂围。在肩关节与肘关节之间的中部。上臂围应等于大腿围的一半。

(9) 颈围。在颈的中部最细处。颈围与小腿围相等。

(10) 肩宽。两臂峰之间的距离。肩宽等于胸围的一半减 4 cm。

从感官上看,女性形体美又可分为以下 3 个方面。

骨骼美在于匀称、适度,即站立时头颈、躯干和脚的纵轴在同一垂直线上;肩稍宽,头、躯干、四肢的比例以及头、颈、胸的连接适度。

肌肉美在于富有弹性和协调。过胖、过瘦或肩、臀、胸部的细小无力,以及由于某种原因造成的身体某部分肌肉的过于瘦弱或过于发达,都不能称为肌肉美。

肤色美在于细腻、白皙、柔韧、有光泽,摸起来有天鹅绒之感,看上去像浅粉玫瑰色的为最佳。

第二节　形体的基本训练

一、身体的方位、脚位和手位

(一) 身体的方位

在进行基础练习前,首先要有明确的方向概念,即身体的方位。一般以学生为基点,以面对教师的方向为正前方,称第一方位,简称∠1,向右转 45°为第二方位,即∠2,以此类推,共 8 个方位,如图 11-1 所示。

图 11-1　身体的方位

(二) 脚位

脚位的正确与否,直接影响到身体姿态和技术的准确性。

1. 芭蕾舞脚位

一位,两脚完全向外打开,脚跟并拢,两脚成一直线,重心在两脚。

二位,仍保持一位,但两脚间距约一脚,重心在两脚中间。

三位,两脚平行,两脚跟前后相叠,脚尖向侧。

四位,两脚前后平行,之间相距一脚,重心在两脚之间。

五位,类似四位,但两脚全部重叠,两腿伸直夹紧。

2. 古典舞脚位

正前位,两脚并拢,不要外开,重心在两脚。

八字位,两脚跟靠拢,脚尖各向斜前方,两脚尖相距约一脚。

丁字位,一脚跟靠于另一脚内侧中部,成丁字形,重心在两脚。

脚好比"地基",因此,在做各种脚位练习时,要求身体直,沉肩,提胸立腰,全脚掌着地,重心落在两脚上。

（三）手臂基本位置

手位练习时，要求手指自然伸直，关节柔软，拇指与中指稍向里，手腕保持弧形。男生手形与女生基本相似，只是拇指略张开一些。

一位，两臂弧形下垂于体前，掌心向上，两手指相距 7 cm 左右，手臂稍稍离开身体，手臂保持从肩开始的柔和的圆形线条，头竖直。

二位，从一位开始，两臂抬至臂的高度，肘部架起，掌心向内，头偏向左侧。

三位，两臂上举，掌心向内，头竖直，平稳。

四位，一臂上举，另一臂落至二位，头竖直，眼平视。

五位，一臂上举，另一臂向前伸长的同时向旁打开，头侧转。

六位，上举臂落至二位，另一臂侧举，视线由上至下看手心。

七位，两臂侧举稍低于肩，掌心向前，视线随手。

二、柔韧性动作的练习

在形体练习中，有很多动作是以身体各环节的屈、伸或扭转来完成的。由躯干的弯曲和扭转构成多曲线的身体造型，显示了人体的自然美，大幅度的分腿动作增加了自由肢体的动态美。

（一）躯干同向弯曲

1. 动作做法

（1）上体前屈：双脚站立或蹲立，含胸弓背屈髋，上体前屈成圆背姿势，低头。由站立（点地立、跪立）开始，上体向前，屈髋、挺胸贴腿稍抬头。

（2）上体侧屈：由站立（点地立、跪立）开始，上体向侧面弯曲，稍抬头。

（3）上体后屈：由站立（点地立、跪立或弓步）开始，上体向后弯曲，抬头。

2. 技术要点

（1）上体弯曲时，下肢肌肉收紧作为牢固的支撑。

（2）上体先放松拉长，再按髋、腰、胸、颈的顺序做弯曲动作。由屈到伸时动作顺序相同。

（3）上体后屈时背部肌肉收紧，臀肌和两肩胛相对收缩，髋向上顶，抬头，使躯干与腿结成环形。

（4）上体侧屈和挺胸前屈的动作要尽量向远伸，充分拉长，以增加弯曲的幅度。

（二）躯干反向弯曲和扭转

1. 动作做法

（1）头部和髋部向同一方向移动，胸部向相反方向移动，构成 S 形的多曲线姿态。

（2）以腰为轴，肩、胸和髋向相反的方向转动，形成扭转姿态。

2. 技术要点

（1）躯干 S 形反向弯曲时，髋部的弯曲方向与颈胸部相反，腰部放松，尽量增大反向弯曲的幅度，保持身体平衡。

（2）扭转动作要固定下肢，放松腰部，肩胸做平行转动，如图 11-2 所示。

图 11-2 躯干反向弯曲和扭转

(三) 劈腿动作（劈叉）

1. 动作做法

（1）前后劈腿：由四位站立开始，直腿向前滑动分腿至前腿后部、后腿前部全部贴地，上体正直。

（2）横劈腿：由二位站立开始，两腿旋外，脚尖向侧面，直腿向两侧滑动分腿至两腿贴地，两脚跟与臀部在一条横线上。

2. 技术要点

两腿充分绷直，保持外开，髋关节放松，如图 11-3 所示。

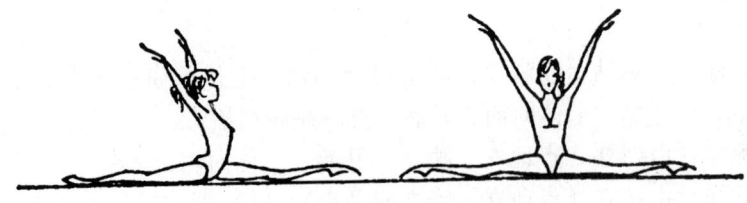

图 11-3 劈腿动作

三、波浪动作

波浪动作以柔软、活泼、圆润的内在弹性感以及外部的多曲线形成了优美的形态及丰富的表现力。

(一) 手臂波浪

1. 动作做法

肩、肘、腕、手指各关节依次弯曲，并随之依次伸展，形成波浪形动作，手臂波浪幅度可大可小。

2. 技术要点

（1）由靠近躯干的部位开始起动。整个手臂必须放松地将动力传递到手指尖，波峰随弯曲的关节而移动。在同一时间，某一关节弯曲，而另一关节正在伸展。

（2）在手臂波浪中，肘关节除屈伸动作之外，要随波峰的移动而上下（或左右）移动。

(二) 躯干波浪

躯干波浪开掘了人体中间部位的表现力，是对躯干弯曲伸展动作的美化，充分体现了身体曲线的自然美。

1. 躯干向前波浪

跪立，由上体依次后屈开始，用力向前上方挺髋、挺胸，向后抬头，经上体后屈依次还原成正直，波峰在体前向上移动，如图 11-4 所示。

图 11-4 躯干向前波浪

2. 躯干向后波浪

跪立，由上体依次后屈开始，髋、腰、胸、颈依次向前弯曲，波峰在体后向上移动，如图 11-5 所示。

图 11-5 躯干向后波浪

3. 躯干向侧波浪

跪立，髋、腰、胸、颈各关节依次向侧弯曲，并随之依次向侧上方挺出，波峰在体侧推移。

图 11-6 向前波浪

躯干各关节的屈伸是依次、连贯的周期性推移动作，各环节依次向波浪方向画圆。在波浪进行中，头、胸、髋形成反向弯曲和位移。反向运动的幅度大，波浪幅度也大。

(三) 全身波浪

整个身体参与波浪的动作为全身波浪。

1. 向前波浪

由身体前屈开始起动，踝、膝、髋、腹、胸、下颏依次向前上方转动，经上体后屈姿势，随之依次伸直还原成直立，波峰在体前由下向上推移，如图 11-6 所示。

2. 向后波浪

由身体后屈开始起动,接着依次屈髋、收腹、含胸、低头至上体前屈,波峰在体后由下向上推移,如图11-7所示。

图11-7 向后波浪

3. 向侧波浪

由上体左侧屈开始起动,右腿屈膝,经两腿屈膝向左顶髋,两腿依次蹬直,向左挺胸、抬头至上体右侧屈,波峰在左侧向上推移,如图11-8所示。

图11-8 向侧波浪

四、转体动作

在形体练习动作中,有各种单脚转体、双脚旋转和以身体其他部位为支撑的旋转。

(一) 双脚旋转

以两脚的前脚掌为支点,向右(左)转动180°、270°或360°。转体时高起踵,两脚夹紧,上体正直,挺胸夹背,紧腹收臀,使肩、髋保持在一个平面上绕身体的纵轴旋转。

(二) 移动中转体

1. 平转

平转是两脚在一条直线上移动的连续转体动作,每步旋转180°,连续转体360°为一次平转。

2. 侧吸腿平转

这是两脚在移动中连续做单脚转体的动作。

动作做法:左脚站立,右脚前点地,目视右侧,左臂侧举,右臂前举;右腿向右划弧,向右侧上步起踵立,右臂摆至侧举,左腿屈膝侧举,脚尖触右膝内侧,膝关节向外。以右脚为支点向右转体270°,同时左臂向内靠近右臂成二位姿态;右脚继续向右转体90°,左脚在右脚后落地并稍屈膝,右腿前下举,左臂侧举,右臂前举。

技术要点如下。

(1) 双脚平转时身体平直像一扇门，两脚夹紧，两脚以小步在一条直线上移动，每步转体 180°。

(2) 侧吸腿平转时重心在单脚上，转体结束时换另一脚支撑，转体时保持开胯姿态。

(3) 平转时前半周目视转体正前方一固定目标，后半周快速转头（平甩），超前转向目标。

(4) 练习连续 2~3 次平转的动作。

（三）单脚转体

1. 侧吸腿转体

由右脚前点地两臂左侧举开始，经屈膝向右腿移重心，蹬直起踵立，以右脚支撑向右转体 360°或 720°，左腿屈膝侧下举，同时右臂向右摆经侧举至两臂下举。

2. 单腿屈膝前举转体

由左腿在前点地站立，两臂右侧举开始，经屈膝向左腿移重心的同时左臂侧摆至侧举，右腿由后屈膝向前摆动，左腿蹬地起踵立的同时两臂上举至三位，保持屈膝前举姿态向左转体 360°或更多。

3. 单腿屈膝后举转体

由左腿在前点地站立，两臂右侧举开始，经屈膝向左腿移重心的同时两臂向左水平摆至左臂侧举，右臂上举，左腿蹬地踵立的，右腿屈膝后举，保持姿态以左脚支撑向左转体 360°或更多。

（四）翻身

翻身是身体绕复合轴转动的动作，其动作形式很多。这里主要介绍踏步翻身，如图 11-9 所示。

1. 动作做法

预备：右脚在后的踏步立，稍屈膝，上体前倾，两臂预先向左摆动。

目视前下方一固定标记，上体固定在向前斜的垂面上，两臂在垂面上依次向右快速摆臂（抡臂）。同时，以前脚掌为轴蹬腿转髋，挺腹，挺胸，身体各部分依次转动。上体随手臂摆的力量保持弯曲状态，经左侧屈、后屈、右侧屈、前屈翻转一周。

2. 技术要点

(1) 转动时，胸以上部位保持在接近水平（与地面平行）的位置上翻转。

(2) 两臂在垂面上依次抡动成一直线，带动上体翻转。

(3) 翻身前半部两腿由屈到伸，后半部分由伸到屈。

图 11-9 翻身

五、跳跃动作

跳跃动作多种多样，快速灵巧的小跳能够有效地训练跳的基本技术，大幅度的跳跃转体、跳跃结环则成了跳跃的难度动作。

（一）原地小跳

1. 直体跳

自然站立（或一位、二位、五位、并步立），两手叉腰成预备姿势，经屈膝后两腿蹬地跳起，空中身体绷直，落地屈膝缓冲。

2. 交换跳

（1）五位交换跳：预备时五位站立，两手叉腰，经屈膝后两腿蹬地跳起，空中两腿快速向前后交换位置1~2次，落地成五位，屈膝缓冲。

（2）二、五位交换跳：预备时五位站立，两手叉腰，经屈膝后两脚蹬地跳起，空中保持五位收紧，落地时两腿分开成二位半蹲。由二位跳起，空中保持二位，落地时并腿成五位半蹲。

（二）交换腿跳

1. 向前交换腿跳

左腿向前一步蹬地跳的同时，右腿向前摆腿，左脚离地后快速向前摆腿，空中两腿上下交换。两臂向外大绕环，右脚落地，左腿前举。

2. 向后交换腿跳

右腿向前一步，经屈膝后蹬地跳起。同时，上体稍前倾，左腿向后摆起。接着右腿向后摆起，空中两腿上下交换，两臂摆至侧后举。左脚落地并稍屈膝，右腿后举，如图11-10所示。

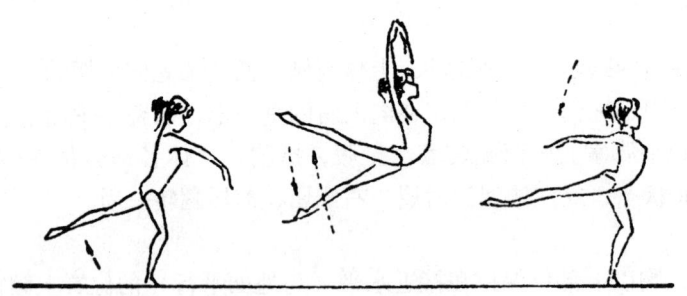

图11-10 交换腿跳

六、把杆练习

手扶把杆进行身体姿态练习，不仅能够培养规范化的身体姿态，而且能有效地发展腿部和躯干部位的韧性、力量和平衡能力。借助把杆进行慢动作和分解动作练习，能够发展细腻的肌肉感觉，有利于掌握技术细节，建立正确的动作概念。把杆练习是身体动作训练中不可缺少的形体基本功练习内容。

（一）扶把杆站立

站立是各种动作的基础，没有稳定的站立就不可能完成优美的舞姿造型和稳定的转体。

站立的基本姿势是立正，在此基础上可变换各种姿势。具体包括双手扶把和单手扶把。

1. 动作做法

（1）脚成各种位置做直腿站立、起踵立或屈膝站立。

（2）单腿站立，另一腿脚尖在前、侧、后点地。

（3）单腿站立（或踵立、屈膝站立），另一腿向前、侧、后伸直或屈膝举起至45°、90°、135°以上。

（4）一腿屈膝，另一腿伸直，两腿迈开（弓步）。

2. 技术要点

（1）保持脚位准确，从大腿开始整个腿旋外，重心稳，下体正直。

（2）基本站立时，全脚掌贴地而立，直膝开髋向上提，使脚尖、膝关节与髋关节在一条直线上，立腰，紧腹收臀，挺胸夹背，两肩下沉，脖子梗直，使上体姿态挺拔。

（3）起踵立时脚跟尽量抬高，以前脚掌大脚趾一侧支撑，脚跟向前顶，内踝顶直，使小腿与脚面在一垂线上。

（4）屈膝半蹲时臀部对准脚跟，两膝对准脚尖，立腰。

（5）点地立时支撑腿脚尖向外，动力腿绷直旋外。前点地时脚面向外，脚跟向上顶，脚尖在正前方点地。后点地时脚面向外，脚跟向里，脚尖在正后方点地，侧点地时脚面向上，脚跟向前顶，脚尖在正侧方点地。

（6）单腿站立时，重心在支撑腿上，保持腿的外开，自由腿通过腰腿肌力的控制在空中保持一定姿态，上肢协调配合，维持平衡。

（二）蹲

蹲属于支撑腿屈伸的动作，有半蹲和全蹲。蹲也是跳的起动动作。蹲的练习能有效增强腿部力量和控制平衡的能力。

1. 动作做法

（1）半蹲：预备时脚站立成一位（二位、三位、四位、五位或正步），1~4拍，屈膝下蹲至膝关节角度大于90°，5~8拍，腿伸直至直立。

（2）全蹲：1~4拍，屈膝下蹲于半蹲姿势，5~8拍，继续屈膝下蹲，同时脚跟抬起，下蹲至膝关节弯曲小于90°。

（3）单腿蹲：预备时由一位或五位站立开始，一腿屈膝向侧上提至踝关节贴支撑腿小腿下部，脚跟向前。1~4拍，支撑腿屈膝下蹲至半蹲；5~8拍，支撑腿伸直至直立。

2. 技术要点

（1）保持正确的脚位，两膝对准脚尖的方向，臀部对准脚跟的方向，上体正直。

（2）动作柔和连贯，向下时被动屈腿，向上时主动伸腿，全蹲至最大幅度时不松髋、不掉臀、不停顿。

（3）双腿蹲重心在两腿间，单腿蹲重心在支撑腿上，保持平衡。

（三）擦地

擦地是摆动腿起动，脚向前、侧、后经过地面擦出和收回的过程。

1. 一位侧擦

预备时双手（或单手）扶把，一位站立；1~2拍，右脚全脚掌贴地直腿向侧滑动擦出，随之脚面绷直，脚跟离地向上顶，滑至右脚尖在正侧方点地；3~4拍，脚放松，脚掌贴地直腿擦地收回至一位。

2. 五位擦地

预备时左手（或双手）扶把杆，五位站立；1~2拍，右脚直腿向前（侧、后）滑动擦出，随之抬脚跟、脚尖滑至右脚尖在前（侧、后）方点地；3~4拍，右脚放松，脚掌贴地，直腿擦地收回至五位。

3. 技术要点

（1）擦地时支撑腿保持外开，伸直向上立髋，重心在支撑腿上，上体正直，摆动腿一侧髋关节放松，保持整个腿伸直和旋外，灵活地自由运动。

（2）向前擦出时脚跟主动向前顶，向后擦出时脚尖主动向后伸，向侧擦出时脚面向上，脚跟主动向前顶，保持外开，至点地位置时踝关节和脚面充分绷直，小腿与脚面脚尖成一直线，由前点收回时脚尖经四位平行擦地收回；由后点收回时脚跟经四位平行擦地收回；由侧点收回时经二位直腿擦地收回。

（四）踢腿

踢腿运行的幅度有大有小，小踢腿以训练腿快速绷直的感觉和摆腿的速度为目的；大踢腿以发展腿部的柔韧、灵活、力量和速度，加大下肢运动幅度为目的。

1. 小踢腿

预备时单（双）手扶把，五位站立；1~4拍，前（后）腿快速擦地，并有力地绷直，向前、侧（后）踢出，急停在25°位置上；2~8拍，摆动腿向下经点地位置擦地收回。

2. 大踢腿

预备时左侧对把杆，左手扶把，五位站立或起踵立；1~4拍，右腿直膝擦地，用力向前、侧（后）上方踢起135°以上；2~8拍，右脚轻轻落下至点地位置，右脚擦地收回至五位，如图11-11所示。

3. 技术要点

（1）小踢腿擦地绷脚踢出地面之后，摆动腿伸肌收紧，使腿急停在25°位置上。

（2）腿踢出后，摆动腿髋关节放松，利用惯性继续上摆，过水平部位之后快速收腹（后腿背肌收紧），使腿上摆到极点。前踢对鼻尖、侧踢对耳朵、后踢对后脑，保持正确的方向。

（3）踢腿时，支撑腿用力蹬直，固定髋部，做牢固的支撑，使重心稳定。

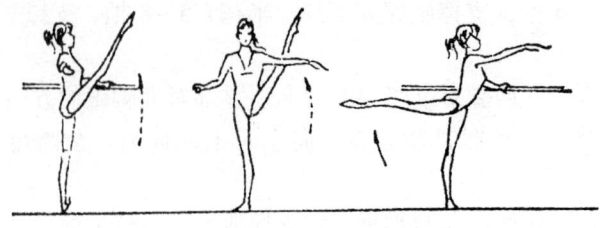

图11-11 大踢腿

（五）屈伸

通过腿的屈伸练习增加腿部力量、韧性、关节灵活性和控制平衡的能力，增加腿的柔美感觉、灵活性和表现力。

1. 摆动腿屈伸

预备时单（双）手扶把一位站立，右腿侧摆；1~2拍，右腿屈膝收小腿至右脚外踝贴左小腿前部，右脚跟向前；3~4拍，右腿保持膝向外，向前（侧、后）45°或25°方向柔和而充分地伸直。

2. 两腿同时屈伸

预备时左手扶把五位站立，右腿向侧擦地举起至25°或45°（侧下举）；1~2拍，左腿屈膝半蹲的同时，右腿屈膝，右脚贴左小腿前部；3~4拍，左腿伸直的同时，右腿向侧（前、后）下方伸直。

（六）压腿

1. 向前压腿

预备时面对（或斜对）把杆，右腿绷直旋外放在把杆上，手臂上举（或左手扶把，右臂上举），立腰向前屈髋，以腹、胸、下颌依次贴右腿，手臂同脚尖方向，接着还原成预备姿势，如图11-12（a）所示。

2. 向侧压腿

预备时左侧对（或斜对）把杆，左腿伸直放在把杆上，脚面向上，两臂侧举（或右臂侧举，左手扶把）。右臂向上使上体拉长，并向左侧屈髋，左肩后部贴左腿。接着，立腰还原成预备姿势，如图11-12（b）所示。

3. 向后压腿

预备时背对把杆或右侧对把杆，左腿后举，将脚背放在把杆上，两腿伸直，上体正直；臂上举，挺胸立腰后振；臂上举，挺胸抬头，上体后屈，同时，支撑腿屈膝下蹲，使两腿开度加大，如图11-12（c）所示。

（a）　　　　　　　（b）　　　　　　　（c）

图11-12　压腿

（七）练习注意事项

（1）扶把杆做动作时要精确细致，在每个动作中，身体各部分的姿势、神态、用力感觉都必须清楚，表达准确无误，做到标准、规范、熟练。

（2）扶把杆做动作时身体重心应放在支撑脚上（压腿除外），轻轻扶把，身体其他部位不可靠在把杆上。

（3）把杆练习要注意动静交替、紧张与放松交替、两腿交替、变换方向交替、不同类型的动作交替。静力性动作之间要以动力性动作调节，大强度练习中间要安排放松动作。

（4）把杆练习的音乐伴奏要完全符合动作的节奏和力度变化，通过优美合拍的音乐使枯燥的基本动作变得富有韵味和情趣。

（5）在练习中要根据不同的水平选择不同的练习内容，在基本掌握了各类动作之后，可按照由简到繁、由远及近、动静交替、两侧交替、紧张与放松相交替、活动量由小到大再到小的原则,将各类动作编成组合动作进行练习。

思考题

1. 形体训练的基本内容有哪些?
2. 身体美的基本标准是什么?

第十二章 健美操

一、健美操运动的起源与发展

健美操运动起源于生活及人们对人体健美的追求。它是集音乐、舞蹈、体操、美学于一体的新兴的体育运动，是随着现代科技发展，人类走向高效率，快节奏的信息时代的产物。

现代健美操源于美国黑人的爵士和土风舞，它节奏欢快，运动部位全面，对人体有着较好的锻炼效果。近十几年来，世界各地都在用徒手操和现代舞结合方式进行锻炼，其主要目的是促进身体健美和愉悦身心。

20世纪80年代依赖，健美操以其强大的生命力风靡世界。美国是对现代健美操的发展具有较大影响的国家，其代表人物是电影明星简·方达。她为了追求健美的身体曾用过"节食减肥""自导呕吐法""服用减肥药"等方法，结果把身体弄得很虚弱。后来，她在20世纪70年代总结编排了一套健美操，坚持锻炼，收到了理想的健美效果。在此基础上她编写了《简·方达健身法》。1981年出版后，在全球范围内引起了轰动。

健美操不近在美、英、法等国家迅速发展，在前苏联和其他东欧国家也相当普及，在亚洲地区、日本、菲鲁宾、新加坡等国家地区也建有许多健美操活动中心及健身俱乐部。

20世纪70年代末，健美操热传到我国。目前，健美操已成为我国各级各类学校体育课或课外活动中一项深受师生欢迎的教学内容和锻炼方式。1992年国务院颁布了《全民健身疾患实施纲要》，健美操成为全民健身的重要项目之一。1992年9月中国健美操协会在北京成立。1992年2月，中国大学生体协健美操、艺术体操分会在北京成立，这些都标志着我国健美操运动已进入一个崭新的发展阶段。

二、健美操的价值

（1）健身。增强肌肉和内脏器官的功能，发展人体的灵活性和柔韧性，促进身体的正常发育。

（2）健心。保持和焕发青春活力。健美操动作优美、有力、奔放、自由，有情趣并且有表现力，在音乐旋律的协调配合下，给人以轻松欢快之感和积极向上的精神面貌。

（3）健美。能减去脂肪，增加肌肉。

（4）健脑。促进脑机能的健康发展。健美锻炼的感情表现极为轻松自如，活泼愉快、充满青春活力，具有一种执著追求的感情色彩。

（5）经过体形、姿态、动作美的锻炼，将美的素质、美的情操、美的心灵体现在现实生活之中的自信和自强心理。使人的举止、言行、处事、气质、风度更为高雅，仪表更为端庄。

第一节 健美操基本技术与动作组合

1. 手的基本动作

健美操中的手型有很多种，是从芭蕾舞、现代舞、迪斯科、武术中吸收和发展的。手型是手臂动作的延伸和表现，运用的好，会使健美操动作更加丰富多彩，生动活泼，更具有感染力。

(1) 并拢式。五指伸直，相互并拢。大拇指微屈，指关节贴于食指旁。

(2) 分开式。五指用力伸直，充分张开。

(3) 芭蕾手式。五指微屈，后三指并拢，稍内收，拇指内扣。

(4) 拳式。握拳，拇指在外，指关节弯曲，紧贴于食指和中指。

(5) 立拳式。五指伸直，手掌用力向上翘。

(6) 西班牙舞手式。五指用力，小指无名指中指自掌指关节处依次屈指，拇指稍内扣，腿交替进行。

2. 脚的基本动作

(1) 踏步。大腿抬平，小腿自然下垂，落地时用前脚掌过渡到全脚掌，两臂前后自然摆动，身体保持自然。

(2) 开合跳。跳起分开落地，髋部，脚尖外开，膝关节在同方向弯曲。蹬地还原时，脚跟并拢，膝缓冲。动作要起伏，连贯有弹性。

(3) 踢跳腿跳。动力腿屈膝后摆，两膝之间要并拢，前弹时不要过分用力，膝关节，髋关节运动伸展要有控制，然后换腿做。

(4) 后踢腿跳。一腿屈膝后摆，髋和膝在一条线上，跑跳过程中，膝踝关节充分缓冲，手臂可自然摆动。

(5) 吸腿跳。膝抬起，大腿平行地面，小腿垂直于地面，脚面绷直，落地时由脚尖过渡到脚跟。两腿交替进行。跳起时，脚离地，身体保持自然。

(6) 踢腿跳。一腿前踢，腿要抬平或更高，膝盖伸直，收腹立腰。落地还原到位。两腿交替进行。

第二节 健美操徒手基本动作

一、单独动作

1. 头颈动作

形式：屈、转、平移、绕及绕环，如图 12-1 所示。

方向：向前、向后、向左、向右、绕及绕环。

要求：做时节奏一定要慢，上肢保持正直。

2. 肩部动作

形式，如图 12-2 所示。

单肩——提、沉、首、展、绕。

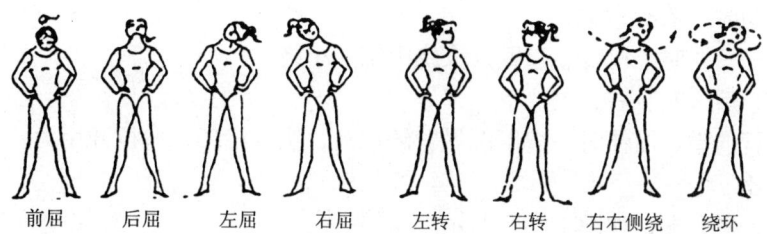

图 12-1 头劲动作

双肩——绕环、振。
方向：向前后绕与绕环。
要求：提肩、沉肩时两肩在同一额状面上上下下运动，收肩、展肩时幅度要大，肩部要平。

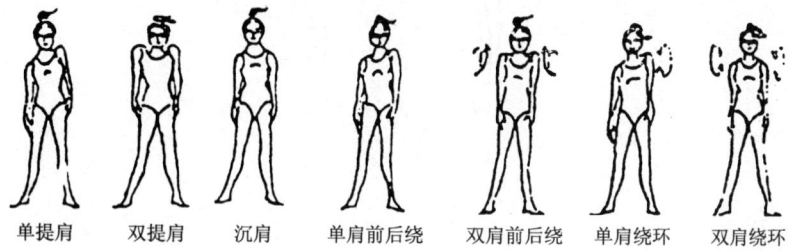

图 12-2 肩部动作

3. 上肢运动
（1）手型，如图 12-3 所示

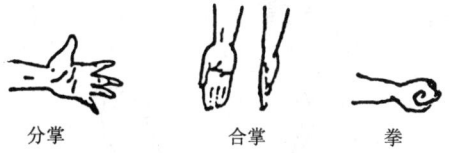

图 12-3 上肢运动

（2）臂动作
形式，如图 12-4 所示。
举——直臂、屈臂、单臂、双臂。
屈伸——同时、依次。

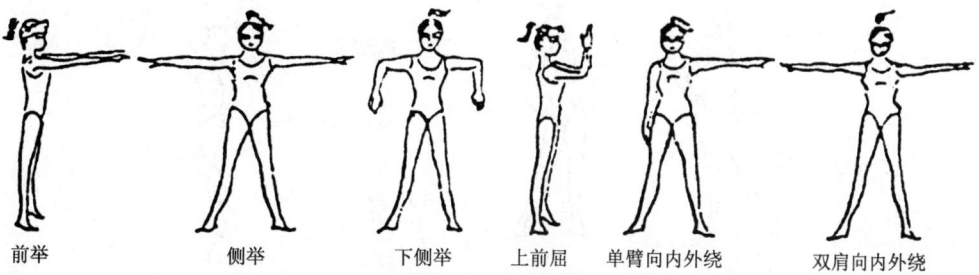

图 12-4 臂动作

摆动——同时、依次、交叉。

绕与绕环——同时、单臂、双臂、大绕中绕、小绕。

方向：前、后、左、右、上、下。

要求：做臂的举、屈伸时，肩下沉做臂的摆动、绕及绕环，肩拉开用力。

4. 胸部动作

形式：含、展、振，如图12-5所示。

要求：收腹、立腰。

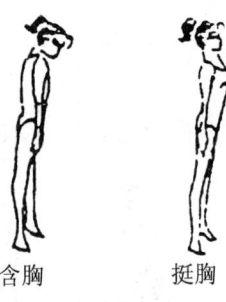

含胸　　挺胸

图12-5　胸部动作

5. 腰部动作

形式：展、转、绕与绕环，如图12-6所示。

方向：前、后、左、右。

要求：腰前屈、转时，上体立直，腰绕与绕环时慢。

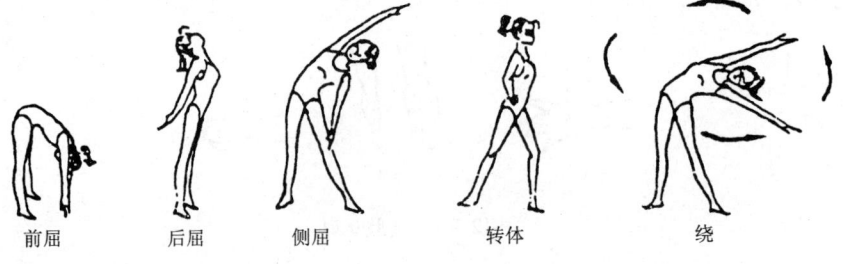

前屈　　后屈　　侧屈　　转体　　绕

图12-6　腰部动作

6. 髋部动作

形式：顶、提、摆、绕与绕环，如图12-7所示。

左顶　　右顶　　后顶　　前顶

图12-7　髋部动作

方向：前、后、左、右。

要求：髋部练习时上体放松。

7. 地上基本姿态

形式：

坐——直角坐、分腿坐、跪坐、盘腿坐。

卧——仰卧、俯卧、侧卧。

撑——仰撑、俯撑、跪撑。

要求：做各种动作时，收腹、立腰、挺胸。撑时，腰背紧张。

8. 七种基本脚步动作

（1）踏步——传统的低强度步伐，要求以脚尖、脚跟落地圆滑。

（2）后踢腿跑——相对于踏步是高强度动作，要求髋和膝在一条线上，脚在后。

（3）弹踢腿跳——低的膝关节和髋关节运动，伸展要有控制（不生硬）、高强度。

（4）吸腿跳——上体（头至臂）正直吸腿，膝关节最低90度。脚尖必须伸直，正确的落地技术使脚尖过渡到脚跟。

（5）踢腿跳——只在髋部运动前进行，允许一些向外的旋转，支撑腿可以轻微弯曲，踢起腿必须伸直。

（6）开合跳——分腿时，髋部外开，膝关节在同方向弯曲，并腿时，脚可平行落地或外开并腿动作落地，但必须有控制。

（7）弓步跳——上体（重心）必须在两腿之间，脚向前和平行，弓步膝关节在主力腿的脚上。

二、组合动作

A组组合动作如图12-8所示。

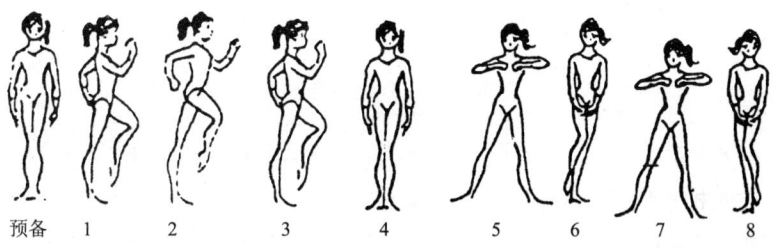

图12-8　A组组合动作

（1）第一个八拍：1、2、3右脚开始踏步，上图为侧面，5、6向左并步，7、8向右并步。

（2）第二个八拍：1、2、3右脚开始踏步，5、6向右并步，7、8向右并步。

B组组合动作如图12-9所示。

（1）第一个八拍：1、2左脚向前弓步，3、4还原，5~8同1~4反向。

（2）第二个八拍：1左脚向前弓步，2还原，3右脚向前弓步，4还原，5~8同1~4。

C组组合动作如图12-10所示。

（1）第一个八拍：1、2向左并步，3向左一步，4吸右腿，5~8同1~4。

图12-9 B组组合动作

图12-10 C组组合动作

(2) 第二个八拍重复第一个八拍。

D组组合动作如图12-11所示。

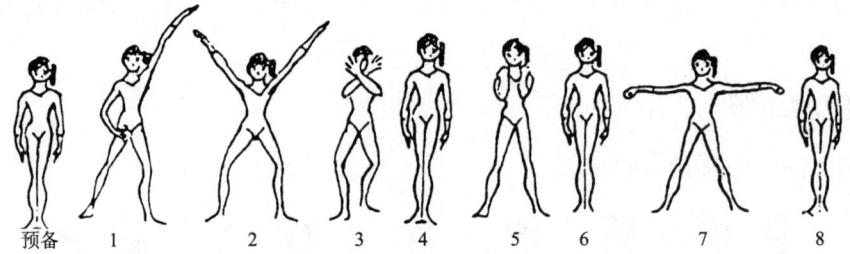

图12-11 D组组合动作

(1) 第一个八拍：1、2、3、4 左V字步一次，5~8 开合跳两次。

(2) 第二个八拍：1、2、3、4 右V字步一次，5~8 开合跳两次。

练习时请使用A+B+C+D的方法。即学会了A，再学习B，重复A+B。继续学会C，重复A+B+C，再继续学会D，再重复A+B+C+D的学习方法。这种方法练习有氧操好记、好学，能使动作不间断。

第三节 健美操的创编性原则

一、健美操的创编原则

1. 针对性

健美操的创编应针对不同的任务、对象、年龄、性别、职业、身体状况、运动水平、文化层次以及练习者的生理、心理、爱好和接受能力、参与健美活动的需要的不同,切合实际、有所侧重、有的放矢地进行健美操的创编,做到因人而异、有目的性。健美操可根据不同的锻炼目的分为形体健美操、减肥操、矫正操、保健操等,在创编时应该对练习者的不同目的有所侧重。

2. 科学性

每套健美操运动的创编懂应严格遵循运动的胜利解剖规律。每次运动的负荷应由小到大,运动由简到繁,强度由弱到强,逐步增加身体负荷。当达到并保持一定负荷后再逐步恢复到平静状态,使心血管系统、呼吸系统、消化系统和内脏器官功能得到改善和提高。

一般成套健美操的是由引导过渡、基本操、放松操 3 部分组成。第一部分为引导过渡,包括深呼吸、踏步、伸展运动等。目的是为身体、心理进入基本操部分做好准备,同时了解音乐节奏、速度、风格,调适心理状态。第二部分为基本操,是成套健美操的主要部分,一般从原理人体的头或足开始,即头部—上肢—肩—胸—躯干—下肢—全身—跳跃,由局部到整体,高潮在跳跃运动。第三部分为调整放松动作,一般为踏步和全身放松调整。动作速度渐慢,伴以深呼吸,使心率逐渐恢复到安静状态。

3. 全面性

创编成套健美操,要充分动员整个机体参与运动,使身体各部位的肌肉、关节、韧带及内脏器官得到全面发展。成套健美操动作一般包括头、颈、肩、腰、髋、腹、背和上、下肢运动。在每个部位尽可能全面运动的基础上,应重视编排健美操的不对称动作。

4. 创新性

创新是健美操的生命。没有创新就没有健美操的发展,因此,创新性是健美操创编的一项重要原则。首先要丰富自己,了解国内外健美操发展的现状和趋势,深刻理解健美操的精髓。然后根据健美的特点及编操的对象,创编处既有健美价值又有美学价值,既有观赏价值又有表演价值,新颖、独特的健美操。健美操的创新应从多方面着手,如动作的创新(包括方形的变化,线路的变化,对称与不对称动作,长短、曲直的搭配);音乐的创新(包括特殊制作、特殊合成);动作链接的创新、队形路线变化的创新及难度创新等。

5. 动作与音乐的一致性

健美操是表现音乐的一种手段。动作是诠释音乐的一种身体语言,音乐的选择决定了整套健美操的风格。因此在创编健美操时,要根据音乐的背景、民族习俗、文化特点,尽量设计出既能充分表现音乐,又不失健美操特点的动作,使音乐旋律与动作形象融为一体,达到音乐和身体动作相互促进和互相表现的效果,否则就失去了健美操的艺术价值。

二、健美操的创编步骤

(1)创编前的准备。包括:明确创编的目的、任务、要求;了解练习者多方面的情况(年龄、性别、身体状况、运动基础);了解锻炼时间、场地、器材设备等条件;学习观看有关健美操的文字资料和音像资料。

(2)制定总体方案、在了解多方面情况的基础上,确定所编操的类别(健身、表演、竞赛)、风格(民族或爵士、优美或刚劲)、难度(大、中、小)、长度(若干个八拍)、速度(N 拍或 10 s)、设计操的结构顺序、主要动作类型(如头的屈、伸、绕及绕环高潮的安排)等。

（3）选择音乐、编排动作。选择合适的音乐，通过剪裁和制作，使之适应总体设计方案的要求。在比较熟悉、理解音乐后，根据健美操创编原则，试编排成套健美操的具体动作，要求所编动作与伴奏音乐和谐统一，并用速记或图解的方法记录下来。

（4）练习与调整。按设计好动作进行练习。在练习过程中进行多方面的检查，包括运动量和强度的测试，对整套操结构顺序的合理性和艺术性的检查等。根据测试结果、练习者的反馈信息及创编者的观察研究，对操进行适当修改和调整。

（5）撰写文字说明。此项是为了保留材料，以便在今后的教学研究或相互交流中采用。文字说明应简明扼要，术语正确，绘图应形象逼真，方向清晰。

1. 了解健美操运动的起源、发展及其价值。
2. 掌握健美操运动的基本技术与动作组合。
3. 掌握健美操徒手基本动作。
4. 了解健美操创编性原则。

第十三章 散打

散打也叫散手,古时称之为相搏、手搏、技击等。简单而言就是两人徒手面对面地打斗。散打是国标武术一个主要的表现形式,以踢、打、摔、拿4大技法为主要进攻手段。另外,还有防守、步法等技术。散打也是现代体育运动项目之一,双方按照规则,利用踢、打、摔等攻防战术进行徒手搏击、对抗,是中国传统武术的擂台形式,也是中国武协为了使武术能够与现代体育运动相适应所整理而成。

第一节 散打概述

1979年散手在我国成为竞技的比赛项目。在80 cm高,8 m见方的擂台上进行比赛,如图13-1所示。散手比赛允许使用踢、打、摔等各种武术流派中的技法,不允许使用擒拿,不许攻击喉、裆等要害部位;运动员分体重、穿护具在相同的条件下平等竞争。在对敌斗争

图13-1 散打

中这些界限就没有了,军警对敌斗争就专寻对手的要害部位击打。使用的招法也比较凶狠,杀伤力较大。

散打是中华武术的精华,是具有独特民族风格的体育项目,多年来在民间流传发展,深受人民喜爱。散打的起源与发展是和中华民族悠久历史同步的。它从先辈的生产劳动,生存斗争缘起,但又服务于此,演化至今成为华夏民族灿烂文化遗产中的瑰宝。原始社会人类为了争取自下而上、猎取食物,长期与野兽搏斗,学会了与野兽搏斗所使用的不同方法。如:拳打、脚踢、抱摔等简单的散打技术,并学会了一些野兽猎取食物的本领,如:猫扑、狗闪、虎跳、鹰翻等。春秋战国时期,散打得到了很大的发展,受到了人民的重视。

散手运动经过近20年的总结、改进和发展,已成为现代体育竞赛项目,它本着"更快、更高、更强"的奥林匹克精神,已逐步与国际竞技体育接轨。目前,散手运动不仅在国内,而且在世界五大洲的70多个国家和地区开展和普及。散打之所以具有很强的感染力和生命力,是由它本身的特点和作用决定的。

第二节 散打的基本技术

一、散打的实战姿势

散打护具实战姿势通常也叫做预备式或格斗式,是格斗前所采用的临战运动姿势。它不仅能使身体处于强有力的状态,而且有最佳的快速反应能力,利于快速移动发起进攻和防守,并且暴露面小,能有效地保护自己的要害部位。

实战姿势分为左实战式和右实战式。下面以左实战式为例:两脚前后开立,前脚跟与后脚尖距离约同肩宽。左脚全脚掌着地,右脚跟稍抬起,前脚掌着地,两膝稍弯曲,自然里扣,身体重心右移,上体含胸收腹扭臀,左臂内曲约90°,拳眼与鼻尖平行。右臂内曲约45度,拳置于脖前,两肘自然下垂并稍向里合,下颌内收,目视对方上体,如图13-2所示。

图13-2 散打

二、步法

步法是散打格斗中身体向前后左右移动的方法。灵活而敏捷的步法，不仅是调节重心维持身体平衡的关键，也是进攻和防守占据有利位置、发挥最优攻势的基础步法，认真学习和演练是提高实战能力的重要环节。以下步法均以做实战势为例。

进步：左脚提起，向前进步，右脚迅速蹬地，跟进同样距离。

退步：右脚向后退一步，左脚用力蹬地，迅速后退同样距离。

侧跨步：左脚向左侧横跨一步，右脚脚脖内侧蹬地，迅速向左侧横跨跟进同样距离。

内步：左脚前脚掌原地拧动或向左跨步，随即身体左偏，右脚向左前方迅速跟上一步，身体右转约90度。

盖步：右脚经左脚前上步，脚尖外摆，两腿成交叉状，随即左脚向前上步，还原成实战式。

插步：右脚经左脚后向前上步，脚跟离地，两腿略成交叉状，随即左脚向前上步，还原成实战式。

垫步：右脚蹬地向左脚并拢，同时左脚曲膝提起向前落步，还原成实战式。

击步：双脚蹬地起跳，随即左脚落地，右脚稍后提膝落步，还原成实战式。

换步：前脚与后脚同时蹬地并前后交换，同时两拳也前后交换成右实战式。

步法的单独练习：学完一种步法以后，必须通过自己的反复练习揣摩，才能找到要领，熟悉技术并由单独练习逐渐过渡到连续练习。各种步法的综合练习，在步法的单独练习熟练后可以把几种步法组合起来进行综合练习。

结合信号练习：教练员应用掌心掌背的朝向或规定的某一信号，要求练习者根据信号做出相应的步法，这种练习既可以巩固步法技术，又可以提高反应能力。两人配合练习，规定一方运用多用步法，移步闪退等，而另一方做出相应的移动，使双方距离尽量保持不变。

结合攻防动作的练习：把步法和各种攻防动作结合练习，提高整体协调配合能力以适应实战的需要；配对练习，规定一方单招或组合连招进攻，另一方移动摆脱，并寻机予以反击，提高步法的实效性。

三、拳法

拳法技术在散打运动中常用的有直、摆、勾、劈、鞭拳5种。在实战中具有速度快和灵活多变的特点，它能以最短的距离、最快的速度击中对手。拳法易于结合进行训练，并且能任意配合其他技术使用。掌握的好，利用的巧妙能给对手造成很大的威胁。

直拳：以左直拳为例，左势站立，右脚微蹬地，身体重心稍向左脚移动，同时转腰送肩，左拳直线向前击出，力达拳面，右拳自然收回颌前。实战范例：左右直拳抢攻对方头部。当对方侧弹腿进攻时，左手外挂防守，同时右直拳反击对方头部。

摆拳：以左摆拳为例，左势站立，上体微向右扭转，同时左臂稍抬起时，前臂内旋向前里弧形出击，力达拳面，大小臂夹角约130°，右拳自然收回颌前。实战范例：左拳虚晃，右摆拳抢攻对方头部。当对方右蹬腿攻击我中盘时，左手里挂防守，随即用右摆拳反击对方头部。

勾拳：以左上勾拳为例，左势站立，上体稍向左侧倾，重心略下沉，左拳微下落，随即左脚蹬地,上体右转,挺腹前送左髋,左拳由下向上曲臂勾击,力达拳面,大小臂夹角90°左右,右拳自然回收于颌前。实战范例:假动作虚晃,忽然上部靠进对方用上勾拳击其下颌。当对手以下前抱摔时,迅速后退用左勾拳反击其头部。

鞭拳:以右鞭拳为例,左势站立,以左脚前脚掌为轴,身体向后转180°,右脚经左腿后插步,身体继续右后转,同时以腰带动右臂向右侧横向鞭击,力达拳轮,左拳自然收于颌前。实战范例:左直拳假装进攻,随即突然用右鞭拳抢攻其头部,对手用左侧弹腿攻我中盘时,左手里挂防守同时以右鞭拳反攻其头部。

四、腿法

腿法内容丰富,分屈伸性、直摆性、扫转性3部分。格斗中腿法灵活机动,变化多端,攻击距离远、力度大,还具有隐蔽性,突出性攻击部位的特点。在运用腿法攻击时,要求做到快速有力,击点准确。图13-3为腿法在实战中的应用。

图13-3　腿法在实战中的应用

侧弹腿:以左侧弹腿为例,左势站立,上体稍向右侧倾,重心后移,同时左腿曲膝展髋,大小腿自然折叠,脚背绷直,随即由曲到伸,大腿带动小腿向右前横弹,力达脚背。实战范例:左侧弹腿佯攻对方下盘,随即右侧弹腿实击对方上盘。

正蹬腿:以左正蹬腿为例,左势站立,身体重心稍后移,同时左腿屈膝提起,曲肩向前,脚尖上勾,随即从脚跟领先向前蹬出,力达脚跟。实战范例:用正蹬腿攻击对方上盘,当对方运用侧弹腿攻击时,突然用右正蹬腿抢先攻击对上盘。

侧踹腿:以左侧踹腿为例,左势站立,身体重心后移,上体稍右转,同时左曲膝提起,脚尖勾起,随即展髋,使脚掌正对攻击方向,使之迅速由曲到伸,向前踹出,力达脚跟。实战范例:以左侧踢踹腿,假装攻击对方下盘,随即用市踹腿实攻对方上盘,左侧弹腿假装攻对方下盘,然后转身踹腿攻击对方上盘。

扶地后扫腿：上体前俯，左腿曲膝前蹲，以前脚掌为轴，向右后方转体带动右腿向左后方弧线擦地后扫，力达脚跟。实战范例：当对方以左弹腿攻击我上盘时，拍挡防守后，随即用后扫腿攻击对支撑腿。

横扫腿：以右横扫腿为例，左势站立，重心移至左脚随即上体右后转360°，带动右腿，直腿由后向前弧形横扫，力达脚背。实战范例：当对方用右侧弹腿攻击我上盘时，拍挡防守后随即用右后横扫腿攻击敌上盘。

转身横扫腿：以右转身横扫腿为例，左势站立，重心移到左脚，随即上体右后转360°，带动右腿直腿由后向前弧线横扫，脚面绷平，力达脚掌。实战范例：用右侧弹腿假装攻对方下盘，然后用左转身横扫腿攻击其上盘。

截腿：以右截腿为例，左势站立，重心移到左腿，上体稍左转，同时右摆旋提起，脚尖勾起并外翻，随即向前下方截击。实战范例：当对用抬腿用腿法攻击时，抢先出腿截击其小腿。

五、摔法

散打摔法是在竞技里的格斗中作巧妙的技法使对手倒地的方法，在格斗中，用摔法必须做到快速果断，因为是竞技里的格斗，所以不能给对手留下点喘息的机会，这才是保护自己的有效措施。

抱双腿前顶摔：当抱住对方双腿被对方下压时，迅速屈肘，两手用力回拉，同时用左肩前顶对方髋腹部，将对方摔倒。

抱双腿过胸摔：上前迅速上左步，屈膝弓腰，两手由外向内抱住对方腿根部，左边前顶其髋腹部，随即向前上右步，蹬腰腿抬头将对方向后摔落。

抱单腿拉腿摔：当抱对方单腿时，被对方下压防守迅速右手屈肘，回拉对方小腿下边，同时用左肩下压其腿根部，将其摔出。

抱单别腿摔：抱对方前腿后，左手迅速前伸，别其后支撑腿，同时右手后拉左边前顶对方将对拉倒。

夹颈过背摔：右屈臂夹对方颈部，背向对方，两腿屈膝用右侧髋部紧贴对方前身，然后两腿蹲深向下，弓腰低头，将对方背起后摔倒。

抱腰过背摔：右屈臂抱对方腰部背向对方，两腿屈膝，用右侧髋部紧贴对方前身，然后两腿深蹲，向下弓腰低头，将对方背起后摔倒。

接腿转压摔：当对方用右侧弹腿踢击时上左步。左手抄抱膝弓窝处，右手抓其小腿下端，随即撤右步，上体前俯并右转，同时右手向内搬压将其摔倒。

接腿别腿摔：当对用右侧弹腿踢击时，用右手抄抱其弓窝，左手抓其小腿下端，随即上右脚，至对左腿后，向右转体，右腿别其支撑腿将其摔倒。

接腿勾腿摔：当对方用右侧弹腿踢击时，左手抄抱其小腿，右手由对方右肩上穿过，下压其颈部，同时左手上抬，右脚向前上方向踢其支撑腿将对方摔倒。

接腿涮摔：当对方用右侧弹腿踢击时，双手抓握对方右脚，双手向左拉其右脚，随即向下，向右上方成弧形摆荡将其摔出。

接腿上托摔：当对方用右正蹬腿踢击时，两手抓握其小腿下端，随即屈臂上抬。两手挟托其脚后，同时上右步，向前上方推展将其摔倒。

切摔：左臂由对方右肩上穿过，向前下压，切压其颈部，将其摔倒。

六、防守法

防守是一种可以节制和削弱对方的攻击,保护自己并能处于反击位置的方法,最终目的是在于防守后和反击。准确巧妙地防守,不但能保护自己,而且能为攻击创造更好的条件。

拍挡防守:以左拍挡为例,左手掌心向里贴,向里横拍并稍右转体。

挂挡防守:左右手屈臂向同侧头部或肩部挂挡。

里抄防守:左右手臂微屈并外放,紧贴腹前,手心向上,同时左右手屈臂,紧贴胸前立掌,掌心向外。

外抄防守:左右手臂外旋弯曲,上臂紧贴肋部。

提膝防守:重心右移,前腿屈膝起,后腿支撑,上体姿势不变。

截击防:当对方准备进攻时,使手截腿阻截对方攻势。不接触防守。

后闪防守:重心后移,上体略后仰闪躲。

侧闪防守:上体向左侧或右侧闪躲或用左右闪步防守。

下潜防守:屈膝降低重心,同时低头缩颈向下闪躲两手护头。

上跳防守:两脚蹬地,使身体向上跳闪。

七、组合连击

组合连击是运用两个或两个以上的动作,连续攻击对方。连击法共分为拳法连击,腿法连击,拳腿连击,拳摔连击,腿摔连击,拳腿摔连击6种。既可以单招连续进攻,又可多招连环击打。

由于技术动作的繁多,所以连击方法多样千变万化,但组合不是盲目的。要根据动作转换的合理性和实战中运用的可行性,时效性来组合搭配才能达到连击重创的目的。在运用时要注意真假结合,虚实相接,使对手处于上下左右多点受击之中,防不胜防。另外,要注意动作之间的衔接。一般来说,第一级的结构是第二级的最佳发力点击姿势。

第三节 散打的竞赛规则

一、场地与器材

1. 拳台规格要求

比赛时使用国际标准拳台,并应符合如下要求。

(1)尺寸:拳台宽度为7 m,呈正方形。拳台围绳从内侧量为6 m,呈正方形。台面应高出地面至少90 cm,但不超过122 cm。

(2)台与角垫:拳台的建筑应坚固。围绳以外要有50 cm左右的空余部分。四根围绳柱应对称,四角要有软垫装置,以防止伤害运动员。裁判长席的左近侧为红方,其对角为黑方。其余两角为中立角。

(3)台面覆盖物:台面要铺上毛毡、橡胶或其他具有弹性的适当材料,厚度应合适,并用帆布或其他适当材料覆盖。毛毡、橡胶或其他适当材料及帆布必须盖住全部台面。

(4)围绳:应设有直径3~5 cm的4根围绳拉紧于围绳柱上。

（5）台梯：拳台应设有3处台梯。两处台梯在拳台的红方、黑方，供运动员及教练和助手使用。另一处台梯设在左远侧的中立角，供场上裁判员和医生使用。

（6）塑料卫生袋：两中立角外侧应安放两个塑料卫生袋，供医务人员放置使用过的医用棉纸等废弃物。

2. 拳套

（1）运动员应使用竞赛组织者规定的拳套。拳套规格由中国武术散打王争霸赛管理委员会（以下简称争霸赛管委会）制定。

（2）体重在60 kg以下（含60 kg，以下未作特殊说明的以上及以下均含所指kg级）级别的运动员，使用手套的重量为每只230 g；体重在65 kg以上级别的运动员，使用手套的重量为每只280 g。

3. 护手绷带

运动员使用的绷带为外科用绷带或竞赛专用绷带，每条绷带长度不得超过2.5 m，宽度不得超过5 cm。禁止使用任何带有药物成分的绷带。

4. 服装护具

（1）运动员必须穿戴竞赛组织者指定的短裤、护裆和护齿。短裤的颜色为红色和黑色，红方运动员穿红色短裤、黑方运动员穿黑色短裤。

（2）除穿戴短裤、拳套、护裆和护齿外，运动员不得穿戴任何其他服装和护具，也不得穿戴任何装饰物（经现场医务监督认可使用的除外）。

5. 竞赛应准备的其他设备

（1）劝告牌：长15 cm、宽5 cm的黄色板12块，板上写"劝告"二字。

（2）警告牌：长15 cm、宽5 cm的红色板6块，板上写"警告"二字。

（3）读秒牌：长15 cm、宽5 cm的蓝色板6块，板上写"读秒"二字。

（4）放牌架：长60 cm、高15 cm，红色和黑色各1个。

（5）秒表两块。

（6）单、双音哨子各一个。

（7）一套带话筒（麦克风）的扩音设备。

（8）扩音喇叭3个。

（9）铜铃、锤和铃架一副。

（10）计数器12块（最少8块）。

（11）体重秤2台。

（12）供运动员使用的两套水杯、水瓶和水桶。

（13）工作人员和裁判员用的必要的桌子和椅子。

（14）一套急救装备。

（15）救护车1辆或2辆。

（16）各种记分表及必要的工作用纸张和办公用品。

二、竞赛通则

（一）体重分级

（1）52 kg级［52 kg以下（含52 kg）］

(2) 56 kg 级 [52 kg～56 kg]
(3) 60 kg 级 [56 kg～60 kg]
(4) 65 kg 级 [60 kg～65 kg]
(5) 70 kg 级 [65 kg～70 kg]
(6) 75 kg 级 [70 kg～75 kg]
(7) 80 kg 级 [75 kg～80 kg]
(8) 85 kg 级 [80 kg～85 kg]

（二）禁击部位与得分部位

(1) 禁击部位：后脑、颈部、裆部。
(2) 得分部位：头部、躯干、大腿、小腿。

（三）禁用方法

(1) 用头、肘、膝和反关节的动作进攻对方。
(2) 用转身后摆腿进攻对方头部。
(3) 用迫使对方头部先着地的摔法或有意砸压对方。
(4) 一方倒地，另一方用脚进攻对方头部。

（四）得分标准

1. 优势胜利

(1) 在一局比赛中，先完成3个3分动作者。
(2) 在比赛中，双方实力悬殊，台上裁判员征得裁判长的同意，判技术强者为该场胜方。
(3) 被重击（侵人犯规除外）倒地不起达10 s，或虽能站立但知觉失常，判对方为该场胜方。
(4) 一场比赛中，被重击强制读秒（侵人犯规除外）达3次，判对方为该场胜方。
(5) 比赛中，运动员出现伤病，经医生鉴定不能继续比赛者，判对方为该场胜方。

2. 得3分

(1) 用主动倒地的动作致使对方倒地，而自己迅速站立者，得3分。
(2) 用转身后摆腿击中对方躯干部位而自己站立者，得3分。

3. 得2分

(1) 一方倒地（两脚以外任何部位接触台面），站立者得2分。
(2) 用腿法击中对方躯干部位。
(3) 被强制读秒一次，对方得2分。
(4) 受警告一次，对方得2分。

4. 得1分

(1) 用手法击中对方得分部位。
(2) 用腿法击中对方头部、大腿和小腿。
(3) 运动员消极8秒，被指定进攻后，8秒钟内仍不进攻，对方得1分。
(4) 主动倒地超过3秒钟不起立，对方得1分。
(5) 受劝告一次，对方得1分。

5. 不得分
（1）方法不清楚，效果不明显。
（2）双方倒地或下台。
（3）双方互打互踢。
（4）用方法主动倒地，对方不得分。
（5）抱缠时击中对方。

第四节 防 身 术

防身术是一项运用踢、打、摔、拿等武术技击方法，以制服对方，保护自己为目的的专门技术。防身术中的奇妙招法，实质上是中华武术的精华"集锦"。它把武术中各种适合实践应用的招法分离出来，经过摘编、加工、提炼、创造、完善，使其成为一种散招，并具备简单、实用、易记、易学的特点。

一、教学目标

防身自卫的基本知识，掌握一般的身体训练方法和技术，学会一些单一动作及运用方法。提高和增强高中女生防卫技术、技能。

二、教学内容分析

（一）自卫搏击的基本姿势

道理很简单，只有侧身，才可能尽量少的暴露易遭攻击的部位。这种侧身是两腿一前一后，屈膝、脚掌着地。

1. 拳是人最主要的攻击武器

手是最灵活的，在攻防格斗中，手的威力又最大，而手的攻击形式以拳为主。
（1）直拳又称冲拳，主要是直线用拳直接攻击对方面部和胸部。
（2）勾拳又称抄拳，主要走弧线或直线，由下方用拳面击打对方腹部、下颌等。
（3）劈拳由上往下，以拳外背棱或指棱攻击对方面部的拳法。
（4）鞭拳由左右以拳背攻击对手头部的拳法。

2. 防身术的用法

教学中让学生懂得用拳攻击是自卫的一种方法。但拳是由手构建的，怎样灵活运用手，运用拳需要在实战中变化运用。如手可变成虎爪、撮勾、单指、金剪指、双指、金铲指、倒夹等，可用来戳击对方眼睛、咽喉、腋下等要害部位。

3. 掌、爪攻击面部、眼睛的技法

被歹徒按压时，如手未被按压，可张开手掌，以掌根猛击歹徒鼻梁。轻者鼻血长流，重则可致昏厥。这一掌在武术中叫迎面掌。迎面掌到位后，张开的五指以指甲贴其面抓下，武术中这一招叫"迎面贴金"，又叫"洗脸炮"。轻则抓破眼睑，泪流不止，眼睛睁不开，重则伤及眼球。这一招虽不致命，但使用方便，乘歹徒一时丧失施暴能力，自卫者可及时逃。

（1）反手顶肘。手臂略上抬，身体迅速下沉（但幅度没有砸肘大），同时两肘向后顶击，力达肘尖。顶肘主要用于攻击背后之敌的肋、腹部。

（2）反手横肘。手臂平抬，蹬腿，身体旋转发力，同时手臂随旋转方向向后横向猛击，力达肘尖。反手横肘主要用于攻击背后之敌的面部、太阳穴等。

4. 用膝法攻击

膝的力量极大，用力量极大的膝攻击男性毫无承受打击能力的要害部位——裆部，可说是杀鸡用了牛刀。以膝攻击裆部还有另外两个好处，一是距离短，这就保证了攻击可以很快地在瞬间完成；二是角度小，攻击准备和攻击过程都可以很隐蔽。

用膝攻击距离一定要近，因为用膝与用腿不同，膝比大腿小腿之和肯定短了许多，不到位或勉强到位，对手稍微弯腰一弓身就化解了。

（1）提膝又称顶膝，要领是膝腿上抬，动作要猛，并以双手拉住对方帮助发力。提膝是女性用以攻击的利器。提膝时可用手帮助发力。

（2）侧撞膝。侧撞膝分为左侧撞膝和右侧撞膝。左侧撞膝是左膝上抬，由左向右侧撞击。动作要领是，微倒身，扭髋内转，两手可抓住对方帮助发力。右侧撞膝动作与左侧撞膝相反。

5. 防身的适宜腿法

腿法可分为屈伸性腿法和直摆性腿法。直摆性腿法（如摆腿、后扫腿等）难度较大，未经长期特殊练习，不会有任何威力。考虑女生各方面的条件，还是用屈伸性腿法自卫比较合适。

（1）蹬腿。蹬腿时，一腿支撑，一腿膝上抬，同时向前蹬出。蹬腿要领是脚尖要勾，力达脚跟。蹬腿时身体不可前后俯仰，要脆快有力，蹬出后迅速收回。

（2）弹腿。一腿支撑，一腿提膝，同时膝关节由屈到伸，向正前方弹踢出腿。脚背绷直，力达脚背。弹踢时要脆快有力。

弹腿又可分为正弹腿、侧弹腿、低弹腿、中弹腿、高弹腿等。女性自卫一般多用正弹腿攻击裆部。

（3）踹腿。踹腿又可分为正踹、侧踹。

正踹时，一腿支撑，另一腿提膝稍上抬，上抬之腿脚尖外摆，向前下方猛力踹击，力达脚跟。正踹腿一般用于攻击对手胫骨（小腿骨）。

侧踹时，先转体，一腿上抬，屈膝，勾脚尖，由屈到伸向前踹击，力达脚跟。低侧踹腿可用于攻击对方胫骨、膝关节；中侧踹腿可用于攻击对方裆部、腹部。

（二）防身术动作和心理分析

1. 防身术动作分析

人体要害部位是指人体遭受打击或挤压最容易造成昏迷、伤残、致死的部位。了解并学会攻击这些要害部位，再加上勇气和信心，就能给罪犯歹徒以有力打击，这是最积极的自我防卫。所以加强要害部位的理解和攻击方法的使用。人体要害部位有眼（攻击方法可运用拳法猛击歹徒眼眶、以食指和中指的前端指尖刺入歹徒双眼）、太阳穴（攻击方法是运用掌外侧、拳、肘击打，如歹徒已倒地，用脚尖踢击）、咽喉（攻击方法是运用手指猛戳咽喉下部的凹陷处）、后脑（攻击方法是运用拳横击或劈砍，也可用肘击）、锁骨（攻击方法是运用掌外侧由上往下猛力砍劈）、心窝（攻击方法是运用拳或肘尖猛击）、腹部（攻击方法是运用拳打、膝顶、肘击、脚踢）、裆部（攻击方法是运用膝顶、脚踢或用手捏）、脊椎（攻击方法是运用脚踢、膝顶、肘击）、指关节（攻击方法是将其手指扳直后向后猛折）、腕关节（攻击方法是运用擒拿术中的卷腕、缠腕、切腕等技法）等。

拳、脚、肘、膝是人人都知道的惯常用于攻击对方的部位。中国武术有"头锋""肩锋""臀锋"的说法，实际上就是指用头、用肩、用臀打人。头部前额用于迎面撞击，如果要领掌握得当，贯注全身之力，威力是很大的，女性完全可以用于自卫防身。

2. 防身术心理分析

防身自卫的目的是：运用徒手或器械，对各种违法犯罪分子予以应有的打击，以维护自身权益不受侵害和解救他人免受暴力侵害。可是，女性一旦面临歹徒难免害怕、胆小、惊慌失措，手脚发软、浑身战栗。首先应培养女生从心理上战胜歹徒，战胜自己。面对恐怖的歹徒要做到头脑冷静，避免心慌意乱，最好的办法就是尽快把脑子里的一切念头全抛开，凝神注视歹徒及其举动，想办法对付他，用自己学过的招法，横下一条心，跟歹徒搏斗，一定要保护自己、战胜歹徒。

3. 防身术在教学中的重点、难点

（1）重点：在平时的学习和训练中，每一招式都要求准确无误，并不断提高动作速度。将自身的武器，如拳、掌、指、膝、肘、肩、头等灵活运用。

（2）难点：把自身学过、练过的各种防身动作和方法能够顺利地运用于自卫中。

1. 简述散打的概念。
2. 掌握散打的基本技术。
3. 了解散打的基本规则。
4. 掌握基本的防身术。

第十四章

体 育 舞 蹈

第一节 体育舞蹈概述

体育舞蹈也称国际标准交谊舞,体育运动项目之一,是以男女为伴的一种步行式双人舞的竞赛项目,分两个系列,10个舞种。其中摩登舞系列含有华尔兹、维也纳华尔兹、探戈、狐步和快步,拉丁舞系列包括伦巴、恰恰恰、桑巴、牛仔和斗牛。每个舞种均有各自舞曲、舞步及风格。

一、体育舞蹈起源与发展

体育舞蹈的前身是交际舞,起源于欧洲、拉丁美洲,经历圈舞、对舞、集体舞等民间舞蹈演变过程,成为流传广泛的社交舞蹈。1924年,由英国皇家舞蹈教师协会发起的欧美舞蹈界人士在广泛研究传统宫廷舞、交谊舞和拉美国家的各式土风舞的基础上,对此进行了规范和美化加工,于1925年正式颁布了华尔兹(慢三步)、探戈、狐步、快步等舞种的步伐,总称摩登舞。

1950年,由英国ICBD(摩登舞国际理事会)主办了首届世界性的大赛——黑池舞蹈节,并把规范后的舞蹈命名为国际标准交谊舞,我国简称"国标"。此后每年的五月底,在英国的"黑池"都举办一届世界性的大赛。

国际标准交谊舞通过比赛在世界各地不断推广,其自身也得到了发展。1960年由英国皇家舞蹈教师协会又整理了拉丁舞蹈,也将它纳入国际标准交谊舞范畴。这样就形成了具有统一舞步的两大系列10个舞种的国际标准交谊舞。

体育舞蹈的发展离不开体育舞蹈组织的管理、组织以及推广工作。目前国际上存在两个国际体育舞蹈组织:世界舞蹈及体育舞蹈理事会和国际体育舞蹈联合会。

世界舞蹈及体育舞蹈理事会,简称WDDSC(World Dance and Dance Sport Council)。1950年9月22日在英国苏格兰的爱丁堡成立,现有52个会员协会,注册地为英国伦敦,主要管理职业体育舞蹈事务和比赛。

国际体育舞蹈联合会,简称IDSF(International Dance Sport Federation)。1935年成立于布拉格,现有79个会员协会,注册地为瑞士洛桑,主要管理业余体育舞蹈事务和比赛。该组织于1997年获得国际奥委会的正式承认,并且成为唯一的代表体育舞蹈的国际组织。1992年体育舞蹈被国际奥委会列入比赛项目,2000年成为悉尼奥运会表演项目。我国国家体育总局已正式公布2006年把它列入全国体育大会比赛项目、2008年奥运会表演项目、2010年亚运会项目。目前,世界各国将国际标准交谊舞易名为"体育舞蹈",成为体育运动项目之一。

两个组织拟将合并成立世界舞蹈运动联合会(WDSF)。

国际标准交谊舞于 20 世纪 30 年代传入中国,自 1986 年正式引进后,发展迅速。1991 年 5 月,中国体育舞蹈运动协会成立。中国现在是世界舞蹈及体育舞蹈理事会(WDDSC)的准会员,国际体育舞蹈联合会(IDSF)的正式会员。协会至今举办了一系列的国内国际体育舞蹈大赛。

近年来,"国际标准交谊舞"已统一称为"体育舞蹈"。虽然交谊舞历尽沧桑改名换姓,舞姿舞步日趋规范严谨,与传统的交谊舞比较已发生了根本变化,但是万变不离其宗,其源头仍然是交谊舞。

二、体育舞蹈的分类和特点

体育舞蹈按舞蹈的风格和技术结构,分为摩登舞和拉丁舞两大类。按竞赛项目可分成 3 类:摩登舞、拉丁舞和团体舞。

其中摩登舞包括华尔兹、维也纳华尔兹、探戈、狐步和快步。拉丁舞包括伦巴、恰恰恰、桑巴、牛仔和斗牛舞。

体育舞蹈是由属于文艺范畴的舞蹈演变而来的体育项目,因此,它是兼有文艺和体育特点的边缘项目,是以竞赛为目的,具有自娱性和表演观赏性的竞技舞蹈。它具有以下 3 大特点。

1. 严格的规范性

规范性首先表现在体育舞蹈是一个完整的舞蹈系统,它是经过数百年历史的锤炼,几代人的加工而成的。其次表现在技术的规范性上,它严格到多一分嫌过,少一点欠火。

2. 表演观赏性

体育舞蹈融音乐、舞蹈、服装、风度、体态美于一体,既有观赏的价值又有参与的可能,被认为是一种"真正的艺术"。

3. 体育性

(1)竞技性:即比成绩、拿冠军、为国争光。

(2)锻炼价值:科研人员对体育舞蹈对人体生理和心理的作用研究显示:华尔兹最高平均心率为 142.8 次/min,探戈舞最高平均心率为 142.6 次/min,恰恰舞最高平均心率为 145.2 次/min,牛仔舞最高平均心率为 172.8 次/min,可见,体育舞蹈促进人体生理变化是明显的。它是陶冶情操、锻炼体魄的一种极好形式。

三、体育舞蹈的价值

体育舞蹈运动是一项新兴的体育项目,是体育与舞蹈的结合,具有运动与艺术的双重性。因此体育舞蹈极赋时代气息,具有健身价值、欣赏价值和社会价值。

1. 健身价值

(1)健美体形。经常参加体育舞蹈锻炼,可以对人的形体进行"生物学"改造,使体形符合一定的健美标准。还可以减肥瘦身,保持健美的体型和良好的体态。

(2)健身。长期进行体育舞蹈锻炼,能使人的心肌发达,有效提高心肺机能。

(3)健心。经常参加体育舞蹈锻炼能使人调整身心,促进人际交往,消除情绪障碍,以取得心态平衡,保持乐观的心情,促进心理健康。

2. 观赏价值

体育舞蹈具有独特的艺术表演价值,给舞蹈者和观赏者以美的享受,提高人们的艺术修养和审美情趣。如体育舞蹈中表现出来的人体美、运动美、音乐美、服饰美、礼仪美等。

3. 社会价值

体育舞蹈是人们交流思想、抒发情感、消除障碍、相互沟通的最好形式之一。能把不同阶层、不同年龄、不同性别的人融合在一起。

第二节 体育舞蹈基本技术动作

一、交谊舞的基本姿势

男士向所要邀请的女士走去，左手背后，右手五指并拢从左至右伸出，上体微前倾，同时目视被邀请的女士，侧放在女士左肩胛骨下部，使右臂形成一个自然弧度。女士的左手放在男士的右肩上，把右手自然放在男士的左手上。女士身体向男士右侧约偏1/3，上身均向后倾。

二、布鲁斯（慢四步）

布鲁斯的舞曲为4/4拍，速度为每分钟30小节，基本步法为二慢二快，慢步占二拍，快步占一拍，第一拍重音，第三拍次重音，第二、四拍是轻音。

（1）前进并步，如表14-1和图14-1所示。

表14-1 前进并步

步序	男 士	女 士
1（慢）	左脚前进，迈一大步，重心落在左脚全脚掌上，双臂暗示女士后退	右脚后退，迈一大步，重心落在右脚全脚掌上，意会后，后退
2（慢）	右脚前进，迈一大步，重心落在右脚全脚掌上，双臂暗示女士后退	左脚后退，迈一大步，重心落在左脚全脚掌上，意会后，后退
3（快）	左脚前进，重心落在左脚全脚掌上，双臂暗示女士后退	右腿后退，重心落在右脚全脚掌上，意会后，后退
4（快）	右脚并步，重心落在右脚全脚掌上	左脚并步，重心落在左脚全脚掌上

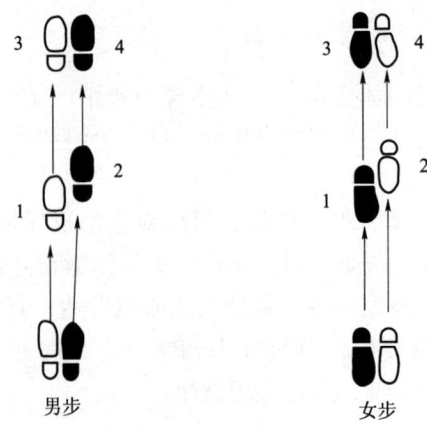

图14-1 前进并步步法

(2) 后退并步,如表14-2所示。

表14-2 后退并步

步序	男　士	女　士
1（慢）	左脚后退,迈一大步,重心落在左脚全脚掌上,双臂暗示女士前进	右脚前进,迈一大步,重心落在右脚全脚掌上,意会后,前进
2（慢）	右脚后退,迈一大步,重心落在右脚全脚掌上,双臂暗示女士前进	左脚前进,迈一大步,重心落在左脚全脚掌上,意会后,前进
3（快）	左脚后退,重心落在左脚全脚掌上,双臂暗示女士前进	右腿后退,重心落在右脚全脚掌上,意会后,前进
4（快）	右脚并步,重心落在右脚上	左脚并步,重心落在左脚上

(3) 前进左转90°,如表14-3、图14-2和图14-3所示。

表14-3 前进左转90°

步序	男　士	女　士
1（慢）	左脚前进,重心落在左脚上,双臂暗示女士后退	右脚后退,重心落在右脚上,意会后,后退
2（慢）	右脚前进,重心落在右脚上,双臂暗示女士后退	左脚后退,重心落在左脚上,意会后,后退
3（快）	左脚前进,左转90°,重心落在左脚上,双臂暗示女士后退左脚90°	右腿后退,左转90°重心落在右脚上
4（快）	右脚左转90°并步,重心落在右脚上	左脚左转90°并步,重心落在左脚上

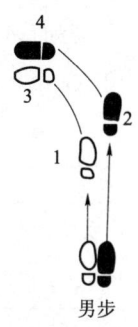

图14-2 前进左转90°（男步）

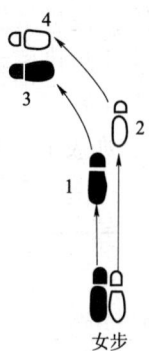

图14-3 前进左转90°（女步）

(4) 90°顺转折步,如表14-4和图14-4所示。

表 14-4 90°顺转折步

步序	男 士	女 士
1（慢）	左脚后退，右脚后退向左并步，双臂暗示女士前进	右脚前进，左脚前进向右脚并步，意会后，前进
2（慢）	右脚前进同时向右转身90°，左脚向脚并步，双臂暗示女士	左脚退步同时向右转身90°，右脚向左脚并步
3（快）	左脚后退，重心落在左脚上，双臂暗示女士前进	右脚前进，重心落在右脚上，意会前进
4（快）	右脚退步向左脚并步	左脚前进向右脚并步

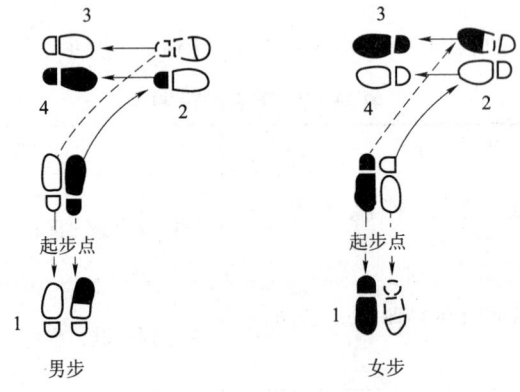

图 14-4 90°顺转折步步法

三、慢华尔兹（慢三步）

华尔兹以 3/4 拍的乐曲为舞曲，每小节三拍，每步一拍，没有快慢之分，第一拍为重音，后两拍为轻音。慢华尔兹的第一步，上身要沉，第二步横滑脚跟抬起，第三步并步，全身逐渐升高；第一步步伐稍大一点，第二步和第三步步伐稍小一点，这样才能使舞蹈与音乐和谐融为一体。

（1）前进步，如表 14-5、图 14-5 所示。

表 14-5 前进步

步序	男 士	女 士
1	左脚向前迈一步，双臂暗示女士后退	右脚向后退一步，意会后退
2	右脚向前迈一步，双臂暗示女士后退	左脚向后退一步，意会后退
3	左脚向前迈一步，双臂暗示女士后退	右脚向后退一步，意会后退
4	右脚向前迈一步，双臂暗示女士后退	左脚向后退一步，意会后退

续表

步序	男 士	女 士
5	左脚向前迈一步,双臂暗示女士后退	右脚向后退一步,意会后退
6	右脚向前迈一步,双臂暗示女士后退	左脚向后退一步,意会后退

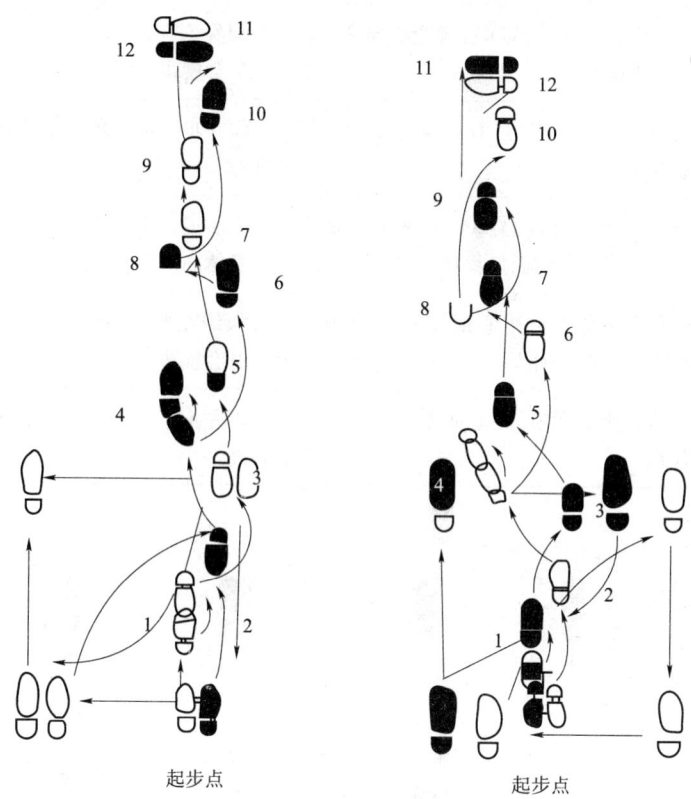

图 14-5 前进步步法

（2）后退步，如表 14-6 所示。

表 14-6 后退步

步序	男 士	女 士
1	左脚向后退一步,双臂暗示女士前进	右脚向前进一步,意会前进
2	右脚向后退一步,双臂暗示女士前进	左脚向前进一步,意会前进
3	左脚向后退一步,双臂暗示女士前进	右脚向前进一步,意会前进
4	右脚向后退一步,双臂暗示女士前进	左脚向前进一步,意会前进
5	左脚向后退一步,双臂暗示女士前进	右脚向前进一步,意会前进
6	右脚向后退一步,双臂暗示女士前进	左脚向前进一步,意会前进

(3) 方块步，如表14-7和图14-6所示。

表14-7 方块步

步序	男 士	女 士
1	左脚后退，重心落在左脚全脚掌上，双臂暗示女士前进，身体向上挺拔	右脚前进，重心落在右脚全脚掌上，意会前进，身体向上挺拔
2	右脚经旁横步，重心落在右脚全脚掌上，双臂暗示女士横步	左脚经右脚旁横步，重心落在左脚全脚掌上，意会横步
3	左脚并步，重心落在在双脚前脚掌上，身体逐渐升高	右脚并步，重心落在双脚前脚掌上，身体逐渐升高
4	右脚前进，重心落在右脚全脚掌上，双臂暗示女士后退，身体向后挺拔	左脚后退，重心落在左脚全脚掌上，意会后退，身体向后挺拔
5	左脚经右脚旁横步，重心落在左脚全脚掌上，双臂暗示女士横步	右脚经左脚旁横步，重心落在右脚全脚掌上，意会横步
6	右脚并步，重心落在双脚前脚掌上，身体逐渐升高	左脚并步，重心落在双脚前脚掌上，身体逐渐升高

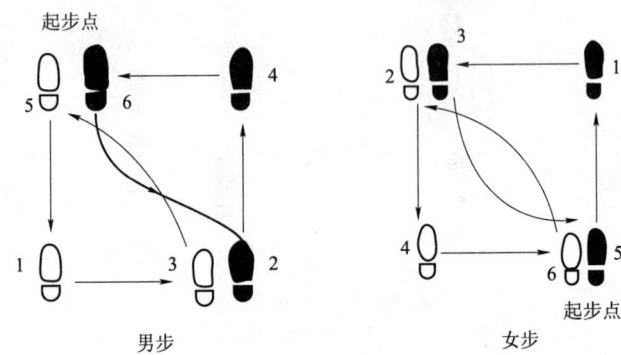

图14-6 方块步步法

第三节 体育舞蹈的竞赛规则

一、组织机构

国际舞蹈运动联合会是一切国际舞蹈运动的管理机构。

二、适用范围

（1）本规则适用于IDSF及其会员组织举办的一切舞蹈比赛，内容包括标准舞、拉丁舞以及新流行舞、美洲风格舞、摇滚舞、老时代舞蹈及现代舞、拉美舞集成等。IDSF主席团有权监督规则执行情况。

（2）如有特殊情况，组织者应遵守 IDSF 主席团附加的规则。

三、舞蹈规则

1. 含义

（1）选手应是在 IDSF 下注册的各协会中的成员，他们有资格参加各协会举办的活动，但无物质收入。

（2）由 IDSF 组织活动颁发的奖金、旅费等费用，不应视为会员的物质收入。

（3）经国家组织同意，付给舞协基金会的钱不视为物质收入。

2. 奖金

凡由各种组织经办的颁发奖金的比赛项目必须先由 IDSF 出示书面同意意见方可办理。国际性比赛奖金数额不应超过 IDSF 世界公开赛的数额。

3. 比赛服上的广告

由 IDSF 主办的比赛，可以允许给一家赞助者在服装上印制 40 平方厘米大小广告。广告放在男选手的服装左胸部或左袖子上。选手号码布的广告尺寸如下：高 6 cm×长 21 cm。在比赛号码做广告，尺寸不得超过整个号码的 20%。

四、选手资格

IDSF 主席团要求各国协会掌握尺度，当受到国家级会员的要求时，以便授予选手以选手的资格。

五、比赛等级

1. 世界冠军赛

（1）竞赛种类。

① 标准舞（华尔兹、探戈、维也纳华尔兹、狐步、快步）。

② 拉丁舞（桑巴、恰恰恰、伦巴、斗牛舞、牛仔舞）。

③ 十项舞（标准舞和拉丁舞）。

④ 队式舞（标准舞、拉丁舞）。可参阅 14 条。

（2）邀请。邀请函应发给所有 IDSF 会员。

（3）注明参加人数。

① 标准舞、拉丁舞冠军赛，每个 IDSF 会员可以提名两对选手。

② 世界十项冠军赛，每个会员协会只可派一对选手。

③ 世界队式赛，每种舞每个会员国邀请一队参加。主办国和在上届比赛中进入决赛的国家加一队的名额。

（4）旅费。

2. 世界年长组冠军赛

（1）竞赛种类。标准舞 5 项。

（2）邀请。邀请函应发给所有 IDSF 会员国。

（3）注明参加人数。每个会员国可以提名两对选手。

(4）旅费。不负担旅费，主席、裁判费用情况参阅第 8 条。

(5）年龄限制。每位参赛选手必须年满 35 周岁。

3. 洲际冠军赛

(1）竞赛种类。

① 标准舞 5 项。

② 拉丁舞 5 项。

③ 十项舞（标准舞和拉丁舞）。

④ 队式舞（标准舞、拉丁舞）。

(2）邀请。邀请函应发给 IDSF 所有会员及相关的洲。以色列体协属于欧洲。

(3）注明参加人数。每个 IDSF 会员可以提名两对选手。洲际十项舞，每国只可派一对参加。洲际队式冠军赛，每国可派一队参加，主办国可以派第二队参加。

(4）旅费。

4. 次洲际冠军赛

(1）竞赛种类。

① 标准舞 5 项。

② 拉丁舞 5 项。

(2）邀请。邀请函应发给所有 IDSF 会员。

(3）注明参加人数。每个会员国可以选派 2 对选手，主办国可以多请一对选手参加。

(4）旅费。

5. 世界锦标赛

世界锦标赛的竞赛种类如下。

① 超级世界杯赛。

② 世界公开赛。IDSF 举办标准舞和拉丁舞世界公开赛，将提供奖金及 IDSF 电脑系统的世界排名表。

③ 国际公开赛。IDSF 举办标准舞和拉丁舞的国际公开赛，将提供 IDSF 电脑系统的世界排名表。

④ 对世界公开的比赛。凡在 IDSF 登记的会员国主办的面向国际的公开赛，将提供 IDSF 电脑系统的世界排名表。

6. 国际邀请赛

(1）定义。最少 4 个以上国家参加的、除去队式舞比赛以外的双人舞比赛即被认为是国际邀请赛。

(2）邀请。邀请函应发给所有 IDSF 会员。

(3）旅费。将由参赛国与主办者协商解决。

7. 国际邀请队式赛

(1）定义。最少 4 个以上国家参加的、名称为"国际队式比赛"的即可认为是国际邀请队式赛。

(2）邀请。除由 IDSF 主席团作出其他决定，邀请函应发给所有 IDSF 会员。

(3）旅费。应由参赛国及主办国之间协商。

8. 世界杯赛

（1）比赛种类。

① 标准舞 5 项。

② 拉丁舞 5 项。

③ 十项舞（标准舞、拉丁舞）。

（2）邀请。至少邀请 3 个洲际的 18 个以上会员国参加。如在欧洲以外地区举办，主席团将作相应安排。

（3）参赛资格。每个会员国只可派一对选手竞赛。

（4）旅费。

9. 洲际杯比赛

（1）竞赛种类。

① 标准舞 5 项。

② 拉丁舞 5 项。

③ 十项舞（标准舞和拉丁舞）。

（2）邀请。洲际杯必须邀请有关洲际十个以上会员组织参加。如在欧洲以外地区举办，主席团将做相应安排。

（3）参赛资格。每个会员组织只可派一对选手参赛。

（4）旅费。

10. 国际队式比赛

（1）比赛种类。

① 标准舞 5 项。

② 拉丁舞 5 项。

（2）邀请。国际队式比赛应由会员组织内部协办，但每个国家舞协只能举办一次。

（3）参赛资格及要求。

（4）旅费。应协商解决。

11. 公开赛

只有 IDSF 会员组织才能派员参赛，如果是非如上情况的选手参赛，应由主席团批准。

12. 允许的时间和速度

在各轮的各舞种比赛中，每种舞音乐的伴奏时间最少不少于 1.5 min。维也纳华尔兹和牛仔舞最少不少于 1 min。

各种舞的速度如表 14-8 所示。

表 14-8 舞的速度　　　　　　　　　　　　　　　小节/min

舞　　蹈	速　　度
华尔兹	30
桑巴	50
探戈	33
恰恰恰	30

续表

舞蹈	速度
维也纳华尔兹	60
伦巴	27
狐步	30
牛仔舞	44
快步	50
斗牛舞	62

13. 音乐

在所有 IDSF 比赛中，音乐必须与舞蹈相附，例如拉丁舞不得用迪斯科音乐伴奏。

六、组织竞赛的权利

（1）根据规则第 1，第 2，第 3，第 4，第 6，第 7 条，主席团有权举办各类比赛，并征收管理费（参见财政条例）。

（2）第 5 条内的所有比赛，都必须在 IDSF 注册。这些比赛会员国有权选择举办国并由主办会员国自筹。

七、邀请

由比赛的主办国发出邀请，邀请必须带有 IDSF 注册的日期。

八、旅费

参赛选手、主席、裁判人员的最低旅费，应由主席团予以确定。应予先通知会员参赛费用的数目。

九、违禁药品

（1）严禁服用兴奋剂。服用兴奋剂或兜售兴奋剂都违反国际奥委会的有关规定。

（2）如果各会员国药检中心需要对参赛选手进行药检，应该服从药检中心检查。如拒绝进行药检，将被认为是"阳性"，由此产生的后果由选手自己负责。

（3）任何"阳性"反应报告应马上报告主席团，应该通知各会员国组织对选手采取纪律处罚。

（4）任何帮助和唆使他人服用兴奋剂者，也将被视为违反违禁药品的管理办法，也将受到制裁。

十、裁判规定

（1）裁判长应由主席指定的人士担任，以指导 IDSF 授权的竞赛工作，如 IDSF 不予指派，则组织者从裁判中选出一名裁判长。

（2）第五条中第 1、第 2、第 4、第 a-c 7 种比赛，至少有 7 名裁判；第 3、第 5、第 6、第 8 比赛至少有 5 名裁判；队式比赛至少有 3 名裁判。

（3）IDSF 举办的比赛，裁判必须具有 IDSF 颁发的国际裁判证书。

（4）参加第 5 条中第 1-4a 和 b、第 7 和 8 种比赛的裁判，必须经 IDSF 主席团提名。

（5）在第 5 条中的第 1-4、第 7 和 8 种比赛的裁判应邀请不同国家的裁判组成。

（6）所有国际比赛的裁判组织工作，必须在 IDSF 主席团指导下进行。

十一、年龄限制

（1）在国际比赛和冠军赛中，表 14-9 所列年龄限制必须遵守。

表 14-9 年龄限制

组　别	年　龄
少儿甲组	9 岁或小于 9 岁
少儿乙组	10 岁至 11 岁
少年甲组	12 岁至 13 岁
少年乙组	14 岁至 15 岁
青年组	16 岁至 18 岁
成年组	19 岁以上
年长组	35 岁以上

把类似少儿甲、乙组或少年甲、乙组放在一起的办法是可取的。除了年长组，其他组的**舞伴**其中之一可以稍年轻些。

（2）选手报名时，须向组织举办者提供出生日期。

十二、比赛服装

对于 IDSF 举办的比赛第 5 条 IDSF 承认的比赛服装要求如下。

1. 标准舞

（1）少儿甲、乙组。

男孩：黑色或藏蓝色裤子，简单式样白衬衣，普通袖子和扣眼。

女孩：衬衫，单色女上装或简单式样单色女装。

不许用饰品和穿比赛服。不许穿高跟鞋，半高跟、大跟鞋高度不超过 3.5 cm。

（2）少年甲、乙组。

男孩：套装应为黑色或深蓝色，燕尾服可适用于少年乙组，但不是必须。

女孩：比赛服。

（3）青年组。

男孩：套装应为黑色或蓝黑色，可以着燕尾服但不是硬性规定。

女孩：比赛服。

（4）成年组。

男子：燕尾服应为黑色或蓝黑色。

女子：比赛服。

（5）年长组。

与成年组同。

2. 拉丁舞

（1）少儿甲、乙组。

男孩：黑色或藏蓝色裤子，简单式样白衬衣，普通袖子和扣眼。

女孩：单色衬衫，单色圆领式衬衫或简单式样单色女装。不许穿高跟鞋，半高跟鞋高度不得超过 3.5 cm。

（2）少年甲、乙组。

男孩：黑色或藏蓝色裤子，简单式样长袖白衬衣，黑色马甲和黑色领带可以任意选择。

女孩：必须穿衬衫和裤子，裤子应遮住臀部和肚脐，不能露股。

（3）青年组。

男孩：套装应为黑色或藏蓝色，黑色马甲和黑色领带可以任意选择，套服或马甲里面穿配套的长袖白衬衣。

女孩：必须穿衬衫和裤子，裤子应遮住臀部和肚脐，不能露股。

（4）成年组。

男子：比赛服应为黑色或深蓝色服饰，面料应与舞服的面料、颜色一致，可内着白色长袖衬衣。

女子：必须穿衬衫和裤子，裤子应遮住臀部和肚脐，不能露股。

对各年龄组所有女舞者的臀部必须覆盖，不得露出。

裁判长或 IDSF 的竞技部长有权取消不符合着装规定的选手参赛资格。对此，主席团可以剥夺违纪选手的比赛资格或停赛一段时间。

十三、不同国籍的舞者组对

不同国籍的舞者组成一对选手，参赛时一年以后可以代表另一国家。

十四、国际队式冠军赛

（1）队式冠军赛举办如下比赛。

① 标准舞。

② 拉丁舞。

（2）比赛服装。

① 标准舞：男服必须是黑色和深蓝色套装。

② 拉丁舞：男服可以选用多彩的，但整队必须整齐划一，不允许有特性，如采用道具等。

（3）在标准舞中，以各种舞的舞步为基础编排，其中自由选择的其他舞蹈，最多不得超过 16 小节，拉丁舞亦如此。

（4）在拉丁舞中，以各种舞的舞步为基础编排，其中自由选择的其他舞蹈，最多不得超过 16 小节，标准舞也如此。

（5）标准舞中的独舞应限制在每种舞 8 小节之内，而该类舞的总长度最多 24 小节，在拉丁舞中没有这种要求，因为该舞中独舞是其中一部分。任何舞中均不允许托举。

注：托举意味着舞伴之一借另一舞伴之力到达双脚同时离地之效果。

（6）在所有的冠军杯比赛中每队应包括 6~8 对选手，每名选手只能参加一个队的比赛。

（7）任何一队在冠军杯比赛中，可以保留 4 名替换队员。

（8）队式比赛的场上滞留时间不得超过 6 min。在这 6 min 内，需有 4 min 的表演，在开始和结束时要有明确的体现。

（9）选择有经验的裁判进行仲裁工作，不得少于从 7 个国家来的裁判来参加该项工作。

（10）可以使用音响和磁带。

（11）应给每支参赛队提供同等的时间使用排演厅进行排练，并要配以音乐伴奏。

（12）可以采用无记名方式指定主席。他必须参加排练并提醒易违章之处。如果再出现违例现象，他可以在与仲裁委员会商议后取消违例队的资格或成绩。

（13）在排练中使用的舞蹈动作和音乐伴奏在比赛中必须使用，比赛中不允许更换比赛服。

（14）如超过 5 个队参赛，必须有第二轮比赛。

十五、主席的权力

如以上规则没有规定到的部分，主席团可以做出决定。

十六、规则的适用

国家级会员协会应服从 IDSF 的全部比赛规则，并应以上规则为标准制定各协会的章程。

思考题

1. 简述体育舞蹈的特点。
2. 简述体育舞蹈的价值。
3. 简述体育舞蹈的发展趋势。
4. 简述华尔兹、恰恰恰易发生的错误。
5. 简述体育舞蹈出现损伤后的处置方法。

第十五章 瑜伽

"瑜伽"这个词，是从印度梵语 yug 或 yuj 而来，其含意为"一致""结合"或"和谐"。瑜伽是一个通过提升意识，帮助人们充分发挥潜能的哲学体系及其指导下的运动体系。瑜伽姿势是一个运用古老而易于掌握的方法，提高人们生理、心理、情感和精神方面的能力，是一种达到身体、心灵与精神和谐统一的运动形式，如图 15-1 所示。另有相关电影、教程等。

图 15-1 瑜伽姿势

第一节 瑜伽概述

一、瑜伽的基本信息

瑜伽是一个通过提升意识，帮助人类充分发挥潜能的体系。瑜伽姿势运用古老而易于掌握的技巧，改善人们生理、心理、情感和精神方面的能力，是一种达到身体、心灵与精神和谐统一的运动方式。古印度人更相信人可以与天合一，他们以不同的瑜伽修炼方法融入日常生活而奉行不渝：道德、忘我的动作、稳定的头脑、宗教性的责任、无欲无求、冥想和宇宙的自然和创造。

二、瑜伽的起源

瑜伽起源于印度，距今有五千多年的历史文化，被人们称为"世界的瑰宝"。瑜伽发源印度北部的喜马拉雅山麓地带，古印度瑜伽修行者在大自然中修炼身心时，无意中发现各种动物与植物天生具有治疗、放松、睡眠或保持清醒的方法，患病时能不经任何治疗而自然痊愈。于是古印度瑜伽修行者根据动物的姿势观察、模仿并亲自体验，创立出一系列有益身心的锻炼系统，也就是体位法。这些姿势历经了五千多年的锤炼，瑜伽教给人们的治愈法，让世世代代的人从中获益。

在数千年前的印度，高僧们为追求进入天人合一的最高境界，经常僻居原始森林，静坐冥想。在长时间单纯生活之后，高僧们从观察生物中体悟了不少大自然法则，再从生物的生存法则，验证到人的身上，逐步地去感应身体内部的微妙变化，于是人类懂得了和自己的身体对话，从而知道探索自己的身体，开始进行健康的维护和调理，以及对疾病创痛的医治本能。几千年的钻研归纳下来，逐步衍化出一套理论完整、确切实用的养身健身体系，这就是瑜伽。

三、与瑜伽相关的专业术语

1. 坐姿：前倾式

向前倾的坐姿不仅能安抚整个神经系统，还能使大脑镇定下来。

特别是对初学瑜伽的人来说，前倾的坐姿要比前倾的站姿容易完成一些，因为完成前倾的站姿需要多花一点力气，而且要具备一定的平衡能力。

一般来说，只要前倾的坐姿练好了，就为练习站姿打好了基础，它还为高血压病患者提供了一个实用的选择，他们不应该把头放在低于心脏的位置。

前倾式可以同时对许多身体中的能源中心（气轮）和重要器官产生影响，但是其中最受益的是力源穴（又称中心轮，或第二气轮）。这个气轮掌管着肾和肾上腺，因此，练习前倾式是平衡和加强这些器官功能的有效算什么。

前倾式主要分为钻石式、束角式、跨骑式、单腿交换伸展式、射箭式、背部伸展式、牛面式、船式。

2. 坐姿：后仰式

后仰一般要求身体强而有力，而前俯则要求身体具备灵活性。同时，后仰还是加固和调养身体的很好方式，特别是对背部、腿部和臀部的肌肉。如果觉得自己不具备做后仰式的力量，那么请先练习难度为一星的站姿，例如战士式。

（1）后仰式能增强脊椎骨的灵活性，帮助改善站姿和坐姿，并保持脊椎的弹性。它们还能通过增加脊椎区域和从脊椎伸出来的神经的血液供应，使神经系统受益。

（2）伸展腹部区域，而且能在很大程度上帮助消化，因为它们能调理在一般情况下比较弱的腹部肌肉和消化器官。它们还能扩展和打开胸部区域，增加肩膀的灵活性，从而帮助胸部得到更大的扩展。这能为深呼吸创造更好的条件，使呼吸系统也能受益。在身体保持后仰时，大脑也会进入被动的平静状态。

（3）后仰式能影响到许多能源中心。例如，每当脖子伸直或下抬起时，喉轮，位于喉咙的能源中心，就会受到影响。

在执行完整的后仰式时，所有气轮都会受到影响。不过，最受影响的，同时也是获得最大利益的气轮就是脐轮，也就是第三个能源中心，它与腹部神经丛关系密切。

这个气轮还与胰腺有关。胰腺对胃、肝脏和脾都有化学影响。从能量的角度来看，所有器官都相互关联、相互支持。

胰腺通过产生胰岛素来调节身体的糖含量。如果胰岛素的含量减少了，那么很容易导致糖尿病，而且肌肉也不再有能力有效地利用葡萄糖。脾的功能是区分每个人摄取的纯净和不纯的食物。

这些身体机能和它们相关的气轮也会影响人们的情绪。例如，人们辨别事物价值的能力非常重要。当脾的能量被阻塞，就会导致负面情绪，并让人们分神、过于担忧以及产生"停滞"的感觉。通过这种方式，脾影响到人们做决定和在生活中继续前进的能力。

后仰式主要分为猫伸展式、骆驼式、眼镜蛇式、蝗虫式、弓式、鱼式、狗伸展式、桥式。

3. 坐姿：脊椎弯曲式

脊椎扭曲式对排列各个脊椎骨的位置特别有用，它能有效地扭曲腰部以上的脊椎。这些姿势能够温柔地按摩腹部区域的内脏，并提供新鲜的血液滋养这些器官。它们还能扩胸，为更好地呼吸创造条件，特别是使用胸腔的呼吸。

脊椎扭曲式让神经系统的神经中枢重新焕发活力，这些神经中枢从脊椎一直延伸到身体外围。所以这些姿势对自治神经系统的影响比任何其他类别的姿势都大，特别是对迷走神经的影响。它具备安排、使身体和大脑平静下来的作用，所以它不仅使身体容光焕发，还可以使微妙的气轮系统充满活力。

自治的神经系统是由大脑主干和视丘下部控制的，它负责所有意识不到的身体功能。这些功能包括消化、呼吸、腺体和荷尔蒙的分泌、心跳、血液循环以及肾脏和肝脏的功能。

迷走神经是身体中心副交感神经系统的重要部分，同时它也影响到交感神经系统。副交感神经系统是自治神经系统中安静、放松的部分，它能平衡交感神经系统的活跃、刺激性作用。

迷走神经从大脑一直延伸到脊椎，最后在腹部神经丛结束；这根神经与7个能源中心（气轮）有关，这些气轮又与身体中各种交感神经丛关系密切。

通过让神经中枢充满活力，能量和力量被聚集到一起，从而释放出被封锁在体内的能量，通过这种方式，能量能更好地被利用。可以通过执行脊椎扭曲式来达到释放能量的目的，同时使身体和体力（与气轮有关的）各个微妙部分充满活力。

后仰式主要分为脊椎扭曲式、坐扭曲式、新月式。

4. 站姿

在瑜伽中，反姿势对所有姿势都非常重要，进行反姿势的目的是为了在执行那些不对称的站姿后，让身体恢复对称，同时这些反姿势还能让大腿和脊椎得到放松伸展。站姿主要分为山式、蹲伏式、弯腰伸展式、侧面弯腰伸展式、战士第一式、战士第二式、三角伸展式、旋转/翻转三角式、侧三角伸展式。

5. 平衡的姿势：站立和手的平衡

它是指通过平衡或均等地使用身体，使身体灵活地移动，摆姿势和协调四肢。它能使你的大脑宁静安详，注意力集中。

平衡姿势主要分为树式、战士第三式、半月式、鹰式、舞蹈式、平衡式、支架式、斜支架式、孔雀式、后仰支架式、乌鸦式、手倒立式。

6. 倒立的姿势

倒立姿势是瑜伽训练中不可或缺的一部分。它们能通过各种各样的方式影响身体的机能，使人们得到生理、心理和精神上的益处，而且这些姿势还能使整个系统重新充满活力。例如，它们能消除疲劳、缓解失眠、头痛、静脉曲张、消化疾病以及过多的紧张情绪和焦虑。倒立主要分为肩倒立式、犁式、蝎子式、头倒立式。

7. 休息和放松的姿势

有效动作在发挥最大能量时，往往就是最放松的时候。放松的姿势主要分为仰卧放松功、卧英雄功、半身仰卧放松功。

第二节 瑜伽的基本技巧

所有的运动在开始之前都会有一些说明及注意事项，瑜伽也不例外，下面将详细地说到一些瑜伽练习的注意事项以及为什么会有这些注意事项。

（1）瑜伽宜保持空腹状态练习。

饭后3～4个小时，饮用流体后半个小时左右练习为佳，练习中另有规定的不依此例。除了吃得饱会引起运动时腹痛外，其他如准备活动做得不够充分也会引起腹痛。当人体从安静状态急剧转入活动状态，而没有做准备活动或是准备活动做得不充分，胃肠道就因跑跳而受到震动，肠蠕动情况也会发生改变，致使消化的食物及残渣积聚在回盲部，于是在这种膨胀刺激情况下就可能造成疼痛。也就是说，这顿饭只吃了一个苹果，那么只需要它消化差不多，等肚子空下来就可以练了。只要肚子是空空的，而且，不是马上蹦蹦跳跳，去引起胃下垂，或者说容易引起食物进入非消化道就可以。饮用流体 30 min 后再行练习，在喝了水之后，是去跑也好，是去运动也好，是不是会有这样的感觉：胃象一个水袋子似的"咣荡咣荡"。这时会很尴尬，而且会很难受，而且胃肠道也会很难受，所以也不要饮水后立刻练习。如果有朋友实在口渴，可以小口啜饮，并且以 60 毫升以内为宜。练习中另有规定，不依此例是什么意思呢？这是因为洁净功。比如哈塔六业中的商卡普拉姗拉娜，商卡的练习需要喝很多的水，它是借助水配合特定的动作来冲刷肠道的，所以说练习中另有规定，不依此例。此外还有热瑜伽的练习，整个练习过程大量排汗，水分流失过多，练习中可小口啜饮补水。

（2）在做各种瑜伽练习时一定要在极限的边缘温和地伸展身体，千万不要用力推拉牵扯。如果超出自己极限边缘的动作就是错误的练习。

在这里有一个词可能大家不是很清楚，什么叫在极限的边缘呢？套句流行歌词说，就是痛并快乐着。向前伸展，伸展到快无法忍受了，但是在伸展的极限，感受到了运动的快乐，就可以了。如果改成痛并痛苦着，那肯定不行，拉不到老师那样还使劲拉，肌肉会撕裂、拉伤。要停留在再向前一点就痛并痛苦着，如果现在虽然还差一点，但是痛并快乐着，就是极限的边缘。温和的伸展，有控制的练习。千万不要过度的推拉牵扯。瑜伽被认为是几千年以来，绝少运动伤害的运动。可是现在，练瑜伽受伤的人更多了，是瑜伽不好吗？不是，是大家没有遵守游戏规则。注意，一定要注意这样一条。在做各种瑜伽练习时，一定要在自己身体的极限的边缘温和的伸展自己的身体，千万不要用力的推拉牵扯。

（3）如果在练习的过程中出现体力不支，或身体颤抖，请即刻收功还原，不要过度坚持。

大家可能会出现过这样的状况，比如说做一个船的体位，大家有过肌肉发抖的状况吗？

有，抖了是因为什么呢？是因为肌肉疲劳。比如说在极度疲劳时再继续做上 20 遍太阳礼，你可能就要罢工了。肌肉也是，抖的坚持不住了，你为什么还要逼它，它会受伤。所以说，当体力不支，当还没法做到这件事情时，不要强迫自己去做。不要为做不到什么而沮丧，只要经常练习，加以时日，身体的耐受力会越来越强，体质也会越来越好。

1. 了解瑜伽的发展历史。
2. 掌握练瑜伽的技巧。

第十六章 冰上运动

第一节 冰上运动的概述

一、冰上运动的含义

冰上运动是人们把特制的冰刀固定在鞋上，运动者借助这种冰鞋或其他器材，在人工或者天然的冰面上进行的一种运动。它主要包括速度滑冰、短道速度滑冰、花样滑冰、冰球和冰壶等。通常，人们所提及的滑冰运动是指速度滑冰、短道速度滑冰和花样滑冰。

根据教学的需要，本章节只介绍速度滑冰的基本技术、规则、运动损伤及处理和场地。

二、冰上运动的起源与发展

人类最早的冰上运动可追溯到远古新石器时代。据考证，冰上运动起源于荷兰。当时人们以木制的爬犁作为冰面上的运输工具，后来更易于滑行的兽骨替代了木头作为滑行工具。荷兰人将马骨磨成光滑的底面，用皮带将两头钻孔并打磨后的马骨绑在鞋上，借助手杖支撑滑行，这就是人类最原始的冰上滑行工具——骨制冰刀。不仅在荷兰，在瑞士、英国和斯堪的纳维亚等一些国家11世纪、12世纪的早期文献中，也有关于将兽骨绑在脚上滑行于冰面的记载。虽然这些活动在当时只是一种游戏或简单的工作方式，但却为现代冰上运动的形成奠定了基础。

大约在1250年，荷兰人发明了铁制冰刀。因为这种冰刀比兽骨绑在鞋上滑行快很多，所以很快盛行于荷兰和欧洲的其他国家。随着社会的发展和人们文化生活水平的不断提高，冰上运动从娱乐到竞技不断发展并形成了项目繁多的现代冰上运动，而且各项目的规则日趋完善，技术也愈加完美。目前，速度滑冰、短道速度滑冰、花样滑冰、冰球和冰壶已被列为冬奥会项目。我国在短道速度滑冰、花样滑冰和冰壶项目上都取得了长足的进步，并且获得了多枚奥运会金牌。

1. 国际速滑运动概况

国际滑冰联合会（International Skating Union，ISU），于1892年7月召开第一届代表大会。目前，速度滑冰运动已经发展到70多个国家。

1924年在法国的夏蒙尼举行了第1届冬季奥林匹克运动会，速度滑冰被列为正式比赛项目。1960年女子速滑项目被列入冬奥会。1994年开始冬奥会不再与夏奥会同年举行。

1988年后，随着室内400 m场地在世界大赛中的广泛使用，世界纪录被频频打破。美国选手詹森于1993年12月4日和1994年1月30日分别以35.92 s和35.76 s的成绩连续两次创造男子500 m世界纪录。挪威的考斯分别以1∶51.29、6∶34.96和13∶30.55的成绩创造了1 500 m、5 000 m和10 000 m的世界纪录，并包揽了第17届冬奥会这3项金牌。

1998—2002年，在第18、第19届冬奥会上，由于新式冰刀的使用，提高了蹬冰效果，使速滑运动成绩产生了巨大飞跃,男、女项目的冬奥会纪录和世界纪录全部被打破。

2. 中国速滑运动的发展与现状

新中国成立前,中国的滑冰运动没有大的发展。1949年中华人民共和国成立后,在"发展体育运动,增强人民体质"的方针指导下,群众性冰上运动十分活跃,特别是速度滑冰开展得更为普及。

1953年2月15~19日在哈尔滨举行了第1届全国冰上运动会。1957年我国选手第一次参加世界速滑锦标赛。1959年在哈尔滨召开第1届全国冬季运动会。1963年我国男子优秀速滑运动员罗致焕获得世界锦标赛1 500 m冠军,这是中国有史以来的第一个速滑世界冠军。1984年我国选手第一次参加冬奥会比赛。1990年2月我国女子速滑运动员王秀丽以2:03.04的成绩创造全国纪录并获得世界锦标赛1 500 m金牌。这是我国第一个女子速滑世界冠军。1992年2月29日我国著名选手叶乔波以167.260 min的成绩获得女子短距离全能世界冠军,并在比赛中两次战胜美国短距离名将布莱尔夺得1 000米世界冠军。在同年的第16届冬奥会上,叶乔波夺得女子500 m和1 000 m两枚银牌,这是中国选手在冬奥会上获得的首枚奖牌。1993年第7届全运会,速滑、短道速滑被列为全运会比赛项目。目前,中国速度滑冰运动的进步令人瞩目,短距离项目已进入世界先进行列,在2003—2004年度ISU世界杯速滑赛中,王曼利和于凤桐分别获得了女子500 m和男子1 000 m总决赛的冠军。2010年,中国在第15届冬季奥运会上,获得了女子1 500 m比赛的金牌。为我国短道速滑运动的发展过程写下了第一笔的传奇教练李琰,更是带领手下名将王蒙、周洋等人,在女子项目上为世界再一次书写了传奇。

3. 速度滑冰场地

速度滑冰场地如图16-1所示。

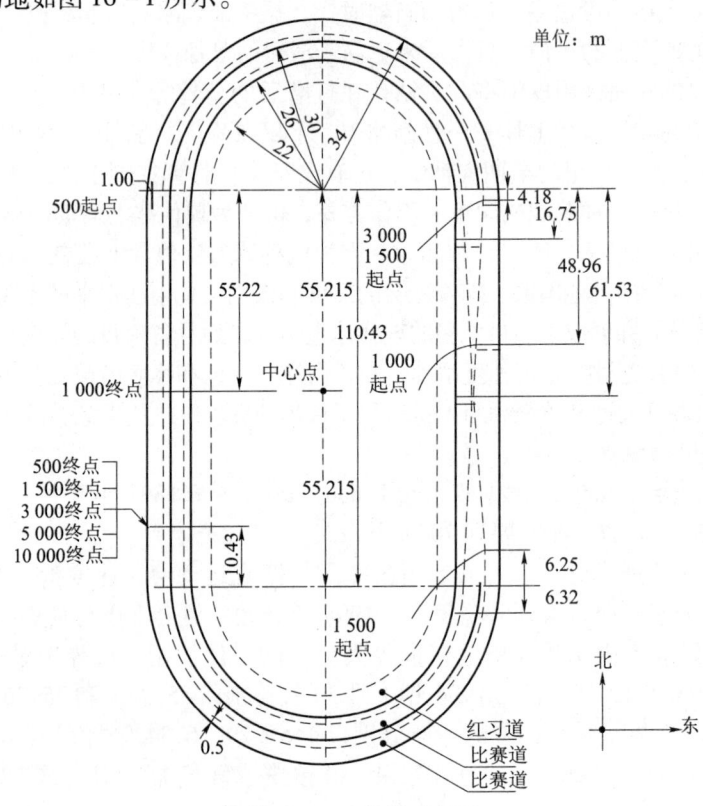

图16-1 速度滑冰场地

第二节 速度滑冰的基本技术

学习速度滑冰，必须掌握速滑运动的3项基本技术，即直道滑行、弯道滑行和起跑技术。初学者可以运用速滑运动的陆地练习法，即诱导动作和模仿动作开始练习。在基本掌握速度滑冰的技术动作后，在上冰之前，应当先在室外或者室内将冰鞋穿好，并尝试着站起来，看看能否保持得住身体的平衡，然后再小心地走到冰面上去（注意：是"走"到冰面上，而不要开始就滑行）。

在有跑道的速度滑冰场上，一定要严格地遵守冰场上的滑行规则，即始终要沿着逆时针方向滑行，绝对不允许朝向相反的方向滑跑，无论是在直道或者是在弯道上，都要记着这一点，否则，极容易发生冲撞事故。即使是在场地中央练习，也应当注意要沿着逆时针方向滑行。初学者要学会自我保护方法，兼顾左右的滑行者，应该与其他人员保持适当的距离。不许往场上乱扔杂物。

一、直道滑行诱导动作

直道滑行诱导动作分为滑冰基本姿势练习和蹬冰收腿练习，主要目的是掌握滑冰的基本姿势和蹬冰方向及收腿方法。

1. 滑冰基本姿势

上体放松前倾，自然团身与地面平行或略高于臀部，腿部深屈，膝关节成90°~110°角，踝关节成50°~70°角，两臂放松置于背后，头微抬起，眼睛看着前方5~10 m处，如图16-2所示。每次下蹲要静蹲2~3 s，再站起，站起后要挺胸。如此反复练习5次，每做3~5组练习后，休息一分钟，做放松走步练习。

2. 蹬冰收腿

在蹲屈姿势的基础上，做双脚轮流侧出和收腿的练习。脚侧出时脚内沿擦地，两脚平行，两脚尖在一条线上，侧出腿向后收到后位，大腿小腿与脚各成90°，接着收回后位腿，至两脚并拢，换另一条腿重复上述动作，如图16-3所示。一组双脚动作各做5次，做3~5组练习后，稍事休息。

二、倾倒

倾倒练习就是移动重心的练习，亦称之为蹬冰练习，重点是体会体重移动的方法；体会利用体重蹬冰的方法要领和全身协调配合动作，如图16-4所示。

图16-2 滑冰基本姿势

图16-3 蹬冰收腿

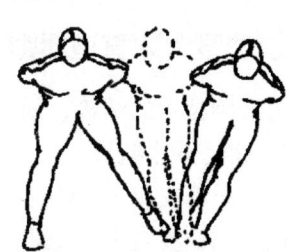
图16-4 倾倒

"蹲提倾蹬移，落并还原一"是对倾倒动作的形象描述。

1. 练习动作"蹲"

以滑冰的蹲踞动作为开始，体重置于蹬冰腿上（如右腿），浮腿（左腿）用大腿带动抬起小腿，脚离开地面。

2. 练习动作"倾"

头、膝、脚要保持三点一线，右腿为蹬冰腿时先自然向左倾斜与地面成80°~75°，直到要跌倒为止。

3. 练习动作"蹬""移"结合

当身体倾斜至要跌倒的感觉时，体重控制在"蹬冰"腿上，当蹬地腿接近蹬直时，浮腿才能落在身体重心之下而着地。注意一定不要侧跨，否则就形成反支撑，这是最严重的错误动作。腿蹬地和上体移动要同时完成，这是滑冰中最核心的动作，一定要反复练习。

4. 练习动作"落""并"还原一

当蹬地腿接近伸直时浮腿才能落地，要达到使脚落在身体重心之下。只有浮腿、臀、上体同时移动，浮腿才能落在身体重心之下。浮腿落地后承担身体体重，原支撑脚离开地面抬起并向后做收腿动作到后位，收到与承担体重的腿并拢，还原到联系动作一"蹲"的部分，然后换腿，反复练习。

三、上冰前准备活动

在温度较低时，人体的各个肌群与关节，如果不做准备活动直接上冰，极容易发生外伤，所以在上冰前一定要做好热身活动。

1. 室内或室外热身

可先在室内或者室外简单活动一下身体，并做2~3个直道滑行诱导练习，每个动作重复8~10次。每个练习间站起，做慢跑或跳跃。

2. 冰上热身

穿上冰鞋戴上刀套在冰上做如下4个练习。

（1）两刀正刃站立。

（2）向左和向右移动练习2~3次。

（3）外八字向前走5~8 m，重复2~3次。

（4）两刀正刃站立扶物做蹲屈练习5次，重复3~4组。

当感觉身体发热（注意不能出汗）时，关节和肌肉已活动开，就可以上冰了。

四、速度滑冰直道滑跑

直道滑跑技术的结构，简单来说就是连续不断地做单蹬、单滑。从技术结构上看，叫做：4个时期、6个阶段、12个动作。两腿的协调关系，相差3个动作。

时期：单腿支撑1→双腿支撑2→单腿支撑3→双腿支撑4。

阶段：惯性滑行1→单腿蹬冰2→双腿蹬冰3→收腿4→摆腿5→下刀6。

动作：左腿　惯性滑进1→单腿蹬冰2→双腿蹬冰3→收腿4→摆腿5→下刀6；

　　　右腿　收腿4→摆腿5→下刀6→惯性滑进1→单腿蹬冰2→双腿蹬冰3。

（一）直道滑跑技术

在陆地上了解和掌握直道滑跑技术的动作结构顺序，也就是直道陆地模仿动作。陆地模仿动作和冰上直道滑跑动作相同，下面合并讲解。

（1）单蹬单滑接两脚并拢滑行的动作已经讲解过，把两脚并拢滑行的动作去掉，两脚交替、连续不断地做单蹬单滑。上冰前，先在陆地上做这一练习。

（2）单脚蹬冰要向侧后推冰、蹬冰，单脚滑行要用正刃滑得长一点，也就是滑行步伐要大些，100 m 的距离滑 10 个单步。优秀的速滑运动员，蹬一次冰可单脚滑行达 100 m 以上。当练习到蹬一次冰可以滑行 10 m 以上时，就可以正式学习直道滑跑技术了。上冰前，要在陆地做单脚静支撑练习 10~20 s，重复 3~4 次。

（3）用以上两个动作的结合练习法来体会直道滑跑技术。

① 蹬冰和下刀结合。表面上看就是一脚蹬冰另一脚做下刀动作，但从技术结构上看，这里有 4 个动作，蹬冰包含两个动作：单脚支撑蹬冰、双脚支撑蹬冰；下刀动作也包含两个动作：第一个动作是摆腿，如左（右）脚在单脚支撑蹬冰，右（左）脚同时在摆腿；第二个动作就是下刀，如左（右）蹬冰腿快要蹬直时，右（左）脚同时在做冰刀着冰动作。蹬冰和下刀结合的动作是速度滑冰、直道滑跑技术的核心，一定要反复练习。开始练习时，蹬冰的动作可以从"推"冰练起，用推冰的方法过渡到利用体重蹬冰。上冰前可在陆地上用扶物的方法清楚地体会一下上述 4 个动作。

② 平衡滑行和收腿结合。平衡滑行，就是用单脚正刃在冰上滑行，与平衡滑行的同时，另一腿作收腿动作，也就是将蹬冰结合的腿，从侧位收到后位。上冰前可在陆地以扶物的方法体会平衡滑行和收腿的感觉。

两个结合动作学习的好坏，直接影响直道滑行技术的质量。

（二）直道滑跑技术详解

直道滑跑技术包括 9 个细节，即直道滑跑姿势、单腿支撑蹬冰、双腿支撑蹬冰、收腿、摆腿、冰刀着冰、惯性滑进、摆臂、全身配合。

1. 直道滑跑姿势

直道滑跑姿势是上体前倾，支撑腿弯曲，双手放于背后（长距离多用背臂，短、中距离多用单摆臂或双摆臂），上体与冰面夹角为 10°~15°（短距离为 15°，长距离为 10°），大腿与小腿的夹角为 90°~110°（短距离为 90°，长距离为 110°），小腿与冰面的夹角为 50°~70°（短距离为 50°，长距离为 70°）。这一特定的姿势是指单脚支撑蹬冰开始前的姿势，在直道滑跑过程中外形姿势相似，但 3 个角度是变化的。采用这种蹲屈姿势主要是为了减少迎面空气阻力，以增加腿部蹬冰时的有效伸展距离。

2. 单腿支撑蹬冰

（1）单腿支撑蹬冰，也可以称为单腿支撑蹬冰阶段或单腿支撑蹬冰动作，是从惯性滑进结束起，到浮腿冰刀着冰止的动作。

（2）单腿支撑蹬冰作用是完成蹬冰动作中最初的蹬冰阶段，也是增速的最有效的蹬冰动作。

（3）单腿支撑蹬冰技术要领。利用全刀向侧蹬冰，使体重稳定地放在支撑腿上，利用体重和腿的伸展完成蹬冰动作。腿的伸展方法是先展，压膝踝，腿还没有完全伸直时，完成单腿支撑蹬冰动作。

3. 双腿支撑蹬冰

（1）双腿支撑蹬冰是从浮腿冰刀着冰起，到蹬冰腿结束蹬冰使冰刀离冰止的支撑蹬冰阶段。双腿支撑蹬冰不是双腿同时蹬冰，只是蹬冰腿在蹬冰，此时体重要控制在蹬冰腿上，浮腿在冰面上滑动并不承担体重。

（2）双腿支撑蹬冰的作用是完成高速中的加速蹬冰动作，并做到适时、准确的完成移交体重。

（3）双腿支撑蹬冰技术要领。在单腿支撑蹬冰的基础上，快速伸展蹬冰腿，膝踝关节充分伸直，以展踝结束双腿支撑蹬冰动作。

最近出现一种克来普冰刀使速滑的蹬冰技术产生了变化，它最显著的特点就是以前刀托为轴，后刀托的鞋与冰刀可以脱离，在蹬冰过程中后刀托的鞋跟离开后，用脚掌完成最后蹬冰动作的过程中，冰刀在冰面上仍然是以全刀刃着冰的方式来结束蹬冰动作的。这是过去的速滑冰刀所不能实现的。

穿克来普冰刀滑跑的成绩高于旧式冰刀的成绩，主要是由于克来普冰刀给蹬冰技术带来了变化：克来普冰刀的一个单步蹬冰的时间比旧冰刀长；蹬冰时间的加长，使蹬冰的距离也相应加长；蹬冰距离加长了，蹬冰所产生的累加蹬冰力量自然就增大了。前3点的变化所带来的必然结果，使每一步的滑速明显的要高于旧式冰刀。

4. 收腿

（1）收腿是指从蹬冰脚的冰刀离冰起，到变为浮腿的冰刀收到后位止（腿成为后拉姿势）的动作。

（2）收腿的作用是放松蹬冰后的浮腿，为摆腿做好准备。

（3）收腿的技术要领。利用蹬冰腿剩余的肌紧张和冰面的反弹力开始收腿，以屈膝为主，大小腿成一平面，膝内转将腿收到后位，与支撑腿靠拢。

5. 摆腿

（1）摆腿是指浮腿冰刀从后位摆向身体总重心移动的方向起，到浮腿冰刀着冰止的动作。

（2）摆腿的作用。摆腿有助于加速移动身体总重心，利用摆腿的反作用力增加蹬冰腿的蹬冰力量。

（3）摆腿的技术要领。摆腿时以大腿带动小腿，膝盖领先以加速方向摆向新的滑跑方向。摆腿的节奏必须与蹬冰腿的节奏配合好。

6. 冰刀着冰

（1）冰刀着冰是指从冰刀着冰起，到承接体重止。

（2）冰刀着冰的作用是确定下一个滑步的滑行方向，准确、适时的承接体重。

（3）冰刀着冰的技术要领。冰刀着冰的位置与蹬冰的刀靠边，并超前半刀长着冰，着冰方向与身体总重心新的运动方向一致，用冰刀的中后部以冰刀的外刃开始接触冰面，到冰刀转变为正刃时体重交给了新的支撑腿。

7. 惯性滑进

（1）惯性滑进是指从承接体重起，到单腿支撑蹬冰开始止的动作。

（2）惯性滑进的作用是保持和利用前一次蹬冰所产生的速度做延续滑行，给下一次蹬冰做好身体姿势上的准备，并要充分利用这一机会放松蹬冰后的浮腿。

(3) 惯性滑进的技术要领。为了有效地做到延续滑行，惯性滑进时要降低滑跑姿势，减少空气阻力，并为蹬冰做好身体姿势上的准备。在惯性滑进中要保持支撑腿的冰刀、膝盖、头部三点成一线。

8. 摆臂

(1) 摆臂分单摆臂和双摆臂两种。

(2) 摆臂的作用是能增加蹬冰力量，提高滑跑频率，促进上下肢和身体的协调运动。

(3) 摆臂的方法：两臂对称前后摆动，每只手臂要经过3个位向点，即前高点、下垂点、后高点。当左臂为前高点时，右臂为后高点，当左臂为下垂点时，右臂也为下垂点；当右臂为前高点时，左臂为后高点，以此循环摆动。手的摆动方向，后摆时为侧后，前摆时为新的滑跑方向，前手的高度不超过鼻部，后手不超过肩高。单摆时用右臂，摆动幅度比双摆臂时大，前摆时可以超过身体中线。

9. 全身配合

全身配合，包括3个配合关系，即两腿的配合关系，臂与腿的配合关系，全身的配合关系。

(1) 两腿的配合关系为4个时期，6个阶段，12个动作。4个时期：即单脚支撑时期，双脚支撑时期，单脚支撑时期，双脚支撑时期。6个阶段是惯性滑进阶段，单脚支撑蹬冰阶段，双脚支撑蹬冰阶段，惯性滑进阶段，单脚支撑蹬冰阶段，双脚支撑蹬冰阶段。12个动作为惯性滑进动作，单脚支撑蹬冰动作，双脚支撑蹬冰动作，收腿动作，摆腿动作，下刀动作。一条腿6个动作，两条腿即12个动作，两条腿的协调关系差3个动作。

(2) 臂与腿的配合关系。当臂摆至高点时，同侧的蹬冰腿即将达到蹬冰的结束点，当摆臂至下垂点时，同侧腿位于摆腿的开始点，异侧腿正处于单脚支撑蹬冰的开始点。

(3) 全身的配合关系。除要遵照两腿配合关系和臂与腿的配合关系外，在蹬冰过程中上体与臀部要保持平动将体重交给新的支撑腿。在支撑滑进过程中和体重没有交给新的支撑腿之前，要保持冰刀、膝关节、头部三点成一线。

五、弯道速跑

(一) 弯道左腿滑跑技术

弯道滑跑技术与直道技术不同，直道技术可用一条腿6个动作来分析，但弯道两条腿的动作不同，所以必须用两条腿的8个动作来分析。

弯道技术包括11个技术细节，一条腿4个动作，两条腿8个动作，再加上臂腿配合，全身配合和进出弯道技术，共11个技术细节所组成。

1. 左腿单脚支撑蹬冰动作

(1) 左腿单脚支撑蹬冰动作是指从右脚离冰起，到右腿以摆动动作着冰止的动作。

(2) 左腿单脚支撑蹬冰的作用是完成单脚支撑蹬冰动作，与浮腿配合同时完成摆腿动作。

(3) 左腿单脚支撑蹬冰的技术要领。身体成一条直线向左倾斜，以左刀外刃支撑，并在弯道的切线方向上完成左腿单脚支撑蹬冰动作。左腿的蹬冰动作要与右腿的摆腿相配合，右腿在左腿的前方摆越与左腿形成剪切动作。

2. 左腿双脚支撑蹬冰动作

（1）左腿双脚支撑蹬冰动作是指从右脚以冰刀内刃着冰起，到左腿蹬冰结束止的动作。

（2）左腿双脚支撑蹬冰的作用。用左脚冰刀的外刃，以加速的方法完成左脚蹬冰最后阶段的蹬冰动作。另一个任务是适时的移交体重。由于克莱普冰刀的出现使弯道双脚支撑蹬冰时间的比值大大地超过旧式冰刀蹬冰的比值。

（3）左腿双脚支撑蹬冰的技术要领。双脚支撑蹬冰时，身体重量控制在蹬冰腿上，只有在蹬冰腿蹬直后，体重才能交给新的支撑腿。蹬冰方法用左刀外刃，以加速的方法在右腿的后方成交叉姿势，向右侧蹬冰直至伸直左腿提起足跟完成左腿双脚支撑蹬冰动作。

3. 左腿摆腿动作

（1）左腿摆腿动作是指从左腿离冰起，到左腿冰刀着冰止的动作。

（2）左腿摆腿的作用是与右脚的单脚支撑蹬冰相配合，同时开始同时结束。左腿摆腿的反作用力，增加了右腿的蹬冰力量。

（3）左腿摆腿的技术要领。左脚蹬冰结束后利用冰面的反弹力拉回左腿，摆向新的滑跑方向的切线上，以冰刀的中后部着冰。

4. 左脚着冰动作

（1）左脚着冰动作是指从左脚冰刀以外刃着冰起，到左脚冰刀以外刃支撑承接体重止的动作。

（2）左脚着冰动作的作用是选择左脚最佳的着冰点和配合右脚完成双腿支撑蹬冰动作。

（3）左脚着冰动作的技术要领。着冰的方向是在新的运动方向上，着冰时要前送左腿用冰刀的外刃以冰刀的中后部着冰。开始着冰时只是冰刀浮在冰面上，不承担体重，只有当蹬冰腿即将蹬冰结束时，体重才交给着冰腿。

（二）弯道右腿滑跑技术

弯道右腿滑跑技术中两腿的动作是不一样的，所以要学习弯道滑跑技术两腿的动作必须分开学习。弯道滑跑技术中右腿的动作同样也有 4 个动作，同时讲解一下弯道的全身配合、进出弯道技术及摆臂动作。

1. 右腿单脚支撑蹬冰动作

（1）右腿单脚支撑蹬冰动作是指从右腿冰刀以内刃承接体重起，到左腿以摆动的方法用冰刀的外刃着冰止的动作。

（2）右腿单脚支撑蹬冰的作用。右腿单脚支撑蹬冰的作用是完成蹬冰动作中最有效的蹬冰阶段并配合左腿完成摆腿动作。

（3）右腿单脚支撑蹬冰的技术要点。右腿冰刀以内刃支撑，身体保持三点一线向左倾，以蹬冰的展腿顺序向右侧蹬冰，当左摆腿与右腿膝部并拢时要加速伸展蹬冰腿，只有当左摆腿以外刃着冰前，完成右腿单脚支撑蹬冰任务。

2. 右腿双脚支撑蹬冰动作

（1）右腿双脚支撑蹬冰动作是指从左刀外刃着冰起，到右脚蹬冰结束止的动作。

（2）右腿双脚支撑蹬冰的作用，一个是完成右腿最后阶段的蹬冰；另一个是适时准确地做好交移体重。

（3）右腿双脚支撑蹬冰的技术要领。右腿以内刃向右侧蹬冰，蹬冰时要注意右腿的膝盖要控制在胸下，只有当右腿蹬冰结束的同时，体重才能交给新的支撑腿。

3. 右腿的摆腿动作

（1）右腿的摆腿动作是指从右脚离冰起，右腿经过与左腿成前交叉，到右腿以内刃着冰止的动作。

（2）右腿摆腿的作用，一个是配合左腿完成左腿单腿支撑动作；另一个是用右腿摆腿动作的反作用力给左腿增加蹬冰力量。

（3）右腿摆腿的技术要领。由于弯道没有收腿动作，所以弯道右腿摆腿的开始点是从右脚离冰起，马上开始做摆腿动作，方法是屈提腿用膝使外展的腿做内收和前跨动作，使右刀刀根贴近左刀尖，做交叉跨越摆向新的滑跑方向，即新的切线方向。

4. 右腿着冰动作

（1）右腿着冰动作是指从右腿冰刀以内刃着冰起，到右腿冰刀内刃支撑承接体重止的动作。

（2）右腿着冰的作用，一个是选择最佳的下刀方向，从而决定了新的运动方向；另一个是配合左腿有效地完成双腿支撑蹬冰动作。

（3）右腿着冰的技术要领。着冰方法是刀尖抬起，用冰刀的中后部以内刃着冰。着冰方向是新的运动方向，即切线方向。

5. 弯道全身配合动作

（1）弯道两腿的协调关系为4个时期，4个阶段，8个动作，协调关系差两个动作。

（2）上体与腿的配合关系。在弯道滑跑中上体要平动，在单腿支撑蹬冰阶段，上体与下肢成三点一线，在双腿支撑蹬冰阶段中，上体与蹬冰腿的冰刀形成一定的夹角，但体重要放在蹬冰腿上，当蹬冰结束时上体与新的支撑腿冰刀方向形成三点一线。

6. 摆臂动作

弯道摆臂的目的与直道摆臂基本相同，即增加蹬冰力、提高滑跑频率、有助于上下肢协调。

摆臂的方法与直道不同，摆右臂时前摆，摆向新的运动方向，既摆向新的切线方向，向后摆时是侧后。摆左臂时大臂不动屈小臂勾向左胸前，后摆时大臂贴躯干，伸直小臂，手的高度不超过肩，左臂只起协调作用。

（三）弯道滑跑的技术特点

进好弯道是滑好弯道的关键，出好弯道是利用弯道速度的关键。

1. 进弯道

进弯道的目的是改变运动方向。

入弯道的方法是右脚以正刃从直道滑入弯道，当右脚蹬冰后保持身体的倾斜度，收回的左脚尽量贴近弯道用冰刀外刃着冰，即完成了进弯道的技术动作。这种入弯道的方法是近年来提出的一种新方法。

2. 出弯道

出弯道的作用是合理的利用滑出弯道的速度惯性，顺势甩出弯道。

出弯道的方法是用右脚滑出弯道，此时头肩右移，上体紧压右腿，左腿不要急；当右腿滑出弯道后，左腿冰刀以微偏外刃的方法着冰，接着左脚冰刀转成正刃，即开始直道滑行。

（1）滑跑弯道时必须处理好身体向左倾斜度、滑跑速度、弯道半径这三者之间的关系。

惯性离心力与速度成正比，与弯道半径成反比，速度越快，离心力越大，反之则越小。

当弯道的半径小时，离心力则变大。所以要正确滑跑道，必须采用适合于当时的速度和弯道半径的滑跑倾斜姿势。这是弯道滑跑的第一个技术特点。由于这一特点使蹬冰前身体就形成了最佳的倾斜度，为高速滑跑创造了条件。

（2）滑跑弯道时身体向左倾斜，以交叉步伐滑过弯道。

向左倾斜时头部、胸部、臀部、下肢要保持一条线向左倾。两腿成交叉步伐，右腿以右脚冰刀内刃向右侧蹬冰后，上步与左腿成交叉，左腿用左脚冰刀外刃也向右侧蹬冰，并在右腿后方成交叉姿势，蹬冰后收起左腿放在新的滑跑方向的切线上，重复上述动作完成滑跑弯道段落。切线滑跑路线比直线的距离近，所以弯道滑跑速度比直道快。

（3）弯道滑跑中没有惯性滑进动作。

在20世纪70年代曾有人提出弯道滑跑中没有惯性滑进动作，但当时并没有被人们认识到，直到20世纪80年代才被大家公认，弯道滑跑技术要求滑跑者在倾斜状态下滑跑弯道，这一倾斜的角度（一般已达55°～65°）已经具备了开始蹬冰的条件，所以优秀的运动员在冰刀落冰后，立即就开始蹬冰。但初学者为了将冰刀咬住冰和掌握好倾斜度，存在惯性滑进动作是正常的。由于弯道始终处于蹬冰条件下滑跑，没有减速的惯性滑进动作，所以弯道滑跑速度比直道快。

（4）弯道的平均速度比直道快。

这一说法在众多的研究中已得到证明，其理由是弯道开始蹬冰时身体的倾斜度比直道大，产生的推进前进的有效分力比直道大，所以速度快；弯道中的蹬冰比值，比直道大，蹬冰的时间长，产生的速度快于直道；倾斜状态下对冰面的压力增加体重的十分之一，由于压力增加在蹬冰腿上，所以弯道的蹬冰力量比直道大，速度自然要快于直道；身体总重心运动的轨迹，在同样的距离内比直道短。由于上述4项主要原因，所以弯道的平均速度比直道快。

（5）弯道的摆臂动作与直道不同。

虽然弯道摆臂的目的与直道相同，但两臂的摆法不同，右臂与直道相适，前摆时手臂可以超过身体中线，而后摆时微向体侧。左臂大臂贴在上体，小臂做前后摆动。

（6）弯道冰刀着冰是弯道的切线方向。

要以最短的路线滑过弯道，决定于冰刀的着冰方向。弯道合理的着冰方向是圆弧的切线方向，因为切线是靠近圆弧的最佳位置。

（7）技术动作结构与直道不同。

时期：单脚支撑→双脚支撑→单脚支撑→双脚支撑。

阶段：单脚支撑蹬冰→双脚支撑蹬冰→摆腿→着冰。

动作：左单脚支撑蹬冰1→双脚支撑蹬冰2→摆腿3→着冰4→右摆腿3→着冰4→单腿支撑蹬冰1→双腿支撑蹬冰2。

弯道的技术动作结构是由4个时期、4个阶段、8个动作所组成，动作协调关系差两个动作，与直道相比每条腿少两个动作，即惯性滑进动作和收腿动作。

弯道滑跑与直道滑跑技术不同，弯道滑跑时身体向左倾斜，两腿成交叉步伐，同向右侧蹬冰，以这种姿势动作滑跑弯道，因此弯道滑跑技术有它本身的滑跑特点。由于这些特点决定了弯道滑跑比直道快。

六、停止法

为了保证在冰场上的安全，必须使初学者掌握好停止法。停止法有如下六种。

（1）内八字停止法又称犁状停止法。停止时，上体微前倾，两腿微屈，两膝向里并拢，用两刀内刃压冰，此时上体后坐，重心下降，两道跟随着向前滑进逐渐分开，使力点在冰刀的后半部。用力的程度越大，停下来的速度就越快。这种方法多在中高速滑跑中停止时使用。

（2）刀尖停止法。一腿支撑，一腿在后拉位置，后拉腿的冰刀尖垂直于冰面，使刀尖在冰面上做滑压动作，就慢慢地停下来了。此种方法在高速滑跑中，实用价值不大。

（3）刀跟停止法。一腿支撑滑进，另一腿伸直位于支撑腿的侧前方，冰刀与伸直的小腿垂直，用刀跟正刃压滑冰面，同时支撑腿微屈，重心下降，即可停下来。这种停止法适于低速滑行，高速滑行时，使用较少，有时还可能发生意外。

（4）内外刃停止法。两腿并拢，两刀平行向左（右）转体90°，同时后坐，上体前倾，身体向左（右）倾倒，用右刀内刃，左刀外刃，或左刀外刃、右刀内刃逐渐用力压切冰面，即可停下来。此种停止法可在高速滑跑中使用。

（5）右脚外刃停止法。右脚外刃停止法的做法是，在滑行中，身体呈直立姿势，用右脚正刃支撑，左腿抬离冰面，自然放松位于右腿侧旁，此时身体与右脚冰刀，同时快速向右转动，身体后坐，身体向右侧倾倒，用冰刀外刃刮压冰面，即可停止下来。此种停止法多适用于中低速滑跑。

这种停止法比较难以掌握，但在速滑中，两支冰刀的内外刃，只有右刀的外刃在正式滑跑中是用不上的。所以用右刀的外刃做停止动作，既发挥了右刀外刃的作用，又延长了其他3个刃的使用寿命。

（6）双脚内刃错动停止法。两刀以正刃前滑，一脚抬起与前进方向成45°角，用内刃落在滑行脚的侧前方踩压冰面，然后另一只脚以同方法迅速向前迈步，用内刃踩压冰，以同样方法两脚轮流做2~3次踩压冰，即可以停止下来。此种方法多在慢速滑跑中停止时使用。

七、起跑

起跑是滑跑的开始，要求运动员在最短的时间内摆脱静止状态，从而获得本项目的最佳速度。

根据距离的不同分为两种，一种叫短距离起跑法；另一种叫长距离起跑法。起跑技术由4部分构成，即预备姿势、起动、疾跑、衔接。

（一）预备姿势

分为侧面起跑法的预备姿势和正面起跑法的预备姿势。

1. 侧面起跑法常用的有3种

（1）两刀平行式的起跑法：即两道平行用内刃压冰，前刀贴近起跑线，两刀与起跑线成20°~30°，重心放在两刀之间，两腿蹲屈，膝内压，前臂下垂，后臂侧后平举，眼视前方8~10 m处。

（2）丁字步起跑法：方法基本上同两刀平行式起跑法，不同点是前刀与起跑线成90°，用正刃着冰。

(3) 点冰式起跑法：两刀平行与肩同宽，无力脚在前，有力脚在后，用内刃压冰与起跑线成 10°~15°，然后前刀刀跟抬起用冰刀刀尖内刃紧贴起跑线后用力压冰，两腿蹲屈，体重 2/3 放在前脚上，前臂自然下垂，后臂则后平举，眼视前 8~10 m 处。

2. 正面起跑的方法有两种

(1) 外八字起跑法：两冰刀刀尖紧贴起跑线，两刀的夹角为 50°~70°，有力脚的臂要放在侧后。余下的预备动作与其他预备动作相同。

(2) 正面蛙式起跑法：又称蹲踞式起跑法，蛙式起跑法的预备姿势是两刀与起跑线的距离是 70 厘米左右，两刀呈外八字，两刀跟相距 5~10 cm，两手以大拇指与食指分开呈虎口状，两臂比肩稍宽的距离放到紧贴起跑线后，当听到预备口令时，两刀用内刃蹬压冰，双肩探出起跑线，2/3 的体重放到双手上。完成了蛙式的预备姿势。

(二) 起动

起动为起跑的第一步，起动的好坏决定起跑的好坏，所以起动是起跑的关键。要特别注意，侧面起跑法的第一步是先出无力脚，正面起跑法是先出有力脚，第一步的主要技术要点是冰刀尽力外转，用内刃踏切冰造成身体最佳的倾斜度。

(三) 疾跑

疾跑技术是起跑技术的要点，疾跑技术完成的好坏，直接关系到起跑能不能以最经济的体力、最短的距离、最少的时间，获得项目的最佳速度。疾跑的方法有 3 种。

(1) 切跑式疾跑法：所谓切跑式起跑法就是冰刀内刃，两刀成外八字踏切跑的方法。优点是起速快，缺点是体力消耗大，疾跑与衔接间不好掌握。中、短距离比赛中多用此法。

(2) 滑跑式疾跑法：滑跑法，就是以正常的滑跑动作，提高滑跑频率来完成疾跑任务的方法。在长距离比赛中多用此法。

(3) 扭滑式疾跑法：扭滑法是指切跑法与滑跑法相结合的方法。中短距离比赛中多用此法。

疾跑段的距离，一般为 30~40 m，疾跑段分 3 个小阶段，即起速段、加速段、最大速阶段。

(四) 衔接

所谓衔接技术就是指疾跑后采用二个、三个单步，利用惯性速度把疾跑中已获得的最大速度转移到正常滑跑中去的动作，就是衔接技术。

衔接技术的作用有 3 点，一是把疾跑段的速度以不减速的方法转移到正常滑跑中去，二是疾跑后的小憩，正常滑跑前的准备，三是完成身体姿势的转移。

八、冲刺

冲刺是全程比赛的最后一段，是为提高成绩所采用的合理动作。冲刺技术利用的好坏在两人成绩相当的时候起着决定名次的作用。

冲刺技术的利用决定于冲刺距离的选定，冲刺距离的选定由三个条件决定，即比赛项目距离的长短、训练水平的高低、竞赛当时体能的好坏。

当今新的冲刺技术可分为二小段，一个是冲刺滑跑段；另一个是最后一步的箭步冲刺动作。所以采用箭步做最后一步是因为速滑到达终点是以冰刀触及终点线为准，箭步的动作比正常滑步要早到达终点，同时双臂、上体与前弓腿用力前送，争取以更大的弓箭步冲向终点。

第三节　速度滑冰的竞赛规则

一、起跑

运动员听到"各就位"口令后，须站在预备线与起跑线中间，保持直立姿势，听到"预备"口令后，应迅速做好起跑姿势，静止等候枪响。此时，运动员的冰刀不得越过或踏上起跑线，只能冰刀的尖端触线。如果运动员有意不立即站好位置或在鸣枪之前跑出，即为犯规，应叫回运动员，并对犯规者给予警告。如果由于某一运动员抢跑而引起另一运动员犯规，只警告前者，不处罚后者。如同一运动员第二次抢跑即取消其比赛资格。

二、滑跑

运动员在比赛时须按逆时针方向滑跑，须在自己抽签决定的跑道内滑跑，如侵入他人的跑道滑跑，则被取消该项比赛资格。运动员若在滑跑中摔倒，站立后可以继续滑跑，但不得妨碍他人的滑跑，否则将被取消该项目的录取资格。在进出弯道及在弯道中滑跑时，不得以缩短距离为目的而触及和穿过雪线，违者将被取消录取资格。如果运动员被不属于自己的过失影响了滑跑，经裁判长允许，可以让他重新滑跑，并取其两次滑跑中较好的那次成绩。但如果是因为冰刀损坏或冰场不洁而影响了滑跑，则不允许重新滑跑。

三、交换跑道

内、外跑道的运动员到换道区时必须交换跑道。凡在换道区起跑的项目，开始起跑时不换道。内、外跑道的运动员同时到达换道区并行滑跑时，要让外道的运动员先换进里道，处于里道的运动员必须让在外道的运动员由其前面穿过后方可换道。

四、在同一跑道内滑跑

运动员在同一跑道内前后滑跑时，后者必须保持与前者有 5 m 的距离，或者超越前者，但不得平行滑跑或带跑，否则予以警告，如再犯则取消比赛资格，并勒令立即退出跑道。后者可以由内侧或外侧超越前者，但不得妨碍前者，如因此发生碰撞，则取消后者的该项录取资格。但在后者要超越时，前者不得阻碍后者的超越，否则将取消前者的该项录取资格。

五、到达终点

运动员到达终点，以冰刀触及终点线为准。如临近终点时摔倒，只要冰刀触及终点线，即可判作已到达终点。运动员摔倒后，可以伸脚力争触及终点线，但不得因此妨碍他人滑跑，否则将取消其项录取资格。

六、记分方法

速度各单项比赛以时间计成绩，排列名次。速度滑冰的全能总分计算方法是：运动员在每个单项中的得分是以其 500 m 的平均速度按 1 秒钟作 1 分折算而成。速度越快，所需的时间越少，得分就越少，总分越少，名次越好。如 500 m 的成绩是 40″5，即得 40.5 分；1 500 m 成绩是 2′10″5，按每 500 m 平均速度算为 43″5，得 43.5 分；5 000 m 成绩是 8′14″8，得分是 49.48 分；10 000 m 成绩是 17′11″2，得分 51.56 分，4 项加起来共得 185.04 分。短距离全能计分方法与此相同。

 思考题

1. 简述冰上运动的概念。
2. 简述冰刀的起源。
3. 速度滑冰的基本技术有哪些？
4. 速度滑冰直道滑跑 4 个时期、6 个阶段、12 个动作分别是什么？
5. 停止法都有哪些？你认为哪种停止方法适合你？说明理由。
6. 速度滑冰规则有几部分？
7. 全能积分计算方法是什么？

第十七章 休闲运动

第一节 台 球

一、台球运动的简介

(一) 台球的起源

台球是一种室内球类运动,曾被英国女王誉为高雅的运动。

台球运动起源于法国的一种草地木球游戏,即在户外地面上挖洞,把球用木棒打进洞内的一种玩法,后经法国国王路易十四建议,才把最初的室外"台球"运动改到室内的桌子上。1565年西班牙人把这种游戏带到了美洲大陆,经过多年的研究发展,直到19世纪中期,台球的技术、比赛方法和规则等方面有了重大的完善改进,美国在1855年举办了第一场正式的台球比赛。

自台球出现至今已有几百年的历史,并不是一出现就尽善尽美,而是在长期流传中经过人们的不断改进丰富,从最早的两个球开始,逐渐演变成现在的英式台球、美式台球、法式台球等,如今已达到了比较完善的程度。

台球运动传入我国是在20世纪初。解放前,只有大使馆、租界地和北京、上海、广州、哈尔滨等几大城市有私人开办的小规模台球室,每个台球室也只有几张球台。

1986年,中国成立了中国台球协会,并且在珠海举办了全国台球邀请赛,从此每年举办一次全国台球锦标赛,至今发展为每年8场全国比赛。

(二) 台球运动器材

1. 场地装备

(1) 球桌

① 斯诺克

球台:内沿长3 500 mm×1 750 mm,从地面到库边顶高度为850 mm。

② 美式十六彩

球台:内沿尺寸2 540 mm×1 270 mm,从地面到库边顶部高度为800 mm~850 mm。

(2) 三角框

开赛前用于将所有的红球排成标准的正三角形的三角形框架。

2. 运动员装备

(1) 壳粉

俗称巧粉,是通常为正方体的滑石粉块,用于涂抹在球杆杆头来增强球杆和被撞球之间的摩擦。

(2) 球杆

用来击打主球的用具，通常是木制品，一般为两类，即英式斯诺克杆和美式九球杆。

(3) 加长把

加在球杆尾部的一根短棒，用于增加球杆长度。

(3) 架杆

用于支撑球杆的具有铜制的 X 形头部的木杆，当选手的非持杆手手臂不够长时，可将球杆靠在架杆上，以稳定地击打主球。

(4) 三角架

类似于架杆，但头部是拱形的，且头部更高大，可架在另一只球上方以便击球。

(5) 定位器

是一种带有角形卡球开口或半圆形卡球开口的装置，用于确定球的准确位置。在其帮助下，球在比赛中途擦拭后可以准确无误地放回原来的位置。

二、台球的常见玩法及规则

目前台球运动在我国最流行的是斯诺克和十六彩球两种玩法。

（一）英式台球——斯诺克

1. 斯诺克的由来

英式台球又包括英式比例台球和斯诺克台球两大类。主要流行于英国和欧洲大陆。其中，斯诺克是最受欢迎的、影响力最大的打法。

斯诺克台球是一项历史悠久的运动，它可以追溯到公元 1875 年，是由驻扎在印度的一位英国军官内维尔·鲍斯·张伯伦和他的一帮战友们首先发明的。

当时有一种叫"黑球入袋"的玩法，桌面上只有 1 个白球、15 个红球和 1 个黑球。有一天，内维尔·鲍斯·张伯伦和他的战友们觉得"黑球入袋"的玩法太简单、乏味，便决定增加黄色、绿色、粉色三个彩球上去。不久，又嫌不够，再加上了棕色球和蓝色球。这样，便形成了至今已风行全球的 22 个球的斯诺克台球。

据说，斯诺克台球的命名也与发明人内维尔·鲍斯·张伯伦有关。有一次，内维尔·鲍斯·张伯伦同一个伙伴在打这种由他们新发明的 22 个球的台球时，由于一个很容易的进球对方没有打进，他便顺口戏谑对方是斯诺克（斯诺克是那时当地军事院校里对一年级新生的流行称法）。他这么顺口一叫，提醒了大家，使大家意识到，对于这种新的台球玩法，大家都是新手，都是斯诺克。于是，斯诺克的叫法便开始流行并固定下来。于是斯诺克台球很快便被传遍了台球的故乡——英国。

时至今日，斯诺克已是世界上最受关注、最受欢迎的台球运动之一。

2. 斯诺克的玩法及规则

（1）斯诺克台球球台内放置 22 个球，共分 8 种颜色，其中红色球 15 个（1 分）、黄色球 1 个（2 分）、绿色球 1 个（3 分）、棕色球 1 个（4 分）、蓝色球 1 个（5 分）、粉色球 1 个（6 分）、黑色球 1 个（7 分）、白色球 1 个（主球）。

（2）开球前主球可在开球区（D 型区）内任选一点位置。开球必须首先直接或间接击中红球。按照击落一个红球再击落一个彩球的顺序直至红球全部落袋。此期间彩球落袋后放回原置球点。当台面上没有红球时，按照彩色球的分值从低到高依次为黄、绿、棕、蓝、粉、黑色的顺序将球一一击至袋中。

（3）当台面上只剩下黑球时，主球入袋或犯规都会使比赛结束，这时如果双方比分相等则重新放置黑球，进行决胜期比赛，此时任何一方击球入袋或犯规都使比赛结束。

（4）遇有下列犯规行为，应判罚分（分值小于4分按4分罚分，大于4分按自身的分值罚分）：球未停稳就击球；击球时杆头触击主球一次以上；击成空杆；主球击目标球后自落；击球时双脚离地，开球时主球未放入开球区（D型区）；击成跳球；击球出界；主球首先撞击非活球；击球时，球员的衣服、身体、球杆及佩戴物等触动台面上的球。

（5）下列犯规判罚7分：击红球入袋后，尚未指定球就开始击球；击进红球后，未报彩球又击打红球；不使用白球而使用其他任何一个球作主球。

从开球到所有彩球和红球都被击入袋的过程称为一局。在全部进球过程中，一方如果没有能够成功进球，或者打了一个坏球，此时换做对方击球。

每局的胜负是由双方积分多少决定的，得分高者为胜方。得分有两种途径。一是靠进球得分，二是通过对方失误罚分而得分。打入一个红球得1分（又可称"1度"），打入一次黄球得2分，绿球得3分，棕球得4分，蓝球得5分，粉球得6分，黑球得7分。因此，双方都会尽最大努力，争取多次将黑球打入袋内。在打红球时，如果白球未能碰到任何红球，则要罚4分。如果误碰了彩球，则按照该彩球的分数罚分，但是最少都要罚4分。就是说，如果碰到了黑球罚7分，碰到了黄球罚4分。同样，在打彩球时，如果未能打到要打的彩球，则按照此彩球的分数罚分；如果误撞了更高分的彩球，按照高分罚分，最少都要罚4分。因此在红球进入后，打彩球前，理论上，打球方都要先声明他将要打哪个彩球。而实际上，如果要打的彩球很明显看得出，则无须声明，但是如果不明显，则一定要声明，否则自动罚7分。击球方一定要先声明要打哪个彩球。如果误将白球击入袋，则最少罚4分，或者按照白球进袋前最先碰到的更高分数球罚分。如击球方将白球打入袋后，对方可将白球摆在开球区的任何位置击球。罚分不从受罚方的分中扣减，而是加入对方的得分中。正因为还可以通过双方的失误而得分，所以场上一方如果觉得自己没有进球机会，则会试图做"斯诺克"。所谓"斯诺克"，就是造成一个对对方不利的局面，使对方无法直接打到目标球，不得不采取反弹或弧线等高难度球，因此很容易失误而导致罚分。

3. 斯诺克主要赛事

（1）世界职业锦标赛（World Professional Championship）

世界职业锦标赛是专为职业斯诺克选手设立的职业排名赛，是当今世界上历史最悠久、水准最高的斯诺克比赛。

（2）Benson and Hedges 大师赛

该赛事开始于1975年，是职业非排名赛事中最重要、水准最高的比赛。在世界所有斯诺克比赛中，其地位仅次于世界职业锦标赛。

（3）世界锦标赛

该赛为非职业赛，全称是国际台球联合会世界锦标赛。这项赛事每年在不同国家举办，每年的举办国由这项在大赛的组织者——国际台球联合会（IBSF）预先决定。国际台球联合会每个会员国一次可以选派2名选手参加锦标赛。

（二）美式台球——十六彩

美式台球又称美式普尔（也有称鲁尔球），是台式台球的一个重要流派，是在法式台球和英式台球之后出现的一种新风格。它与英式台球和法式台球并驾齐驱，广泛地流行于西半球和亚洲东部。十六彩是美式台球中在我国最为普遍的台球运动。

1. 十六彩的规则

（1）开球区、置球点

以球台长框距底边五分之一处平行线中点为圆心，直径六分之一台宽、靠底台边的内圆为开球区。开球区对面两顶袋与两腰袋对角线的交点，为置球点。

（2）十六彩球及摆放

球台面共有16个球，白色母球1个，全色球1~7号，花色球9~15号，8号球为黑色。15个彩球摆成三角形，8号球摆放在第三排中间，全色和花色球要尽量差开摆放。

（3）开球权

可采用掷硬币的方法确定开球权，也可以任意一方开球，之后的每局比赛采用轮换开球方法。

（4）有效得分原则

按照分色、无顺序、指球和定袋的原则所击落的目标球有效。选手在开球区内任意点开球，不必按顺序，必须定球定袋把分属自己的目标球全部打进球袋，最后打8号球，首先打进黑色8号者赢得比赛。

① 开球

a. 开球后必须有1球落袋或4球碰边框，否则是无效开球。

b. 出现无效开球后，另一方有权选择击球，或要求对方重新开球。

c. 开球正常击落1个目标球后，可继续击球，被击落球所属的球组为选手以后的目标球组。

d. 开球击落了两个不同组别的目标球，球手可以选择有利于自己的球组做目标球组。

e. 开球后没有球落袋，应由另一方选手击球，另一方选手可任意选择目标球。

f. 开球后母球落袋，有球出界或出现其他犯规行为，应重摆球重开。

g. 开球时黑8落袋、出界，不算输局，判开球犯规，重摆球重开。

② 犯规

空杆；母球落袋；连杆；跳球；界外球；错击目标球；错击主球；击球时双脚离地；球未停稳就击球；球未摆好就击球；击球后没有球落袋或触台边。犯规的同时击落自方球，要从袋中取出重新摆在置球点上。击进对方球就不再取出；出现犯规，对方开任意球，母球可摆在台面上任何位置，击球方向随意。

③ 违例失机

击中未指定的目标球；没明确指定目标球和袋口；击球后无一球进袋或碰台边；指定的目标球未击落到指定的袋内，应将其拿出重放回置球点。

④ 输局

选手分属的一组球未全部击入袋之前，就打进黑"8"。

击落己方目标球同时，带进黑"8"。

击打黑"8"时，母球或8号球出界。

击打 8 号球时，母球落袋或和黑"8"同时落袋。

⑤ 置球点

选手犯规时，所落袋和被击出界外的目标球，应摆在置球点上；置球点被占时，应摆在置球线上，尽量靠近置球点，但不能与其他球相贴；如果 8 号球和其他彩球需要同时放置时则应先放置 8 号球。凡失机或无效落袋的目标球，需要摆在置球点上，给对方选手做成障碍球时，应将主球作为手中球判给对方。

⑥ 贴球

母球与目标球相贴时，必须采用向目标球 90 度以外方向击球，使其脱离相贴球，击出后相贴的球不得移动。

⑦ 界外球

被击出的球静止在台面以外的地方为界外球，是目标球摆在置球点上，是母球判给对方按手中球处理。球被击落到台沿上，后又滚回台面上，有效。如果球从台沿上滚落袋中，是己方目标球，进球有效，是母球应判犯规。

⑧ 手中球

获手中球的选手，母球可放在开球区任意点，可向任何方向击球。母球落袋或击出界外以及在犯规的同时给对方造成障碍时，母球被判给对方作为手中球。

⑨ 间接进球

击打指定、定袋的目标球进袋，母球或目标球撞进双方的彩球不再拿出，如指球定袋的目标球未打进袋，撞进自己别的球无效，取出放回置球点，撞进对方的球也不再拿出。

⑩ 僵局

裁判认为比赛陷入僵局，应警告双方尽快改变僵局，否则将宣布此局无效，重新摆球，按原顺序继续比赛。

台球运动已成为我国群众基础最广泛并最易开展的体育运动之一。

第二节 保 龄 球

一、保龄球简介

保龄球又叫"地滚球"，最初叫"九柱戏"，起源于德国，是一种在木板球道上用球滚击木瓶的室内体育运动。流行于欧洲、美洲、大洋洲和亚洲一些国家。

比赛分个人赛和多人赛。赛前，以抽签决定道次和投球顺序。比赛时，在球道终端放置 10 个木瓶成三角形，参加比赛者在犯规线后轮流投球撞击木瓶；每人均连续投击两球为 1 轮，10 轮为一局；击倒一个木瓶得 1 分，以此类推，得分多者为胜。

规则规定，运动员投球时必须站在犯规线后面，不得超越或触及犯规线，违者判该次投球得分无效。投球动作规定用下手前送方式，采用其他方式为违例。

保龄球具有娱乐性、趣味性、抗争性和技巧性，使人的身体和意志得到锻炼。由于是室内活动，不受时间、气候等外界条件的影响，也不受年龄的限制，易学易打，所以成为男女老少人人皆宜的运动。

二、打保龄球的几种技巧

随着保龄球运动的不断发展,其技术打法也不断变化,就保龄球的打法而言,有直线球、斜线球、旋转球、钩球和曲线球等打法。目前国际上最为流行的打法有3种:直线球、飞碟球和曲线球。

(1) 直线球。这种打法比较适合初学者,直线球是各种球路的基础,如果直线球学不好就去学别的打法,会非常的不稳。对于初学者来说,应该先学好直线球,然后在练习其他的打法。

直线球是指从投球到球击中球瓶始终沿一直线前进的球。投球时,拇指要置于正上方即球的12点钟的方向正对目标,中指和无名指置于正后方即球的正后方6点钟的方向,手掌心正对球瓶区,出球点一般在球道的中间,以中心箭标为引导性依据,使球产生往前的旋转力直线滚出。直线球对球瓶的撞击效果一般,因此多适用于补中残局球。

(2) 飞碟球。近些年来比较流行的一种打法,由于这种打法不受球道限制,对球瓶的撞击力很大,而且容易学,目前广为保龄球爱好者采用。

打飞碟球时,握球时拇指朝向球2点钟的方向,中指和无名指朝向7~8点钟的方向,手臂向前摆动时,手腕和手臂同时逆时针方向转动,使手臂向上,手心向下,以拇指为轴向下压,中指和无名指顺势带推并朝前推球,中指和无名指脱离指穴时,拇指朝向6点钟的方向,中指和无名指朝向12点钟左右的方向,球会产生高速度的横向旋转的杀伤力。飞碟球在球道上行进时,球本身呈逆时针旋转,在击中目标时入1、2号位或1、3号位,球瓶会横向翻倒,互相撞击或弹跳形成连锁反应从而容易形成全倒。

(3) 曲线球,又称为弧线球,指球进入球道后便开始向左方大弧度弯曲的球。

打曲线球时,手臂向前摆动时拇指朝向12点或1点钟的位置,在球向前下摆的后半段,手腕向内侧旋转,出手时拇指朝向9点钟方向旋转,而中指和无名指则在3点钟方向。提拉使球发生侧向旋转。这种侧旋使球滑落球道油区时会沿曲线滚动,球进入球道后段3分之1的无油区开始旋转,产生更大角度,切入1、3号瓶之间。曲线球的弧度大,球路难以控制,最好打直线球达到一定水平后,再练习打曲线球。曲线球不仅球路更具美感,而且由于球以较大角度切入瓶袋,使全中机会大大增加。即使未击全中,也会减少大分瓶出现的可能。

三、保龄球规则

(1) 保龄球是以局为单位,以击倒球瓶数的多少来计分并决定胜负的。一局分为10轮,每轮有两次投球的机会。如果在一轮中,第一次投球就把10个球瓶全部击倒,即全中,就不能再投第二次。唯有第10轮不同,第一次投球如果投得全中,仍要继续投完最后一球,结束全局。值得强调的是,如果两次投球没有将10个瓶全部击倒,那么第三次机会就会被自动取消。

(2) 比赛以抽签的方式决定道次。每局在相邻的一对球道上进行比赛,每轮互换球道,直至全局结束。第二局需互换球道,单数的球员向左移动,双数的球员向右移动。有时也可以统一向右移动道次,目的是为了每个球员都能相遇和机会均等。投球的先后次序以抽得的A、B、C顺序为准。

(3) 保龄球比赛时,均以6局总分累计决定名次。

① 单人赛：将每一局的成绩相加，以 6 局总分最高者为冠军，次者为亚军，再次为第三名。
② 双人赛：每人 6 局，以二人合计 12 局累计总分高低决定名次。
③ 三人赛：每人 6 局，以三人合计 18 局累计总分高低决定名次。
④ 五人赛：每人 6 局，以五人合计 30 局累计总分高低决定名次。
⑤ 全能赛：以每人 24 局总分高低决定全能名次。
⑥ 精英赛：通过上述前 4 项比赛，取 24 局总分的前 16 名参加准决赛，进行单循环后共打完 15 局，取 15 局总分的前 4 名参加挑战赛。第四名对第三名，是第一次挑战；胜者对第二名是第二次挑战，胜者对第一名的比赛称为决赛，连胜两局者为冠军，连负二局者为亚军。一胜一负两局总分高的为冠军，一胜一负两局低的为亚军。如果两局总分相同，就要看双方第九轮与第十轮的成绩了，分数高的夺得冠军。

1. 简述打保龄球基本技巧。
2. 简述保龄球的基本规则。

第三节 毽　　球

毽球，是一项新兴的体育项目，20 世纪 80 年代中后期才亮相国内赛场。它的比赛场地类似排球场，中间挂网（男子网高 1.60 m，女子网高 1.50 m），两项团体赛每方各 3 人，每局 15 分，决胜局为每球得分制。比赛时运动员用脚踢球，不得用手、臂触球，在本方场区内最多只能击 4 次球。

一、毽球比赛介绍

在设计毽球比赛时曾有原则为"羽毛球场地、排球规则、足球动作"，但在实际比赛中，最后一条并未落实，其基本动作酷似诞生于 1964 年流行于东南亚的藤球。从发球、主要攻防动作和集体项目设定方面都与藤球十分接近。例如在进攻动作方面，目前毽球的两种主要进攻动作"高腿踏毽"和"外摆脚背倒勾攻球"，就是藤球在 19 世纪 60 年代盛行的进攻动作。在防守动作方面，都允许进行跳起封网和以头击毽过网，也与藤球的规则完全相同。所以，目前在我国广东省和山东省的毽球管理机构就都与藤球管理机构合二为一称为"藤、毽协会"。

花毽即花样踢毽，是踢毽运动中的一种，分规定动作赛和自选动作赛两项。规定动作有盘踢、磕踢、落、上头、交踢 5 个套路，自选动作则由运动员即兴发挥，花样更繁、难度更高。在竞赛分类上，花毽属于"竞争性比赛"，与毽球所属的"对抗性比赛"属于完全不同的竞赛类型。

二、毽球的起源

踢毽子是在中国一向流传很广，有着悠久历史的民族体育活动。经常进行这项活动，可以活动筋骨促进健康。在北京，踢毽子还有个富有诗意的名字——翔翎。踢毽子起源于什么时候？又是何人首创？这早就是我国体育专家们非常感兴趣的一个问题。有一种传说认为：毽"创自轩辕黄帝"。当时叫"毱"，不叫毽，是练习武士的一种器具。"毱"在中华大字典中解释为"皮毛丸"。显然，"皮毛丸"与毽是两种不同的东西。又一传说认为："创自岳武穆，用箭之翎，配以金石之质，抛足而戏，以释军闷。"此种传说没有可靠的佐证，而且，"箭"与"毽"又不相同，也是不足为信的。

据历史文献和出土文物证明，踢毽子起源于我国汉代，盛行于六朝、隋、唐，唐《高僧传》二集卷十九《佛陀禅师传》中记载：有一个叫跋陀的人到洛阳去，在路上遇到了12岁的惠光，在天街井栏上反踢毽子，连续踢了500次，观众赞叹不已。跋陀是南北朝北魏时（公元467—499年）人，为河南嵩山少林寺的祖师，他非常喜欢惠光，并将他收为弟子，惠光便成了少林寺的小和尚。宋朝高承在《事物记源》一书中，对踢毽子有较详细的记载："今时小儿以铅锡为钱，装以鸡羽，呼为毽子，三四成群走踢，有里外廉、拖枪、耸膝、突肚、佛顶珠等各色。"

明清时期，踢毽子进一步发展，关于踢毽子的记载也就更多了。明代进士、我国历史上有名的散文学家刘侗在《帝京景物略》中写道："杨柳儿青放空锤，杨柳儿死踢毽子。"踢毽子已成为民谚的内容，而且发展到数人同踢的技巧运动。至清末踢毽子已达到鼎盛时期，参加的人越来越多，不仅用来锻炼身体、作养生之道，而且把踢毽子和书画、下棋、放风筝、养花鸟、唱二黄等并提，一些人以会踢毽子而自荣。因此，踢毽子的活动更加广泛，特别是青少年参加者更为普遍，当时就有这样的童谣："一个毽儿，踢两半儿，打花鼓，绕花线儿，里踢外拐，八仙过海，九十九，一百。"说明踢毽子已经到了相当普及的程度。民间踢毽爱好者更是用功苦练，以口传身授的方法代代相传。以北京为例，每遇城乡庙会，各路能手，步行相聚，观摩、比赛，培养新手，甚是热闹。

三、踢毽运动的发展

到了20世纪30年代，涌现了一批全国闻名的踢毽子能手。如北京的谭俊川、金幼申、溥子衡、林少庵，上海的周柱国、陈鸿泰，河北的杨介人，浙江的谢叔安，河南的路锦城等，数不胜数。踢毽技术在普及的基础上得到了提高，各种踢法丰富多彩，高难度的动作层出不穷，不同风格争奇斗胜，使观者眼花缭乱，惊叹不已。我国传统的踢毽运动，日趋完善。

1928年月12月，在上海市举办"中华国货展览会"时，举行了我国第一次踢毽子公开比赛，推动了这项民族体育项目的发展。1933年3月26日。在南京市又举行了第一次全国性的踢毽比赛，据当时的报纸报道："报名参加者颇为踊跃，其中有河北的溥子衡、金幼申、（编著者注：溥子衡、金幼申系北京人）、杨介人三人，对于踢毽子极有经验……能踢之花式均有百余种之多，观者无不赞美。此外，有著名体育家及踢毽能手参加……届时定有一番热闹也。比赛结果：河北杨介人获普通踢（盘踢）和花样踢第一名；北京运动员溥子衡、金幼申并列普通踢和花样踢第二名，三人所踢花样都有百余种之多，第四名踢的花样有30种，第五名踢的花样有20种。"在发奖会上，杨介人、溥子衡、金幼申3人再次进行了表演，还拍了电影纪录片。

1933年10月举行的全国体育运动会上，踢毽子同拳术、摔跤、弹弓、剑术等民间运动项目一起，又进行了比赛。上海运动员周柱国、北京运动员溥子衡和金幼申分别获普通踢的前三名，浙江运动员谢叔安获第四名。上海运动员陈鸿泰获特别踢（交踢、北京叫小毽股）第一名，上海运动员周柱国和北京运动员金幼申分别获特别踢的第二、三名，第四名为河南运动员路锦城获得。比赛后，北京运动员金幼申、溥子衡二人，还在南京、上海等地的一些大学、中学等单位进行了多场表演，得到了各界人士的好评。

但是，此后踢毽子运动衰落了，直到新中国成立后，这项民族体育运动才逐渐得到了恢复和发展。1950 年，北京市吸收了在街头靠踢毽子糊口的艺人参加了杂技团，专设了踢毽子节目，并出国进行表演，受到了国外观众的热烈欢迎。1963 年，踢毽子同跳绳等，被列入国家提倡开展的体育活动，踢毽子运动还被编入了小学体育教材。1961 年 6 月，中央新闻电影制片厂拍摄了"飞毽"的电影，介绍了踢毽的运动的历史和踢法，推动了这一运动的发展。天津、上海、保定、哈尔滨等地参加踢毽子的人越来越多。上海电视台也形象地向广大观众推荐踢毽运动，上海《青年报》还组织了全市中学生"红花怀"踢毽比赛，历时两个多月。

北方冰城哈尔滨市，参加踢毽子的活动人数逐年增加，全市半数以上的中小学大约 35 万名中、小学生参加了比赛。1982 年，哈市一三六中学初中三年级女生王丽萍，用 1 小时 28 多分钟，以 5 684 个的优异成绩获得全市中、小学生踢毽子比赛的双脚踢（盘踢）第一名。这个成绩，远远超过了 1933 年 10 月，全国性体育运动会踢毽第一名 4 986 个的成绩。在我国著名的"毽乡"之一河北承德，也出现了新气象。家家有毽，人人善踢，逢年过节，更是热闹，街头巷尾，到处可以看到踢毽的活动，为节日增添了特有的喜庆气氛。

四、毽球场地设施与器材

第一条 场　　地

第一款　场地面积

比赛场地采用羽毛场双打场地，长 11.88 m，宽 6.1 m。场地上空 6 m 以内（由地面计算）和场地四周 2 m 以内不得有障碍物。

第二款　界线

比赛场地应按平面图画出清晰的界限，线宽 4 cm，线的宽度包括在场地面积之内。较长的两条边界叫边线，较短的叫端线。连接场地两边线的中点与端线平行的线叫中线。中线将场地分为均等的两个场区。在中线两侧各画一条与中线平行的线叫限制线（此线包括在限制区内），中线至限制线的距离为 2 m。

第三款　发球区

距两端线中点两侧各 1 m 处向场外各画一条长 20 cm 与端线垂直的短线叫发球区线（此线不包括在发球区内）。发球区线向后无限延长的区域叫发球区。

第二条 球　　网

第一款　球网的规格

球网长 7 m，宽 76 cm，网孔 2 cm 见方。球网上沿缝有 4 cm 宽的双层白布，用绳穿起，将球网张挂在网柱上。球网必须挂在中线的垂直上空，为深绿色。网柱安在中线以外，距边线 50 cm 处。

第二款　球网的高度

球网的中部顶端距地面垂直高度为 1.60 m（男子），1.50 m（女子）。网的两端距地面的垂直高度必须相等，两端的高度与中间的高度相差不得超过 2 cm。

第三款 标志杆与标志带

在球网的两端，垂直于边线和中线交接处，各系有一条宽 4 cm，长 76 cm 的白色带子，叫标志带。在球网上连接标志带外侧应系有两根有韧性的杆，叫标志杆。两杆内侧相距 6 m。标志杆长 1.20 m，直径 1 cm，用玻璃纤维或类似的材料制成。标志杆应高出球网上沿 44 cm，并用鲜明对比的颜色画上 10 cm 长的格纹。

第三条 毽 球

毽球由毽毛、毽垫等构成。毽毛为 4 支白色或彩色鹅羽成十字形插在毛管内，每支羽毛宽 3.20 ~ 3.50 cm。毽垫直径 3.80 ~ 4 cm，厚 1.30 ~ 1.50 cm。毛管高 2.50 cm。

毽球的高度为 13 ~ 15 cm。毽球的重量为 13 ~ 15 g。

第四条 比赛规则

第一款 比赛队由 6 人组成，上场队员 3 人，其中队长 1 人（左臂应佩带明显标志）。比赛前，各队应将参赛队员（包括替补队员）的姓名、号码登记在记分表上。未登记的队员不得参加比赛。

第二款 可因时、因地、因人制宜，增加单人、双人毽球赛，规则与 3 人制大体相同，记分可采取直接得分法。

第三款 教练员和替补队员应坐在指定的位置上。

第五条 队员的场上位置

第一款 双方队员必须站在本方场区内。

站在靠近球网的两名队员从左至右分别为 3 号位和 2 号位队员，靠近端线的队员为 1 号队员。场上队员的位置必须与登记的轮转顺序相符合。

第二款 发球的位置

发球的一方，2、3 号位的队员在发球队员的前方，彼此间相距不得少于两米。球发出后，双方队员可以在本方场区内任意交换位置。

第三款 每局比赛结束之前，队员的轮转顺序不得调换。

第六条 教练员和队长

第一款 比赛成死球时，教练员和队长有权要求暂停或换人。在暂停时间内，教练员可以进行场外指导，但不得进入场区。

第二款 比赛进行中，场上队长有权向裁判提出询问或要求解释，但必须服从裁判的最终判决。

第七条 服 装

第一款 比赛队员应穿着整齐划一的运动服和毽球鞋或运动鞋。

第二款 场上队员上衣的前后须有明显的号码，号码颜色须一致，并与上衣颜色有明显的区别。号码应清晰可见，背后的号码至少高 20 cm，胸前的号码至少高 10 cm，笔画至少宽 2 cm，同队队员不得使用重复号码。队员不得穿戴任何危及其他队员的服饰。

第八条 比赛赛制

第一款 比赛采用三局两胜制，第三局采取每球得分制。

第二款 比赛前选择场区或发球权。第一局结束后双方交换场地和发球权。

第三款 决胜局开始前，正裁判员召集双方队长重新选择场区或发球权。决胜局比赛中，任何一队先得 8 分时两队应交换场地。交换时，不得进行场外指导。交换场区后，双方队员的轮转位置不得变换。经记录员查对后，由原发球队员继续发球。如未及时交换场区，一旦裁判员或一方队长发现时，应立即交换，比分不变。

第九条 暂 停

第一款 比赛成死球时，教练员或队长可以向裁判员要求暂停。

第二款 暂停时，教练员可以在场地外进行指导，但场上队员不得出场，也不得与场外其他任何人讲话，场外人员不得进入场内。

第三款 每局比赛中，每队可以要求两次暂停，每次暂停时间不得超过 30 秒钟。某队在一局中请求第 3 次暂停，应判该队失发球权或对方得 1 分。

第十条 换 人

第一款 在比赛中成死球时，教练员或队长可以向裁判员要求换人。换人时，场外人员不得向队员进行指导，场内队员不得离开场地。

第二款 每个队员在每一局比赛中换人不得超过 3 人次。

第三款 替补队员在上场前，应在记录台附近作好准备，换人时间不得超过 15 秒钟，否则判该队一次暂停。如该队在该局已暂停过两次，则判该队失发球权或对方得 1 分。

第四款 教练员或队长要求换人时，应向裁判员报告下场和上场队员的号码。

第五款 比赛中因故被取消比赛资格的队员，不能继续参加该场比赛，可由替补队员替换。如该队在该局已换人 3 人次，或场外无人替换时，则判为负局。

第十一条 局间间隙

一局比赛结束，下局比赛开始前，中间最多可有 2 分钟时间，供两队交换场地、换人和记录员登记号码，双方教练员在不影响上述工作的情况下，可以进行场外指导。

第十二条 发 球

第一款 发球

发球队员须站在本方发球区内，用手持球，将球抛起，用脚踢向对方场区，进行比赛。发球队员必须在发球区内发球，在球发出后才能进入场区。发球时 2、3 号队员不得有任何掩护动作，否则，判由对方发球。

第二款 发球失误

发生下列情况之一时，即判为发球失误。

1. 队员发球时，踏及端线或发球区线及其延长线；
2. 球未过网、触网或触及标志杆；
3. 球从网下穿过；
4. 球从标志及其延长高度以外过网；
5. 球触及任何障碍物，或在进入对方场区前触及本队队员；
6. 球落在界外；
7. 发球延误时间超过 5 秒钟；
8. 裁判员鸣哨后球坠落在地上。

第三款 当发球队失误时，应判失发球权，由对方发球。

第四款 重发球

发生下列情况之一时，须重发球。

1. 在比赛进行中，球挂在网上（最后一次击球挂网除外）；
2. 在比赛进行中，毽毛和毽垫在飞行时脱离；
3. 在裁判员鸣哨之前发球；
4. 在比赛进行中，其他人或物品进入场区。

第五款　发球次序错误

当球发出后，裁判员发现队发球次序错误，则判该队失发球权，并恢复正确位置。如犯规队已得分，应取消队因该次发球次序错误所得的分数。

第十三条　轮转顺序

第一款　某队取得发球权时，应先按顺时针方向轮转一个位置，然后由轮转到 1 号位队员发球。

第二款　新的一局开始前，可以变换本队队员的轮转顺序，并填好位置表交给记录员。

第十四条　比赛进行中的击球与附加动作

第一款　每队在将球踢入对方场区前，在本方场区最多只能有 3 人次共击球 4 次。

第二款　每个队员可以连续击球两次。

第三款　不得用手、臂触球。但防守队员在手臂下垂不离开躯干的前提下，拦网时手球不判违例。

第四款　球不得明显地停留在队员身体的任何部位。

[罚则] 违反第十四条第一至四款均为违例，判由对方发球或得 1 分。

第十五条　网上球

在比赛进行中球触及两标志杆以内的球网为好球，球触标志杆为失误。

第十六条　触网

第一款　比赛进行中，队员身体任何部位触及两标志杆以内的球网，均为触网违例。

第二款　队员击球后，触及标志杆或标志杆以外的球网、网柱、网绳或其他物体，不为违例。

第十七条　进入对方场区和空间

第一款　过网击球为犯规。

第二款　比赛进行中，身体任何部位不得进入对方场区的空间。

第三款　队员若用头攻球时，必须在限制线以外，但落地时两脚可落在限制线以内。防守队员在限制区内，头部无意识触球过网不判违例。

第四款　在比赛进行中，除脚以外，身体任何部位不得触及中线；脚不得完全越过中线。

第十八条　死球与中断比赛

第一款　球触地及违例为死球。

第二款　中断比赛：其他人或物品进入比赛场区；更换损坏的器材；运动员发生意外事故等。发生以上情况，裁判员应鸣哨，中断比赛和恢复比赛。

第十九条　计胜方法

第一款　接发球队失误，应判对方得 1 分；发球队失误，则判由对方发球。

第二款　某队得 15 分并至少比对方队得多 2 分时，则为胜一局。如比分是 14 比 14，比赛应继续进行，直至某队领先 2 分，方为胜一局。

第二十条　判定和申诉

第一款　一场比赛中,正裁判员的判定是最终判决。

第二款　只有场上队长可以对裁判员的判罚当场提出询问或要求解释,正裁判员应及时予以解释。

第三款　申述比赛队对裁判员的判罚有争议,比赛时必须服从裁判员的裁判,比赛后可向仲裁委员会提出书面申诉。正裁判员亦应向仲裁委员会提出书面报告。